在中国谁最应该获得诺贝尔文学奖
——莫言获奖后的回顾与反思

黄道京　李仲凯 ◎ 著

中央编译出版社

图书在版编目（CIP）数据

在中国谁最应该获得诺贝尔文学奖：莫言获奖后的回顾与反思 / 黄道京，李仲凯著.
— 北京：中央编译出版社，2014.10
ISBN 978-7-5117-2310-9

Ⅰ.①在… Ⅱ.①黄… ②李… Ⅲ.①作家 – 生平事
迹 – 中国②诺贝尔文学奖 – 介绍
Ⅳ.①K825.6②I1

中国版本图书馆CIP数据核字(2014)第209788号

在中国谁最应该获得诺贝尔文学奖：莫言获奖后的回顾与反思

出 版 人：	刘明清
出版统筹：	董　巍
责任编辑：	曲建文　黄大卫
责任印制：	尹珺
出版发行：	中央编译出版社
地　　址：	北京西城区车公庄大街乙 5 号鸿儒大厦 B 座（100044）
电　　话：	(010)52612345（总编室）　(010)52612363（总编室）
	(010)52612316（发行部）　(010)52612315（网络销售）
	(010)52612346（馆配部）　(010)66509618（读者服务部）
电　　话：	(010)66515838
经　　销：	全国新华书店
印　　刷：	北京金瀑印刷有限责任公司
开　　本：	787毫米×1092毫米　1/16
字　　数：	350千字
印　　张：	22.75
版　　次：	2014 年 10 月第 1 版第 1 次印刷
定　　价：	58.00 元
网　　址：	www.cctphome.com　邮　　址：cctp@cctphome.com
新浪微博：	@中央编译出版社　　微　　信：中央编译出版社（ID：cctphome）
淘宝网店：	编译出版社书店（http://shop108367160.taobao.com/）

本社常年法律顾问：北京市吴栾赵阎律师事务所律师　阎军　梁勤
凡有印装质量问题，本社负责调换，电话：(010)66509618

序

聂震宁

前不久,黄道京兄到沙滩后街我的办公室来看望我。他盛情约请我为他与李仲凯君合著的《在中国,谁最应该获得诺贝尔文学奖——莫言获奖后的回顾与反思》一书作序。当时我即感到颇费踌躇——岂止是踌躇,简直就打算谢绝这一盛情之约——岂止是打算谢绝,简直是心下对这个选题就有些反感和排斥。试想,早些时候莫言获诺贝尔文学奖,中华大地上许多媒体那一番狂欢景象已经招致天下名士许多心情复杂的反思、批评、幽默、嘲讽、讪笑乃至沉默,令人十分难忘。一年多光景过去,文学圈子渐趋静好,在这件事情上,媒体虽偶有涉及,天下名士早已变得一致地惜墨如金,这个时候还来捣鼓这个题材,先不说有着太过于明显的坚持不懈、前赴后继、不依不饶地媚俗之嫌,单说选题的市场价值,恐怕在书刊市场上也难保不成明日黄花。然而,道京兄乃厚道之人,出版业界多年挚友,仲凯君则致力于当代文学史传研究,有若干著述引人关注,他们既有此郑重邀约,一定是出于好意,我又如何能回绝友人的一番好意呢?我的性情、习惯特别是友情为重的交友观,让我在踌躇间还是应承了下来。

我如此这般做这一番说道,接下来的情形,想必读者诸君已有预感,猜度后来的我读了书稿,肯定是有一番始料不及、意外之喜、喜出望外之类的转变,这是多少年来多少文章屡试不爽的笔法——欲扬先抑。而事实上,及至读罢全书,我必须承认,还真的是出乎意料,真的有意外之喜,真的是喜出望外。这是事物原本的过程,而非文章笔法之小伎俩。

初读此书名,读者的第一反应极有可能便是"噱头"——拿中国与诺贝尔文学奖来做噱头,尤其是拿比拼获此大奖来做噱头。我当时就是发生了这样的反应,但没有说出口来。道京兄可能在我的表情里读出了反应,便立刻坦陈"这是一个噱头",由此可见他是一个厚道人。其实,出版业在书名上做些噱头,只要无伤大雅、无碍观瞻、不以文害义,从来是很寻常的事情。文章无奇不传,市场不喜欢沉默,现如今"标题党"满网络皆是,再来一个有些噱头的书名又有何妨！何况此书名倒也不全然是噱头。拿出"谁最应该获得诺贝尔文学奖"这个噱头来招徕读者，其实是很有些悬念的。在莫言获奖已成往事之后，还要拿若干文坛大师、巨擘来比较高下，岂不是一件十分冒险、十分吃力不讨好的事情！为此，关注文学的读者恐怕会忍不住要拿起书来瞧个究竟，文学之外的好事者舍不得放过当代文坛这一番武当论剑的热闹。这便是出版传播上小小的胜利。

一本书通过标题引动阅读，在出版传播上不过是一个小小的胜利，真正的胜利自然还在内容，这是出版学的ABC，也是出版学的不二法则。因而，我很快便开始阅读这部书稿。

起初，我是怀着怀疑的心态去读这部书稿的。第一章：诺贝尔文学奖的"中国之夜"，文字是洗练的，然而内容似曾相识，却也无伤大雅；从第二章到第四章，揭秘诺贝尔文学奖内幕及其与中国的关系种种，以及书后附录，虽然在报刊上也见过零星片段，然而集中叙述则显得较为全面准确，顿时提升了本书的史料价值。二十世纪八十、九十年代，本人供职过的漓江出版社曾经在获诺贝尔文学奖作家作品出版上有过比较多的作为，说来我也算得上是对这方面的情况有过比较多接触的人了，然而，现下读到这些相关内容，依然有新鲜感觉。这些新鲜感觉，有的来自于"温故而知新"，因而"可以为师矣"，有的则是新的知识和见闻，有的原本只知其一、不知其二，现在读罢几个章节，也基本上是尽收眼底，获得不少新的认识和感想。我不能说二位作者对于诺贝尔文学奖研究下了多大的功夫，有多少独得之见，但其可靠的资料来源，清晰的叙述态度，统一的文字风格，自然使得我最初的怀疑减少了许多。

我对这部书稿最大的担心主要在于作家专章论述部分。一般来说，文学史研究中作家论是比较难做的学问，而更难的是作家优劣论，倘若讨论作家优劣以至于获奖成败因果，更是难上加难了。这是一件吃力不讨好的事情。可二位作者不辞辛劳，不计后果，兀自挺身前行，自第五章到第十五章，专章论述鲁迅、林语堂、老舍、沈从文、巴金、艾青、王蒙、李敖、北岛、曹乃谦、莫言共十一位作家，可谓蔚为大观。一口气读罢十一位作家的专章，我原本最大的担心也就渐渐消弭。这部书哪里是在做诺贝尔文学奖的噱头，分明是一部作家成就论的专业书稿。这十一章专论，除少数章节略显单薄外，总体来看，资料详实，立场客观，立论有据；对每一位作家，总能做到于大处着眼，尽量不染俗尘，故而叙述态度周正。尤其让我感动的就是作者客观公正的叙述方式。扬李抑杜或者反过来扬杜抑李，古往今来笔墨官司从未断过，可在这部书里，我没有感觉到此类毛病。我能感觉到的是作者对所有卓具成就的作家心向往之——岂止是心向往之，简直可以感觉到是倾心热爱、热烈相拥，然而又不违事实、不悖学理，始终保持着一副专业讲述的笔墨。原本以为此书难免通俗演义的毛病，不曾想，给读者留下的竟然是文学史的事实和作家作品的专业品评，而全书的可读性却又自始至终不曾缺少。

此书的文学专业价值尤其体现在于第十六、十七章。反思诺贝尔文学奖，讨论未来潜在的获奖者，这是需要相当的专业见地和学术眼光的。虽然不能说作者在这个问题上有多少过人之见，可在人人争说诺贝尔的当下，能够认真做一个反思，且对于别的专家的反思有进一步的讨论，加强了本书的专业性。至于讨论未来潜在的获奖者，则体现了作者一以贯之的积极、善意的良好态度，尽管他们开列的一系列名单略嫌随意，其中对有些作家的品评还透露出当下跟风炒作的世俗心态，但是，作者比较理性地分析中国当代文学创作的未来变化和走向，仍不无启迪意义。

不曾想，一个最初令我反感和排斥的选题，经过作者一番颇具专业水准的努力，做成了这样一部专业性、资料性、可读性都比较好的书，实在是始料不及的事情，让我有意外之喜、喜出望外的收获。读这部书，既可以帮助我们对当前世界上最著名的诺贝尔文学奖有一个比较深入的了解，更可以帮助我们对近百年来中国作家特别是当代中国作家产生比较透彻的认识，还可以让我们领略许多过去不曾留意到的文坛风光。为此，我愿意将此书推荐给对文学感兴趣的读者诸君。

是为序。

2014 年 6 月 28 日于北京沙滩后街

（序文作者系全国政协委员、中国作家协会全国委员会委员、人民文学出版社原社长兼总编辑、中国出版集团公司原总裁，现任中国韬奋基金会理事长，是著名作家、出版家）

前 言

2012年10月，中国作家莫言荣获当年诺贝尔文学奖，成为中国文学走向世界的标志性事件。因此，社会大众对中国文学、对诺贝尔文学奖的关注和兴趣陡增。

诺贝尔文学奖是当今世界最重要的文学奖项，具有世界范围的广泛意义和价值荣誉。同时，中国文学也正以其独特风格和特殊价值日益展现在世界文坛之上。鉴于此，我们撰写的这部著作，就是力图解读诺贝尔文学奖的历史价值和潜在内幕，评析、回顾、反思中国文学和作家与诺贝尔文学奖的往事、现状、前景，帮助读者进一步认识和了解诺贝尔文学奖与中国文学的渊源关系。然书中所论，仅为作者的一家之言，不当之处，尚希谅解。

本书为二人合作而成，第一、二、五、六、七、八、九、十二、十三、十五章由李仲凯撰写，其余各章及附录由黄道京撰写、编选，并由黄道京统稿全书。

这里，特别要感谢著名作家、出版家聂震宁先生为本书作序。他对本书的中肯评价，令我们且喜且愧：喜乃震宁先生对本书称誉过高，愧则为时间所限，研究不够深入；笔力钝拙，表述不尽如人意。自然书中谬误难免，除望读者、方家指正外，还待日后进一步修改、完善，以不负震宁先生过誉之辞。

其实，震宁先生与诺贝尔文学奖亦有不解之缘。早在上世纪八九十年代，震宁先生工作并主政过的漓江出版社曾编辑出版过一套《获诺贝尔文学奖作家丛书》，系统介绍诺贝尔文学奖获奖作家，并推出他们的获奖代表作品，当时可称功德无量之盛事。我们当年就是这套丛书的忠实读者。所以说，震宁先生对诺贝尔文学奖亦有专门研究，堪称这一领域为数不多的专家之一。因此，本书请他作序，本人颇有"班门弄斧"之嫌。然震宁先生以奖掖后学为己任，欣然作序，不吝赐教，令人十分感动。

另外，还要感谢著名学者、书法家王志远先生题签书名，他的精湛书法为本书增色不少。最后，衷心感谢中央编译出版社领导和同仁为本书出版付出的努力和辛劳。

黄道京　于京南绿茵花园
2013年12月31日

目　录

序　　　　　　　　　　　　　　　　　　　　聂震宁
前言　　　　　　　　　　　　　　　　　　　　黄道京

第 一 章　诺贝尔文学奖的"中国之夜"……………………1
第 二 章　揭秘诺贝尔文学奖……………………………13
第 三 章　诺贝尔文学奖历史的遗憾……………………27
第 四 章　中国人与诺贝尔文学奖………………………39
第 五 章　鲁迅：始于绝望的希望………………………49
第 六 章　林语堂的机遇…………………………………73
第 七 章　老舍的遗恨……………………………………93
第 八 章　沈从文的意外…………………………………113
第 九 章　巴金的箴言……………………………………133
第 十 章　艾青的荣誉……………………………………153
第十一章　王蒙的骄傲……………………………………179
第十二章　李敖的狂言……………………………………205
第十三章　诗意北岛………………………………………227
第十四章　曹乃谦：马悦然看重的乡土作家……………251
第十五章　莫言的故事……………………………………267
第十六章　反思诺贝尔文学奖的价值和荣誉……………291
第十七章　谁还能获得诺贝尔文学奖……………………301

附录
一、诺贝尔文学奖获奖作家名录（1901——2013）……315
二、与中国有关的诺贝尔文学奖获奖作家：赛珍珠和高行健……333
三、莫言颁奖词和获奖词…………………………………347

第一章

诺贝尔文学奖的"中国之夜"

题图：诺贝尔文学奖颁奖典礼现场

2012年10月11日，北京时间19时，2012年诺贝尔奖评选在瑞典揭晓。瑞典文学院宣布，2012年诺贝尔文学奖授予中国作家莫言。莫言成为有史以来首位获得诺贝尔文学奖的中国籍作家，他同时获得

莫言在诺贝尔文学奖颁奖典礼上讲话

800万瑞典克朗（约合114万美元）的奖金。中国中央电视台《新闻联播》节目立即将这一重大新闻以插播的形式及时报道。

英国《卫报》以《莫言获诺贝尔文学奖引发中国举国欢庆》为标题作报道说，"国有媒体热烈庆祝莫言获奖，而诺奖官网上也迅速布满了来自中国用户的评论，表达他们的自豪以及对莫言的赞美"。

《卫报》随后评论，"在大部分国家，获得诺贝尔文学奖被视为具有创造性的个人的智慧，而非更广泛的集体象征。在中国，由于上个世纪八十年代后重新进入全球政治、经济、文化领域，中国一直渴望在诺贝尔科学奖、经济学奖，尤其是文学奖上有所建树……当局希望有生活、工作于中国的国人获得诺奖来做出对伟大民族的证明，以及全球化实力的表率。"应该说，英国《卫报》的这一评论是客观的。当时的中共中央政治局常委李长春在莫言获奖当天致信中国作协，对莫言获得2012年诺贝尔文学奖表示祝贺。中国作家协会11日深夜在其官方网站发表贺辞："欣闻莫言先生荣获2012年诺贝尔文学奖，我们表示热烈祝贺！"山东省作家协会等组织也向莫言发出贺信。

"这是莫言的喜事，也是所有中国当代作家的喜事。这是几代中国作家的梦想！"中国作家协会副主席、书记处书记何建明在莫言获得诺贝尔文学奖后的第一时间接受新华社记者采访时表示，"这不只是对莫言文学创作成就的肯定，也是对一百多年来一代代中国作家的肯定，是对中国当代文学界的肯定。这从一个侧面反映了中国的强大，以及世界影响力的提

升。""祝贺,很为莫言高兴!"著名作家王安忆传递出中国作家的共同感受。著名作家王蒙对媒体表示:"这是一件很好的事情,说明中国当代作家以及中国当代文学成就获得了世界关注。"

  上海译文出版社总编辑史领空认为,随着莫言的获奖,世界将把目光更多地投到中国当代作家身上。这是中国文学走向世界非常重要的一步。上海文艺出版社出版过莫言第八届茅盾文学奖获奖作品《蛙》,该出版社总编辑郏宗培说:"莫言的文学创作立足于他的故乡高密,从来没有离开过自己的乡土,以他交织着'现实和幻想、历史和现实'的众多文学作品,向世界呈现了一个'有悠久历史、经历过波折磨难,但始终向往美好生活、肩负重轭前行的伟大中华民族的优秀品格'。"湖北省文联主席、第六届茅盾文学奖获得者熊召政表示,莫言获诺贝尔文学奖更具有里程碑意义的是,中国文学要想走向世界,就应该保持中国风格、中国精神、中国气魄。

  莫言的作品一夜之间"洛阳纸贵"。在新华书店,读者抢购的速度一再被刷新,十几种莫言文学作品几乎售罄。在各大网店,"莫言"二字成为响当当的金字招牌,吸引网友疯狂抢购。继其小说和散文在实体书店和网店卖断货外,莫言十年前的手稿已经飙升至一百二十万元人民币,其作品的影视改编费也水涨船高。就连国内股市也因此"受益",许多文化传媒个股连日出现大面积涨停。

  莫言获奖甚至带来了"蝴蝶效应"。有媒体报道称,随着莫言获奖的喜讯传至镇江,这里是第一个写中国题材作品获诺贝尔文学奖的美国作家赛珍珠的故乡。赛珍珠故居和纪念馆连日访客不断,而过去每天只有十几个甚至寥寥数人的游客。纪念馆里赛珍珠的书也卖光了,而在此之前卖得很少。

  2012年,在全球著名博彩公司Unibet

瑞典国王授予莫言诺贝尔文学奖

的名单上，莫言以1赔6.5排在赢家赔率榜的头名，日本作家村上春树以1赔8紧随其后；而在博彩公司Ladbrokes的赔率榜上，日本作家村上春树以1赔10排第一，中国作家莫言以1赔12排第二。由于诺贝尔文学奖不像其他科学奖项可以从最新重大科研成果来分析评判获奖人选，因此便成为最具悬念、最难预测的一个奖项，也正因为这一点，博彩公司才专门为每年的诺贝尔文学奖开设赔率表。一个作家在赔率表上的排名越靠前（即赔率越低），就说明其获得诺奖的可能性越大。更有趣的是，这个赔率表有时非常灵，Ladbrokes就曾经在2004至2006年连续三年猜中过获奖者。按照这种猜中的概率看，现在莫言在两大博彩公司的排名都进入了前两名，莫言此次获得诺奖的可能性几乎达到100%。

对于获奖的消息，莫言表现得极为淡定。他在接受中新社记者电话采访时说："听到获奖的消息，我很高兴。但是我觉得获奖并不能代表什么，我认为中国有很多优秀的作家，他们的优秀作品也可以被世界所认可。"

诺贝尔文学奖委员会给莫言的颁奖词为：The Nobel Prize in Literature 2012 was awarded to Mo Yan "who with hallucinatory realism merges folk tales, history and the contemporary"（将魔幻现实主义与民间故事、历史与当代社会融合在一起）。2012年与莫言一同竞争诺贝尔文学奖的还有美国歌手鲍伯·迪伦、美国作家菲利普·罗斯、加拿大短篇小说家艾丽丝·门罗和日本作家村上春树。

诺贝尔文学奖委员会在宣布2012年评选结果后，与莫言进行了简单的电话交流。据瑞典文学院常任秘书彼得·英格伦在接受媒体采访时称，莫言在获知自己得奖时，表示既高兴又恐慌。他觉得这个奖离他很遥远。当被问及会推荐给全世界的大学生自己的哪本书时，莫言回答："我觉得他们可以先读一读我今年在瑞典出版的《生死疲劳》这本书，它强烈地代表了我的写作风格，以及我在小说意识上所做的探索。然后再读一读《红高粱》《丰乳肥臀》这些书。"

11日晚间9时许，莫言在山东高密老家接受媒体采访。

莫言说："首先非常感谢各位朋友，听说你们有的来了好几天了，我确实是没有办法提前跟你们见面。非常感谢大家跑到我们高密这个地方来，这是一个本来应该有红高粱的季节，可惜现在不种高粱了，我估计你们都没有看到。我的心情很高兴,刚听到这个消息的时候我也有一点吃惊。因为我想我们全世界有许多优秀的伟大的作家,都在那儿排着队等候,要轮到我们这个还相对年轻的作家,可能性很小,所以刚听到这个消息感到很惊讶。"

凤凰网记者问莫言:"那您觉得您这次能够获奖,是您作品当中的什么地方打动了评委会?"莫言回答:"我想最主要是因为我的作品的文学的素质,因为这是一个文学奖,授给我的理由就是文学。我的作品我想是中国文学也是世界文学的一部分,我的文学表现了中国人民的生活,表现了中国的独特的文化和民族的风情,同时我的小说也描写了广泛意义上的人,我一直是站在人的角度上,立足于写人,我想这样的作品就超越了地区和种族的、族群的局限。"采访中莫言喜上眉梢,态度十分亲和。面对大家的热情提问,莫言全程站立回答,并不住地向媒体朋友道谢。他说,宣布结果的时候自己正在吃饭,没有看电视,因为女儿不让小外孙看,自己是比较晚才知道消息的。

2012年10月30日,瑞典SVT电视台的制片人安·维克托瑞(Ann Victorin)带着摄影师,在万之先生的陪同下,来到了山东高密拍摄2012年诺奖得主的纪录片。这是诺贝尔奖的一个传统。每年在诺奖得主名单公布后,这家电视台作为诺贝尔基金会长期的合作媒体,都会派出摄制组,拍摄一部"新科状元"的纪录片。在片中,文学奖得主将占半个小时的时长。在摄制组到达高密之前,细心的莫言就为他们一行三人订好了酒店及出行所需车辆。而制片人安——一位漂亮、干练的职业女性一到高密便立刻展开了工作。

第二天,安女士带领摄制组来到莫言的出生地——高密市大栏乡平安村,也就是在莫言小说中反复出现的那个"高密东北乡"。第一站拍莫言家的老屋。这座老房子已经多年没人住了,外面墙皮脱落,落出下面的草根泥土。莫言用手抚摸着直掉土的墙壁,抬头看看低矮的房檐,自言自语道:"以前也没觉得矮,现在一看,真是挺矮的,请进吧!"

制片人安女士一进屋就掉泪了。她对万之说:"太艰难了!我没想到莫言先生年轻时代的生活如此艰苦!我更没想到莫言先生就是在这样艰难的条件下,写出了那么多优秀的作品。"她知道,再过一个月零几天,眼前这位农民出身的、谢顶的、身体微微发福的作家就要到瑞典首都斯德哥尔摩去领那八百万瑞典克朗的诺贝尔奖金。受奖仪式将在斯德哥尔摩那个金碧辉煌的音乐厅中进行。她可以想像届时的场面：获奖人由基金会成员陪同步入金碧辉煌的斯德哥尔摩音乐厅的授奖台，台下是特邀参加的二千位观众。布满鲜花的大厅座无虚席，气氛静穆而庄严，连前来采访的记者都须身穿黑色燕尾服、戴白色领带方能进入大厅。授奖典礼结束后，手持彩旗、头戴白色帽子的斯德哥尔摩的大学生们向步出大厅的获奖人一一欢呼致意。由八百位贵宾作陪的隆重晚宴将进行两个小时。在烛光与火炬的映照下，各种鲜见的美味佳肴呈现在宾主面前。更为鲜见的是几乎全体皇族成员都莅临助兴。

这一切与眼前的景象真是天壤之别！

看到安女士的眼泪，莫言先是吃惊，继而也有些动情，他回忆说："我在解放军艺术学院读书期间，回家过寒假，就在这里写东西。"他抚着一间不足六平方米的房间的门框说："当时女儿还小，房间里晾着女儿的尿布，滴滴答答滴着水。我就坐在炕上，写小说。《爆炸》和《金发婴儿》就是在这里写的。当时也不觉得苦。寒假过完，我回学校去。一些生活在城市里的同学都很奇怪我耳朵上、手上怎么会生这么多冻疮。"

摄制组对老屋的拍摄要收工了，莫言的二哥让莫言带瑞典客人回家和父亲一起吃饭。丰盛的饭菜端上来，安女士和摄影师对山东饺子特别感兴趣。安女士可能不知道，莫言自己就有一个"饺子"的故事。

有一年过大年夜，半夜时分，正是家家吃年夜饺子的时候，八岁的莫言拎起一个瓦罐溜出家，找到事先约好的年长他一岁的冬妹，俩人一起去装"财神爷"（讨饭），走村串户去"挣"几个饺子吃。为躲熟人，两孩子商定跑到东村去，哪里有亮光，就朝哪儿奔。头一个让他们发利市的是一户有高门楼的人家。小莫言提着瓦罐，站在门外念课文似的高声念道："财神爷，站门前，看着你家过新年……快开门，快开门，开门搬回聚宝盆……送出一个水饺，跑进一个元宝……"大门开了，一个与莫言年龄相仿的男孩子端着两个饺子，手里还举着一只灯笼。当莫言伸出瓦罐去接饺子时，灯光把两个小男孩的眉眼都照得清清楚楚。那个男孩子惊异地嚷起来："是你呀，你就是'财神爷'？"他把饺子扣进莫言的瓦罐里，忙不迭地往回跑，边跑边喊："'财神爷'是我的同学！"此刻的小莫言恨不能找个地缝钻进去。他红着脸，再不肯去别的人家讨要了。善解人意的冬妹哄劝着小莫言："古来要饭不丢人。我没上学，不怕丢人。你提着罐跟着，看我给咱要。"

过完阴历年，学校开学了。莫言装财神爷的事情自然成为新学期小学生们的"谈资"。他的老师听说了，同情地对莫言说："努力吧，你很有才分，很有希望，英才出寒门。"

十六岁那年，身子骨还嫩的莫言被当成半劳力派到治河工地，寒冬腊月住草棚睡地铺，与天斗、与地斗，一天干十四个小时。劳累不说，还要受饥饿"蚕食"。人是没啥想啥。这时，一位"落魄"秀才给莫言讲了一则名人轶事——山东作家刘知侠写《铁道游击队》时，一天三顿吃饺子。莫言想像不出一天三顿吃饺子该是种什么滋味，但一个念头却顽强地从内心深处萌生出来——这辈子就想当作家！

最后一天的拍摄地点是莫言在高密城里的家中。因为莫言怕拍摄会影响刚满一周岁的外孙女，将地点选在阁楼。他穿着中式棉袄，坐在地板上一块蒲草编的垫子上，对制片人说，"开始吧。"

安女士提了很多问题，涉及莫言的童年、饥饿、孤独、文学、宗教等方面。莫言的回答详细而耐心。

最后，安女士又问了几个"对所有诺贝尔文学奖得主都会问到的一些问题"，比如"瑞典人口有多少？"、"瑞典的国家元首是谁？"、"瑞典最有代表性的一道菜是什么？"莫言一一给出正确答案。只是在被问到"你对颁奖典礼还有什么期待"时莫言失去了自信："我没有什么期待，我就担心我不会跳舞，如果公主邀请我跳舞，我该怎么办呢？我现在为这个问题发愁。"

其实还有比这更能让莫言发愁的问题——天气。

2012年12月4日夜，瑞典首都斯德哥尔摩突降暴雪，一夜的工夫，街上的积雪已没过行人腿肚，导致阿兰达机场关闭。莫言一行这时已经到达芬兰首都赫尔辛基，但因为天气原因无法转机去斯德哥尔摩。12月5日夜，莫言一行只好滞留在赫尔辛基兰塔西普机场酒店。酒店大厅内挤满了因航班取消而滞留的旅客，人们都在排队登记入住。莫言的女儿管笑笑也在其中。莫言随遇而安地坐在通往酒吧的几级木楼梯上，等待女儿办手续因此，他无法观看到中国留学生在斯德哥尔摩为莫言获奖准备的"快闪"庆祝活动。

5日傍晚，斯德哥尔摩市中心的Gallerian商场熙熙攘攘，热闹极了，顾客们都在为迎接圣诞节而选购商品。这时商场中间的咖啡厅里突然响起嘹亮的歌声，"妹妹你大胆地往前走哇……"两位头扎白色羊肚手巾、上身穿白色羊皮背心、下身着白裤的中国小伙儿出现在咖啡厅，放声高唱电影《红高粱》中的插曲。紧接着，两人齐唱变成多人合唱，七十二名同样打扮的中国男子边唱边朝这两个小伙儿靠拢："通天的大路，九千九百，九千九百九呀！"正打这里经过的顾客被眼前的奇景惊呆了，纷纷停下脚步朝这里观望。

曲罢，小伙子们"刷"地一齐蹲下，摆出"航母style"姿势——手指处，三十六位身穿红色唐装的中国姑娘从扶梯上款款而下。厅内又响起男女声合唱的《酒神曲》。最后，随着"好酒！"的喊声，一道大红条幅从二楼垂下，上面的中文是"瑞典留学人员祝贺莫言荣获诺奖"。在一片热烈掌声中，这些中国的海外学子又悄然消失在人群中不见了。难怪叫"快闪"呢，简直就是"飞行集会"。其实在这些留学生当中，读过莫言小说的没几个，在莫言获奖之前，有人甚至不知道"莫言"这个名字。但他们认为莫言获奖，中国人值得骄傲。

2012年12月10日，莫言到底还是穿着燕尾服去参加颁奖典礼。2012年诺贝尔奖颁奖典礼在斯德哥尔摩音乐厅举行。斯德哥尔摩音乐厅被鲜花簇拥，鲜花温暖的颜色和现场温暖的阳光交相呼应。舞台前端是用明亮颜色的玫瑰铺就的花床，后方则用康乃馨、玫瑰等花朵围起各种大小花环。舞台中央，阿尔弗雷德·贝恩哈德·诺贝尔的头像后面，一座由六千朵花组成的花墙升起。而整个会场共有一万七千朵鲜花。大约有一千五百七十人莅临现场，观看盛典。台上就座的有九十五人，其中有瑞典皇家科学院的成员、卡罗林斯卡医学院诺贝尔委员会成员、诺贝尔基金会成员和前诺奖得主。坐在最前面的就是本届诺奖得主和王室成员，包括国王卡尔十六世·古斯塔夫，王后西尔维娅，女王储维多利亚公主，王子丹尼尔和公主玛德莱娜。莫言将就座第一排左数第七位，与日本生物学家山中伸弥比邻而坐。

获奖者莫言与颁奖者瑞典国王在诺贝尔像前握手

11点25分,颁奖仪式在瑞典王室乐曲《国王之歌》的音乐声中拉开帷幕。随后,交响乐团演奏了莫扎特的D大调进行曲。11点34分,国王一家盛装出场,在领奖台右侧落座。稍后,本届诺奖获奖者在乐曲声中入场,国王一家起立,欢迎获奖者入场,获奖者于领奖台左侧落座。走上颁奖台与从左侧上台的瑞典学院院士们会合时,作家、诺贝尔文学奖评委会提名小组主席派尔·维斯特拜里耶,伸手用力地握了一下莫言的手,他将宣读莫言的授奖推介词。颁奖典礼名流云集,包括上届文学奖得主特朗斯特罗姆及夫人莫妮卡在内的各界精英受邀出席。

在领奖人逐一登上领奖台落座后,诺贝尔基金会主席马库斯·斯托尔克(Marcus Storch)发表致辞,欢迎获奖者来瑞典参加颁奖仪式,并且介绍了诺贝尔奖的历史、发展、责任及使命。斯托尔克致辞完毕后,交响乐团演奏了柴可夫斯基《叶甫盖尼·奥涅金》中的波兰舞曲。

随后,每个诺贝尔奖项评选委员会的代表分别介绍了获奖者的成就并依次邀请获奖者上台从国王手中领奖。颁奖顺序依次为物理学、化学、生物及医学、文学,最后为经济学奖。诺贝尔和平奖颁奖典礼稍早已于挪威举行。

轮到莫言时,情绪饱满的派尔·维斯特拜里耶介绍他说,莫言是个诗人,粉碎了陈腔滥调,让茫茫人海中的个体得以升华,莫言的想像力翔越了人类存在的全部……12点3分,他用中文邀请莫言上前从国王手中领取本年度的诺贝尔文学奖——"莫言,请!"便率先向舞台中央走。在全场掌声之中,莫言缓步上前,用左手托住从国王卡尔十六世·古斯塔夫手上接过

2012年诺贝尔文学奖获奖证书及金质奖章,伸出右手与国王握手。国王说了些什么,莫言说了声"谢谢",然后和前面几个获奖者一样,对着国王和王室成员鞠躬,再向诺贝尔基金会成员和院士们鞠躬,再对台下的观众和亲友团鞠躬。

随后,莫言出席在斯德哥尔摩市政厅举行的诺贝尔奖晚宴,与大约一千三百名客人一起共同庆祝这一荣耀并发表五分钟左右的获奖感言。宴会主办方称这次晚宴是世界上最大的晚餐会——将使用七千件瓷器、一万件银器和五千四百个酒杯。现场空间太过紧凑,他们只好要求客人别去卫生间,以免过道堵塞。由于莫言夫妇都只会讲中文,因此诺奖主办方在颁奖后的宴会上将莫言夫妇安排紧邻而坐,而一般情况下,诺贝尔奖得主在宴会上与自己的家人是分开就坐的……

2013年2月7日,莫言在北京自己的家中写道:"诺贝尔奖之宴,声势光隆,场面宏大,但终究也会过去。按照程序,2013年诺贝尔文学奖入围作家的小名单即将产生,……这次瑞典之行,我终于明白,一个作家从进入瑞典文学院的视野到最终获奖,是一个漫长的过程,决不是像某些人想像的那样简单,这并非我要抬高自己,因为这是事实。"

第二章

揭秘诺贝尔文学奖

题图：阿尔弗雷德·诺贝尔像

1895年11月27日，阿尔弗雷德·诺贝尔在巴黎签署了一份遗嘱，将部分财产成立基金进行投资，收益将以奖金的形式，每年分配给那些在过去一年里曾赋予人类最大利益的人。这是一份独特的遗嘱，其中与诺贝尔奖有关的是："我其余的全部可变卖财产应按如下方式处置：资本——由我的执行人投资于安全可靠之证券——应成为一个基金，其盈利应以奖金形式每年分发给那些在过去一年中使人类受惠最大之人士。所说的盈利应均分为五份，分配如下：一份应授予在物理学领域里作出 最重要发现或发明之人士；一份应授予作出最重要化学发现或改进之人士；一份应授予在生理学或医学领域里作出最重要发现之人士；一份应授予在文学领域里创作出具有理想倾向的最出色作品之人士；一份应授予为各民族间的兄弟情义、为取消和削减常备军、为召开和促成和平会议做了最多或最佳工作之人士。物理学奖和化学奖应由瑞典科学院颁发；生理学或医学奖应由斯德哥尔摩的卡罗林斯卡学院颁发；文学奖应由斯德哥尔摩的学院颁发；和平卫士奖应由挪威国会选出的一个五人委员会颁发。我的明确愿望是：评奖不考虑候选人之国籍，不论是否斯堪的纳维亚人，最够格者获奖。"

　　1833年，诺贝尔出生于瑞典的斯德哥尔摩。他一生致力于炸药的研究，在硝化甘油的研究方面取得了重大成就。他不仅从事理论研究，而且进行工业实践，一生拥有发明专利三百五十五项，在二十个国家开办了约一百家公司，积累了巨额财富，是当时欧洲最为富有的人之一。1896年12月10日，诺贝尔在意大利圣莫雷的一栋别墅辞世。诺贝尔的遗产执行人在各国奔波了四年才把他的财产清算完毕，去除留给他亲朋好友的部分外，剩余三千三百多万瑞典克朗，当时合九百二十万美元，按购买力计算大约相当于2008年的一亿八千六百万美元。

　　这份遗嘱是诺贝尔奖设立与发展的法律根基。它规定了物理、化学、生理学或医学、文学、和平等五个奖项，平分当年的奖金总额，并规定物理和化学奖由瑞典科学院、生理学或医学奖由瑞典卡罗林斯卡学院、文学奖由斯德哥尔摩的学院、和平奖由挪威议会选举的五人委员会颁发。

　　挪威在1814年被丹麦割让给瑞典，在诺贝尔的时代是瑞典的一部分。此后，挪威于1905年独立成为君主国，然而在挪威颁发诺贝尔和平奖的传统保持至今。

此外，1968年瑞典银行为纪念银行成立三百周年，以永续年金的方式增设瑞典银行纪念阿尔弗雷德·诺贝尔经济科学奖，也由皇家瑞典科学院颁发，第一次颁发时奖金为三十七万五千瑞典克朗，如今已达一千万瑞典克朗（约为一百六十万美金）。由于其特别的由来，且在颁发机构、奖金额度、评选方式甚至公信力上都与诺贝尔奖几乎完全一致，这一奖项也通常被称为诺贝尔经济学奖，并在诺贝尔基金的官方主页上也与物理奖、化学奖、生理学或医学奖、文学奖以及和平奖并列，成为六个诺贝尔奖项之一。

诺贝尔在遗嘱中明确表示授奖时不考虑候选人的国籍，在当时激起了瑞典国内许多批评和反对之声，人们认为这笔由瑞典人留下的巨额遗产不但没有给瑞典人优先的权利，还要瑞典人承担评选等额外的工作，是不爱国的行为。然而，经过一百多年的发展，诺贝尔奖已经在它所涉及的领域内成为全人类最高奖项，成为瑞典带给人类的一大贡献。取得这种成就，除了缘于诺贝尔奖丰厚的奖金外，更是由于它漫长而严格的评选标准造就的伟大公信力。

由于这些反对声音，直到诺贝尔去世一年半以后，瑞典国王才于1898年5月21日宣布他的遗嘱有效。此后，又经过漫长的遗产清算和基金会组建过程，直到1900年6月29日《诺贝尔基金会章程》才得到瑞典国王的批准，章程认定文学奖颁奖机构斯德哥尔摩的学院为瑞典学院，即如今通称的斯德哥尔摩文学院，即瑞典文学院。除挪威颁发的和平奖外，每个奖项设置一个诺贝尔奖委员会，即如今通称的诺贝尔奖评奖委员会负责初步遴选，并将获奖者的成就评估从"过去一年"放宽为"最近的成就"。

诺贝尔奖的奖金数视基金会的收入而定，其范围约从三万一千美元到七万二千美元。奖金的面值，由于通货膨胀而逐年有所提高，最初约为三万多美元，六十年代为七万五千美元，八十年代达二十二万多美元。精明能干的瑞典理财专家管理着这些投到巴黎和纽约的证券交易所里的资金。多少年来，它为每个获奖者的可观奖金提供了切实的保证。

诺贝尔奖的金质奖章约重半镑，内含黄金23K，奖章直径约为6.5厘米，正面是诺贝尔的浮雕像。不同奖项，奖章的背面饰物不同。每份获奖证书的设计也各具风采。

除了金钱和荣誉的巨大诱惑，诺贝尔奖的评选方式也是其永久保持的魅力之一，其诀窍就是——保密。基金会会长米歇尔·索勒曼指出："严守秘密是诺贝尔奖金的基石，在诺贝尔的遗嘱中就作了这样的规定。"想知道颁发诺贝尔医学奖的五十位顾问委员会成员的名单吗？这是秘密。想知道先期调查委员会的十五位成员名单吗？这也是秘密。这样做是为了避免来自各方面的压力，这种压力历来就有，如今也存在。甚至表面上一个无关紧要的问题也会遇上闭门羹，"你每年收到多少有关提名的建议书？"委员会的秘书汉斯·诺瓦勒的回答往往是："知道这答案，真的是那么重要吗？"

诺贝尔文学奖奖牌（正面）

　　诺贝尔奖是怎样严格依照诺贝尔本人的遗嘱和《诺贝尔基金会章程》进行评选的？这样的标准又带来哪些争议？按照程序进行的评选时间表里还有什么花絮？下文将会为您就这些问题详细揭秘。

　　诺贝尔在其遗嘱中明确指出，要把他终生从事科学发明和经营企业所积累下来的全部资金及其用于投资后产生的利息作为对近年来在造福于人类的事业中贡献最大的人的奖励基金，其中的五分之一要用于奖励"在文学领域能创作出具有理想倾向的最出色作品之人。"

　　根据诺贝尔的遗嘱，其中所提到的"最出色作品"系指文学作品。为了使这一奖项具有更大的广泛性而又符合诺贝尔的遗愿，1900年经瑞典国王批准，将"文学作品"的概念扩展为"具有文学价值的作品"，把历史和哲学著作也容纳进去。授奖一般是根据某一作家整个创作方面的成就，有时也由于某一作品的成就。自1901年颁奖以来，除1914年、1918年、1935年、1940年至1943年因战争的原因未曾颁奖外，其他年度都进行了评选和颁奖。其中1904年、1917年、1966年、1974年四个年度的奖金，都由两位获奖者平分。1958年苏联作家帕斯捷尔纳克、1964年法国作家萨特都表示拒绝领奖，但瑞典文学院认为颁奖的决定依然有效。

　　迄今世界上许多地区和国家都设有文学奖。除诺贝尔文学奖之外，比较著名的文学奖还有很多，比如法国的龚古尔文学奖、雷诺多文学奖、"十一月文学奖"、法兰西学院文学大奖、法兰西学院小说大奖、法兰西学院诗歌奖、妇女文学奖,苏联的列宁奖金奖、斯大林奖金奖、苏联国家奖金奖,美国的国家文艺学院奖、美国全国图书奖、普利策奖、路易斯·雷姆德奖、爱泼斯坦小说奖、伯西斯文艺创作奖、居金海姆基金会文学奖,日本的芥川奖、直木奖,印度的文学讲坛奖、国家文学奖等等。如果把地方性的文学奖包括在内,那数量就多如牛毛了,仅日本就有500多种文学奖,而法国则达1500多种。在这所有文学奖中,唯诺贝尔文学奖威信最高。这是因为,它不但历史最为悠久,堪称世界各种文学奖的始祖,而且就奖额之高、评选之严格来说,也是其他文学奖无与伦比的。更为重要的是它面向世界各民族、各地区。一个多世纪以来,诺贝尔文学奖确实授给了许许多多创作出具有世界影响的光辉作品的优秀作家,从而形成了一个举世公认的获奖作家的谱系。它对现代世界文学的发展起了不可低估的作用,其历史功绩是不可磨灭的,其权威地位也是不容怀疑的。

当然,人们从长长的诺贝尔文学奖获奖人名单中也会发现,个别获奖作家原来并非名高望众之辈,获奖后才为人们所认同。这与诺贝尔文学奖的颁奖宗旨有关。按照诺贝尔遗嘱中获文学奖者应为"创作出具有理想倾向的最出色作品之人"的要求,诺贝尔文学奖一直坚持的评选标准就是强调获奖者及其作品"不仅在表现手法上,还要在思想和生活价值观上真正具有高尚的品质和纯洁的理想"。照此标准评选出的获奖作家,必然与世界上文化艺术和意识形态多元化的实际环境相冲突。虽然评选产生的获奖人绝大多数是举世瞩目的优秀作家,但它的目标并不是评选优秀作家,而是从众多的作家中评选出"能创作出具有理想倾向的最出色作品之人"。优秀作家并不完全适合诺贝尔文学奖的选择标准,它们之间不是等同的关系。同时,由于诺贝尔文学奖的特定宗旨,还势必具有最大的广泛性,顾及世界各地区、各民族,有时也不免

诺贝尔文学奖奖牌(反面)

要选择某些属于弱小民族或使用稀有语种写作的作家，只要这位作家的创作符合世界各民族的最高理想，其作品堪称优秀。

前面说过，我们肯定诺贝尔奖的历史地位和巨大作用，并不意味着对该奖项的评定工作和评定结果的一概肯定。诺贝尔奖的评奖机构作为一个不能不受一定的历史的、意识形态方面的、学识修养的限制的不同个人组成的群体，能够评选出多数为全世界所认同的作家成为奖金得主，确实难能可贵。评选制度的严格、评选工作的严肃认真以及这一工作的艰巨复杂，都是无可争议的。但是评选结果也不是万无一失，有时甚至有明显疏漏，因而引起强烈的不满。

评选遗漏的最明显的例子就是1901年第一届诺贝尔文学奖把伟大的俄国作家列夫·托尔斯泰排斥在外。创作出许多优秀文学巨著的托尔斯泰逝世于1910年，在诺贝尔文学奖实施后仍在继续创作活动，纵观他的全部作品无不充满人道主义思想，体现了他对人类道德生活的艰苦探索。他应该是诺贝尔文学奖的理想选择者，但是托尔斯泰没有获奖，恰好在第一届诺贝尔奖评选的1901年，俄国教会开除了托尔斯泰的教籍，原因是托尔斯泰铁面无私地揭露了封建专制制度的虚伪和残暴，诺贝尔文学奖委员会面对来自全世界的抗议曾于1902年作出如下的答辩：

如果只是考虑到《战争与和平》、《安娜·卡列尼娜》和其他托尔斯泰的杰作，便把这项文学桂冠授予这位俄国文豪，就比较容易了。然而，当我们考虑到他其余一些曾引起人们不安、具有某些让人无法忽视的复杂因素的作品时，我们的决定就很困难了。

托尔斯泰对于那种否定一切形式的文明，而且脱离现代文明的各种原则的生活方式大为赞美。他认为任何政府对罪犯都无权惩处，甚至否定任何政府存在的必要，从而提倡无政府主义思想。他对圣经的解释表现出十足的无知，却基于他本人的思想任意篡改圣经。此外，他拒不承认无论是个人或是国家具有正当防卫的权利。对于他作品中表现出来的罕见的狭隘和敌意，我们觉得无法忍受……

让我们回过头来审视当年诺贝尔文学奖委员会对托尔斯泰的这番评语，就会发现那些委员在文学上、思想上的鉴赏力和思考深度是如何受到十九世纪陈旧保守观念的限制了。伟大的人道主义精神正是托尔斯泰作品

第二章 揭秘诺贝尔文学奖

的价值所在,这是不容怀疑的。

就是诺贝尔文学奖委员会的委员们也不得不承认,应该获奖而被遗漏的还有易卜生、哈代、德莱塞、高尔基、劳伦斯、乔伊斯、普鲁斯特、庞德、卡夫卡等成就卓著的作家。当然,除了评选工作还要受到历史条件和人们认识过程的限制。那些应该获奖而未能入选的作家,并不会因其落选而失去他们的光荣;在世界文学史册中,他们取得了各自的地位。

绝大多数获奖作家,以高超的文学技巧传达出人类理想的呼声。评选的某些错误和失误并不足以掩盖诺贝尔文学奖的成绩。在一个多世纪的时间里,诺贝尔奖的评选机构在众说纷纭和来自各方面的攻击中,始终保持着他们固有的信念,将诺贝尔奖的桂冠授予他们认为理想的作家。而这些作家,就他们的才智和对世界文学的贡献,也早已被载入史册。他们的成就,不但是他们所属的民族的光荣,也是全人类共同的精神财富。

诺贝尔文学奖委员会的委员们并不是关在象牙塔中与外界隔绝的学究,除了接受各方面的推荐书之外,他们也亲自考察某些有希望获奖的作家,常常对某些作家连续跟踪多年,并成为他们作品的热心读者。这里不妨举两个例子。二十世纪七十年代诺贝尔文学奖委员会成员之一的亚特·伦德克维斯特先生终生从事文学工作,是一位出色的诗人和成熟的文学评论家。他的工作能力来自他广博

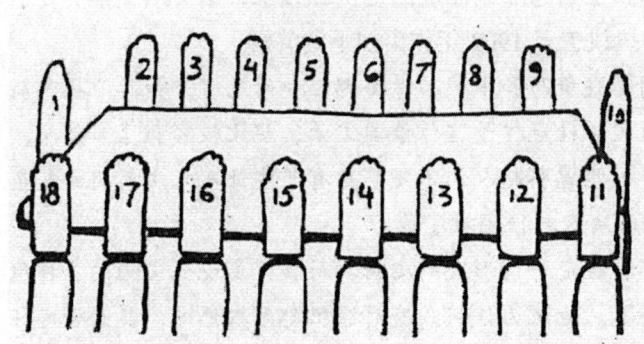

瑞典文学院十八名院士座位图

的文学知识,提到任何一位当代美国作家,只要以写作成名达十五年以上的,他不但能对这些作家们的作品内容娓娓而谈,而且能恰如其分地指出作品的优点和缺陷。当他介绍这些作品时,从来不借助任何文字材料,好像它们都活跃在他的头脑中。他懂英语、法语、西班牙语及北欧诸语种,而对德语和意大利语著作,则要借助译本去了解了。伦德克维斯特先生的

社交面相当广泛，见过许多著名作家和诺贝尔文学奖的候选人，足迹远及南美洲及澳大利亚，但是他从不以个人间的友好感情代替评选原则。他曾支持1979年获奖人奥德修·埃里蒂斯获奖，最初也只不过是在法国和美国的文学杂志上发现这位作家的。

另一位委员奥斯坦·修斯特兰是1975年加入瑞典文学院的剧作家、诗人和翻译家。他精通英文、法文、德文、意大利文、挪威文和丹麦文，曾把这些语种的作品译成瑞典语，还曾同他人合译希腊文、波兰文、捷克斯洛伐克文和俄文的作品。如果说伦德克维斯特以百科全书般的学识见长，修斯特兰先生则是一位目光敏锐的文学鉴赏家。他的工作能力同样来自对作家们了如指掌地认识，悉心阅读已成为他的生活习惯。他曾翻译过他最钟爱的希腊诗人亚尼斯·里特索斯的诗集，也曾有人向他提出这位诗人比埃里蒂斯成就更高，他却认为埃里蒂斯的作品是希腊神话的再现，具有无与伦比的美感。

不管诺贝尔文学奖的评选结果是否尽善尽美，委员们的意见既不受国家和文学团体的左右，也不受任何个人的影响，完全是出于他们个人对候选人的了解和判断，尽一切可能使获奖者名副其实。这就是他们在多数情况下能够作出正确的抉择，保持诺贝尔文学奖的权威地位的原因所在。

诺贝尔在遗嘱中指定的文学奖评选机构为瑞典文学院。瑞典文学院成立于1786年，是瑞典国王古斯塔夫三世仿照法兰西学院建立的。"瑞典文学院"的正名是瑞典学院，既未挂"皇家"的头衔，也无"文学"的限定，比"瑞典皇家（科）学院"只少"皇家"一词，因此经常被人混为一谈，以为文学奖和科学奖是一个机构颁发的。瑞典文学院的座右铭是"天才和鉴赏"，即选拔杰出的文化名人并品评文学作品，促进瑞典语言的纯洁，促进文化事业的发展。由于以往的重点是语言，因此传统上的院士多为语言学家和历史学家，文学家和作家只是少数，这种情况直到近些年来才有根本改变。根据瑞典文学院章程，院士中始终有一名法律界权威。1896年，瑞典文学院接受了颁发诺贝尔文学奖的任务，其功能才逐渐向文学方面倾斜，越来越多的文学家和作家被补选为院士，近年来终于超过半数，作为"文学院"终于实至名归。文学院院士的固定名额是十八名，院士各坐一把有编号的交椅，终生固定不变。首批院士中的十三名由国王亲自选定，其中有议员四名，大主教二名，其余五名则由国王指定的十三名院士推荐选举。每位院士到七十岁以后如不再留任则自行退职；如遇院士去世，文学院可自行增补，由国王批准。而从1901年开始的评奖活动都逐日载入《瑞典文学院文献》和《瑞典文学院史料选》。

瑞典文学院选出三至五名院士（目前为五名）组成诺贝尔奖委员会（俗称"诺奖评委会"），任期三年，连选得连任。原则上也可以选入一名院外专家，但实际上极少实现。诺奖评委会只是文学院的评奖前期工作机构，评选和颁奖的决定权力仍然属于全体院士。现在的瑞典文学院院士基本都是著名作家和学者，一般都精通四、五门外语，多数都能直接阅读英、法、德、西以及北欧原著，也有几人熟悉俄语，目前只有马悦然一人能熟练运用汉语。这也是西方作家更容易获奖的原因。

根据诺贝尔基金官方网站的介绍，诺贝尔奖的评选程序与时间表如下：

1. 提名工作在评选和颁奖的前一年开始。每年的9月，诺贝尔委员会向有资格的提名人发送邀请函和提名表格，物理、化学、生物和医学、经济、和平奖大约各发出三千份邀请函，文学奖大约发出六百至七百份邀请函。诺贝尔奖对提名人的资格有严格的限制，通常只有如下几类人选才有资格成为提名人：皇家瑞典科学院成员；曾获得该项诺贝尔奖的人；瑞典、挪威、丹麦、芬兰、冰岛五国各大学相关学科的教授；当年9月前由皇家瑞典科学院决定认可的大学教授、科学家。此外，一国作家协会或类似机构的主席可能成为文学奖提名人，一国中央政府或国会成员、国际法庭大法官、大学校长、社会科学教授、和平研究机构和国际事务研究机构负责人、挪威诺贝尔学院的卸任顾问可能成为诺贝尔和平奖的提名人。自我提名和不符合资格人选的提名无效。

2. 每年的1月31日为当年度诺贝尔奖提名截止日期，此后收到的提名被计入下一年度。近年来，物理、化学等奖项通常会收到二百五十至三百五十个被提名人选，而和平奖大概有一百四十个被提名者，许多被提名者会同时得到多个提名。

3. 3月至8月为咨询与遴选期。由于涉及的领域和学科不同，各个奖项的具体遴选办法和时间表不尽相同。化学、物理、生物与医学、经济学奖项由各委员会在初步遴选后将资料传给该领域指定的专家，让他们对候选人的成就作出评估，此后才确定最终候选人并连同委员会全体成员签名的报告一起，上报皇家科学院或卡罗琳斯卡学院诺贝尔奖大会。文学奖由诺贝尔奖委员会经两次遴选确定五个最终候选人，斯德哥尔摩文学院的全体成员在6月至8月的整个夏天阅读五人的作品，并在9月份聚在一起讨论和比较。和平奖由挪威诺贝尔学院遴选出小名单后，还要送给学院聘请的永久顾问和临时顾问进行评估。

4. 每年10月上旬由各个奖项的颁发机构通过投票来确定获奖人选，一旦确定即为最终决定，不接受申诉。如今，获奖结果会在对外宣布前几分钟电话通知获奖者，这种斯德哥尔摩来的电话通常是突如其来，许多人都毫无准备，有人正在看牙医，有人正在喝啤酒，有人在逛超市错过了电话，1991年的化学奖获得者理查德·恩斯特则正在飞越太平洋的飞机上，机长接到电话转告了他。

5. 每年12月10日诺贝尔忌辰为颁奖日。物理、化学、生物和医学、文学、经济学五个奖项在斯德哥尔摩市政大厅颁发，和平奖在挪威奥斯陆市政厅颁发。除和平奖可以颁给个人或机构外，其他奖项只颁发给个人，且同一奖项最多只能同时颁发给三人。获奖者将领取一块奖牌、一个获奖证书和一份确认奖金金额的文件。

和科学奖的评选一样，文学奖的评选也是十分严格的。学院下设由六人组成的诺贝尔奖委员会，他们都是著名的学者、教授、作家、诗人和批评家。委员会于年初开始工作，此前的第一步工作仍然是发出邀请推荐人的邀请书，邀请对象为瑞典文学院院士、文学奖的历届得奖人、其他大学与文学机构的著名人士、语言学和文学史方面的专家、各国作家组织的负责人。推荐书要求一月底以前函寄至委员会，作家个人提出的受奖申请书不予受理。

委员会每年大约收到三百至四百份推荐信。由于某些作家被多人推荐，所以实际被推荐的作家在一百至一百五十名之间。经过严格审查后，由委员会的秘书列出一份肯定性的名单约二百二十人，于2月份提交给委员会。然后委员会根据名单委托诺贝图书馆从近二十万册文学书籍中提出被提名的作家的作品。如果在馆藏书中找不到某些人的作品，便及时到外地订购。如果委员会成员不熟悉某些被提名的作家所使用语言，便请人翻译。

下一步是邀请学院内外的专家对各个被提名的作家及其所属文学流派、作品类型等提出报告。

到3月份，委员会经过几次会议，将原来的名单缩减到十五至二十人。文学院可在会议上修改名单，更换或添加人选。评委会根据各种判断淘汰大部分候选人，

莫言获奖证书

到4月份提出一份压缩到十五至二十人的"复选名单"（俗称"半长名单"），再次报文学院审批。有些落选者是因作品为科学论文，没有足够文学价值；有些人虽然是纯文学作家，但是没有达到必要的水准；有些人被提名的理由是非文学性的，如基于政治、意识形态或民族主义的理由。此外，基于以往的教训，首次获提名者现在一般也先遭淘汰，政府高官或前政府高官基本上也难过关。在此阶段，评委会有时会就某些不熟悉的作品征求专家的意见，或为某些缺乏适当译本的作品安排紧急翻译。这个半决选的过程同样是秘密进行的。接着是辩论。在辩论过程中，候选人再次被逐一淘汰，最后只能保留五个人。这五个人基本上是委员会成员一致通过的，任何个人的意见都不起作用。

4月份，委员会将参加决选的名单、代表性作品及其他证明材料同时呈交给学院。从6月份开始，全体院士的暑期作业就是阅读五名候选人的作品，由于多数是上一年度的最后落选者，因此一般只用读那一、二位新人的作品，以及"老候选人"最近一年的新作品。每位评委还需要分别写出自己的推荐报告。文学院于9月中旬复会，开始进行决选。有关"决选者"近况的调查，也将在这三个月内完成。颁奖机构有评奖的最后决定权，可以推翻评委会全体一致的推荐，并且不接受任何上诉。文学院从复会到公布评奖结果，只有少则二周多则四周的时间。学院邀请院内专家十二人左右作为表决人，于每个星期四的下午五时开始进行两个小时的会议，进行讨论、评议，以不记名方式用书面表决，直到有一名候选人得票超过投票

数的半数以上。如果经多次投票无人过半,有时会达成妥协评出两人分享,有时只好当年空缺,留到下一年再评。由于经过漫长的讨论和详细的调查,往往在投票前已经明确选举结果,以致能够全体通过或多数人通过。

选举结果一旦出来,立即通知获奖人,并在新闻界发布获奖人姓名和一份决议。各颁奖机构一般在10月份评出并颁布当年的诺贝尔奖得主,最迟不得晚于10月15日。文学奖的公布时间一般是在10月份的第一个星期四,有时定在第二个星期四。颁奖公告只公布最后通过的颁奖决定,以及相关赞辞。所有的评议和表决纪录都予以保密,有效期五十年。对于颁奖结果所引起的争议,各颁奖机构及其成员都不予置评。

12月10日16时30分,即诺贝尔逝世的那一时刻,隆重举行颁奖典礼,获奖的桂冠作家亲临受奖。在颁奖典礼上,由瑞典国王向获奖人亲授诺贝尔奖证书和诺贝尔奖章。获奖人的演说辞将发表在世界各地的文学刊物上。

每当授奖典礼前一个月左右,接到电报通知的诺贝尔奖得主便陆续来到斯德哥尔摩。他们被视为诺贝尔基金会的贵宾居住在最豪华的酒店内,并无偿地提供交通工具及通讯设备。某些获奖人携带家属前来,也受到同样的礼遇。在此期间,整个城市都沉浸在节日般欢乐的气氛中,到处都是歌舞、酒宴和狂欢的人群。

12月10日下午4时30分,每一位获奖人由基金会成员陪同步入金碧辉煌的斯德哥尔摩音乐厅的授奖台,台下是特邀参加的二千位观众。布满鲜花的大厅座无虚席,气氛静穆而庄严,连前来采访的记者都须身穿黑色燕尾服、戴白色领带方能进入大厅。授奖典礼结束后,手持彩旗、头戴白色帽子的斯德哥尔摩的大学生们向步出大厅的获奖人一一欢呼致意。

由八百位贵宾作陪的隆重晚宴将进行两个小时。在烛光与火炬的映照下,各种鲜见的美味佳肴呈现在宾主面前。更为鲜见的是几乎全体皇族成员都莅临助兴。

第三章

诺贝尔文学奖历史的遗憾

题图：苏联作家高尔基与1915年诺贝尔文学奖获得者、法国作家罗曼·罗兰自从1901年诺贝尔文学奖第一次颁奖给法国诗人普吕多姆以来，至今已历一百一十余年。到2013年止，全世界共有三十八个国家的一百一十位作家获得了诺贝尔文学奖。

在世界上为数众多的各种文学奖项中，诺贝尔文学奖有着突出的特点和公认的专业价值。首先，它以极为严格的程序进行遴选、评定；其次，它的奖金数额之大，也是在各种文学奖项中名列前茅；另外，获奖作家的世界性与国际化，也是世人有目共睹的；还有，获奖作家的代表性，即他文学创作和作品的优秀与否，已是世界文学界和社会人士基本认可的标准与尺度。最后，诺贝尔文学奖坚持的独特的评选理念，即将"具有理想倾向的优秀作品"认定为优秀并推广到全世界，具有其他文学奖项不可替代且无法企及的社会价值。

因此，诺贝尔文学奖就具有了历史最久、奖金最多、最具专业权威性、最有国际代表性的世界文学的荣誉价值。一位作家一旦获奖，不仅是其个人的莫大荣耀，也成为其国家和民族的一种殊荣。

然而，每件事都有其两面性，一个世界性的大奖亦是如此。从诺贝尔奖诞生之日起，世人就对它批评不断。自从诺贝尔文学奖颁发的那一刻起，围绕它的争论与批评就始终不断，是与非争执有时甚至很是激烈。其实，争论和批评的焦点除了质疑诺贝尔文学奖评选会由于各国社会、文化的差异和审美观念的不同，因而评选标准和结果会受政治、地理、语言等因素的影响和制约外，就在于谁应该获得诺贝尔文学奖和谁不应该获此殊荣。我们这里称之为"诺贝尔文学奖历史的遗憾"。

据现有的历史资料来看，对上述这种"历史遗憾"的争论由来已久。早在1949年，I.华莱士曾以《爆炸性的诺贝尔文学奖》为题目，向大约三百五十位各国作家做了问询，问及的题目就是：哪些已获奖的作家名副其实，哪些作家有资格获奖而被漏掉。征询的结果是三分之二的获奖者是名副其实的，其余的三分之一则不然。

此后的1959年和1966年，法国和美国也分别以《诺贝尔奖过时了》和《诺贝尔奖的功与过》为题展开调查，两项结果分别是："应由专业作家评选诺贝尔文学奖，而不是非作家中的无名之辈"，"诺贝尔文学奖过大于功"。

第三章 诺贝尔文学奖历史的遗憾

美国作家海明威

1990年代中国也曾从事过一项调查，以中国人的思维方式对诺贝尔文学奖提出了看法——谁是中国人心中当之无愧的桂冠作家、谁是诺贝尔文学奖永久的遗憾、诺贝尔文学奖对中国是否公正，等等。接受调查的有翻译家、学者、作家、诗人及北京大学、北京师范大学中文系的学生。调查结果表明，中国读者心目中威望最高的诺贝尔文学奖得主是：海明威、肖洛霍夫、马尔克斯、罗曼·罗兰、帕斯捷尔纳克、萨特、贝克特、福克纳、托马斯·曼、川端康成、叶芝、加缪、罗素、泰戈尔、黑塞、艾略特、萧伯纳、索尔仁尼琴、聂鲁达、蒲宁。其中海明威以绝对优势名列榜首。这个结果一定程度上能够显示出中国人日益提升的文学审美能力，人们在肯定诗人、小说家和戏剧家在创作中体现的探索性、前卫性的同时，更加注重作品主题的确定、内在的意蕴和文学的信息层面。

那么，对于诺贝尔文学奖的"过大于功"或称"历史的遗憾"，国际上权威的文学专业人士是如何评判的呢？这里有诺贝尔文学奖评委会成员（坐第十六把椅子者）、瑞典文学院院士谢尔·埃斯普马克对前八十年的总结，摘要如下：

诺贝尔文学奖的第一个十年，即维尔森执掌瑞典文学院及诺贝尔文学奖评委会时期，人们普遍认为普吕多姆（法国）、海泽（德国）等人的获奖实在勉强。人们一般认为，比昂拉（挪威）应让位给易卜生，而托尔斯泰、左拉和斯特林堡自然应成为诺贝尔文学奖获得者。至于授予吉卜林（英国）诺贝尔文学奖，是唯一获得公众赞许的，而显支微克（波兰）获奖则在众望所归之中。

在诺贝尔文学奖第二个十年中，豪普特曼（德国）获奖被认为是名副其实的，而泰戈尔则是一个恰当人选，他的获奖意味着东方文化和文学的被认可。1915年罗曼·罗兰的获奖被认为最符合诺贝尔本人的意图。这期间的1914年和1918年未颁奖，而这一时期斯堪的纳维亚作家获奖人数偏多，颇为人所诟病。只有汉姆生（挪威）被认为是合格的获奖者。

在诺贝尔文学奖的第三个十年中，很多获奖者受到世人好评，如：法郎士、叶芝、萧伯纳等人。托马斯·曼（德国）和辛克莱·刘易斯（美国）也被认为是合格者。其他几人则被众人评说不一。

在诺贝尔文学奖的第四个十年中，普遍认为评奖要差一些。只有皮兰德娄（意大利）和奥尼尔（美国）被视为优秀的获奖者。而布宁（俄国，当时为苏联）、高尔斯华绥（英国）、赛珍珠（美国）都被认为是不合格的获奖者，而其实他们是各具特色的作家。

在诺贝尔文学奖的第五个十年中，1940年至1943年由于第二次世界大战未颁奖。所以，一批伟大的作家从中漏过，如：哈代（英国）、高尔基（俄国，当时为苏联）、弗洛伊德（奥地利）等人。而黑塞（瑞士籍法国人）、纪德（法国）、艾略特（英国）、福克纳（美国）、罗素（英国）获奖则别无悬念。至于其他人，被认为平庸而已。普鲁斯特（法国）、卡夫卡（奥地利）、劳伦斯（英国）等人榜上无名，无疑是有损诺贝尔文学奖荣誉的。

在诺贝尔文学奖的第五个十年中，优秀作家构成获奖者的比例高于以往任何时期。如：海明威（美国）、加缪（法国）、帕斯捷尔纳克（俄国，当时为苏联）的获奖令人欢欣鼓舞，所留下的遗憾似乎不多。

在诺贝尔文学奖的第六个十年中，世界的社会和文化环境发生了很大变化，诺贝尔文学奖把目光转移到西欧、北美以外的国家。这时的安德里奇（南斯拉夫）、肖洛霍夫（俄国，当时为苏联）、阿斯图亚里斯（危地马拉）、川端康成（日本）、索尔仁尼琴（俄国，当时为苏联）获奖就是证明。而这时萨特（法国）被授予诺贝尔文学奖却被本人拒绝一事造成了诺奖的尴尬。

在诺贝尔文学奖的第七个十年中，聂鲁达（智利）、伯尔（德国）、怀特（澳大利亚）、贝娄（美国）、辛格（美国）都是当代著名作家，获奖理所当然。而被遗漏者包括：布莱希特（德国）、莫拉维亚（意大利）、格林（丹麦）、庞德（英国）、阿赫玛托娃（俄国，当时为苏联）、博尔赫斯（阿根廷）等。

在以上分析的诺贝尔文学奖的八十五年中，八十五名获奖作家中有七十三人是欧洲人或流亡的欧洲人,其余的有七位是美国人,一位澳大利亚人,二位智利人,一位危地马拉人,他们都使用欧洲语言或较大的语种,如:英、法、俄、德、希腊、意大利、西班牙等语言进行创作。仅有的两位亚洲获奖作家是泰戈尔和川端康成,没有使用中文、波斯语、土耳其语、印地语、印尼语、朝鲜语、斯瓦西里语及其他亚非语言的作家获奖。这也许是诺贝尔文学奖"历史的遗憾"之外的"地域的遗憾"。

关于诺贝尔文学奖历史的遗憾,中国二十世纪九十年代的那份调查报告评选出了中国人心中诺贝尔文学奖错失的二十位大师,分别是鲁迅、卡夫卡、乔伊斯、托尔斯泰、哈代、昆德拉、博尔赫斯、纳博科夫、易卜生、沈从文、普鲁斯特、契科夫、里尔克、高尔基、老舍、左拉、瓦雷里、劳伦斯、曼杰什坦姆、阿赫玛托娃。除鲁迅、老舍、沈从文等中国人耳熟能详、同时享有世界声誉的大师外,其余的十七位外国作家也都在世界文学史上留下了璀璨的光彩。

卡夫卡(1883—1924),奥地利表现主义作家,二十世纪最有影响力的德语作家。他生活在奥匈帝国行将崩溃的时代,又深受尼采、柏格森哲学影响,对政治事件也一直抱旁观态度,故其作品大都用变形荒诞的形象和象征直觉的手法,表现被充满敌意的社会环境所包围的孤立、绝望的个人,令二十世纪各个写作流派纷纷追认其为先驱。代表作为《审判》《变形记》等。

乔伊斯(1882—1941),爱尔兰意识流作家,二十世纪最伟大的作家之一。代表作《尤利西斯》对全世界产生了巨大的影响。爱尔兰人十分崇拜乔伊斯,甚至把《尤利西斯》中描写主人公奥波德·布卢姆一天全部活动的六月十六日定为"布卢姆日",成为了仅次于国庆日的大节日。

托尔斯泰(1828—1910),俄罗斯文学家、思想家,代表作《战争与和平》《安娜·卡列妮娜》《复活》等作品在

俄国作家列夫·托尔斯泰

我国广为传播，是大多数人所推崇的文学经典。他是世界公认的现实主义文学大师，后来的诺奖得主罗曼·罗兰、托马斯·曼、萧伯纳、高尔斯华绥都不同程度地受他影响才形成自己的风格。他未能获得诺贝尔文学奖，被公认为是诺贝尔文学奖最大的遗憾。

哈代（1840—1928），英国作家。早期和中期的创作以小说为主，继承和发扬了维多利亚时代的文学传统；晚年以其出色的诗歌开拓了英国二十世纪的文学。他的作品往往带有宿命论的悲剧色彩，代表作为《德伯家的苔丝》和《无名的裘德》等。

昆德拉（1929— ），捷克小说家。他善于以反讽手法、用幽默的语调描绘人类境况。代表作《生命中不能承受之轻》，表面轻松，实质沉重；表面随意，实质精致；表面通俗，实质深邃而又机智，充满了人生智慧。正因如此，在世界许多国家，一次又一次地掀起了"昆德拉热"。

博尔赫斯（1899—1986），阿根廷作家，以拉丁文隽永的文字和深刻的哲理见长。代表作《环形废墟》《巴别图书馆》等。南非作家、诺贝尔文学奖获得者库切曾经评价道："他，甚于任何其他人，大大创新了小说的语言，为整整一代伟大的拉美小说家开创了道路。"

纳博科夫（1899—1977），俄裔美籍作家，被公认的二十世纪最杰出小说家和文体家之一。代表作《洛丽塔》出版后，引起巨大轰动，并曾一度被列为禁书，现已被改编成电影。

易卜生（1828—1906），挪威剧作家。代表作《玩偶之家》《人民公敌》等剧本是世界各国戏剧舞台上的经典作品。他的创作对十九世纪末到二十世纪初的欧美戏剧产生深远影响，因而被称为"现代戏剧之父"。

普鲁斯特（1871—1922），二十世纪法国最伟大的小说家，意识流文学的先驱与大师。代表作《追忆似水年华》通过上千个人物的活动，冷静、真实、细致地再现了法国上流社会的生活习俗、人情世态。因此，有些西方评论家把它与巴尔扎克的《人间喜剧》相提并论，称之为"风流喜剧"。

契诃夫（1860—1904），十九世纪末期俄国批判现实主义作家，和法国的莫泊桑、美国的欧·亨利齐名的世界三大短篇小说巨匠。他的小说短小精悍，简练朴素，结构紧凑，情节生动，笔调幽默，寓意深刻，语言明快，极富于音乐节奏感。代表作《变色龙》《套中人》《小公务员之死》都是世界文学史上精湛而完美的艺术珍品。

里尔克（1875—1926），奥地利诗人。他对十九世纪末的诗歌体裁和风格以及欧洲颓废派文学都有深厚的影响。在二十世纪的德语诗人中间，似乎还没有哪一位像他那样，童年寂寞而黯淡，一生无家可归，临终死得既痛苦又孤单，而在诗歌艺术的造诣上，却永生到放射穿透时空的日益高远的光辉，就一些著名篇什的艺术纵深度而论，就其对心灵的撞击程度而论，真可称之为惊风雨、泣鬼神。

高尔基（1868—1936），苏联无产阶级作家，代表作《母亲》描绘了无产阶级波澜壮阔的革命斗争，塑造了共产党员工人巴维尔和革命母亲尼洛芙娜的感人形象，被公认为是世界文学史上崭新的、社会主义现实主义文学的奠基作品。

左拉（1840—1902），法国作家，自然主义文学流派的领袖。他从二十八岁到五十四岁，勤奋写作了二十六年，终于写完了一部巨著《鲁贡玛卡一家人的自然史和社会史》，其中包括二十部长篇小说，登场人物达一千多人。其中的代表作为《萌芽》《娜娜》等。

瓦莱里（1871—1945），法国象征派诗歌大师，法兰西学院院士。代表作有《旧诗稿》《年轻的命运女神》《幻美集》等。他的诗耽于哲理，倾向于内心真实，往往以象征的意境表达生与死、灵与肉、永恒与变幻等哲理性主题，被誉为"二十世纪法国最伟大的诗人"。

劳伦斯（1885—1930），英国作家，深受弗洛伊德心理分析学影响，代表作有《恋爱中的女人》《儿子与情人》《查泰莱夫人的情人》等。他的作品过多地描写了色情，受到过猛烈的抨击和批评。但他在作品中力求探索人的灵魂深处，并成功地运用了感人的艺术描写，因此，从他生前直到迄今为止，他的作品一直被世界文坛所重视。

曼杰什坦姆（1891—1938），二十世纪最具世界性影响的俄罗斯诗人之一。他的作品以超现实主义的方式，对远古文明和传统文化进行凭吊，对现实社会予以辛辣的抨击和讽刺，形成了极具现实能量的新古典主义风格，在对时代的不屈反抗中为充满喧嚣的时代做出了有力的见证，他成为了与艾略特、里尔克、瓦雷里和叶芝等世界级大师并肩的人物。

阿赫玛托娃（1889—1966），俄罗斯女诗人，被誉为"俄罗斯诗歌的

月亮"，曾与普希金并称。她的诗独树一帜，敢于追求纯艺术，敢于在平凡简单中寻找伟大，敢于以女性视角揭示女性情怀，充满人文精神。作品中表现出她的爱是宽广的，她与她的人民同在。

对于没有出现在获奖名单上的大师，历史已经给了他们最公正的评价。这些评价也告诉我们：作家不会因得诺贝尔文学奖而伟大，但会因作品而不朽。

在二十世纪九十年代对中国人关于诺贝尔文学奖的调查中，有三位中国作家列入全世界应该获得诺贝尔文学奖的作家名单之中，他们是：鲁迅、沈从文、老舍。这应视为对诺贝尔文学奖"历史遗憾"的中国解读。因为这三位文学大师在中国人心中具有极为重要的位置，他们的作品人们不但耳熟能详，而且被认为是代表二十世纪的中国文学经典之作。

至于其他的与诺贝尔文学奖有缘的中国作家，最著名的当推巴金和林语堂，他们也被认为是能代表二十世纪中国文学的经典作家，其他的作家如王蒙、北岛、李敖、曹乃谦等人，作品风格各异，创作特色不同，分别代表了中国文学的多样性与多元化形态。

还有莫言，2012年诺贝尔文学的获得者，他的"讲故事"和"用荒诞手法表现社会现实"的特点征服了瑞典文学院，成为第一位中国籍的诺贝尔文学奖获奖作家。

以上几位中国作家，在本书中都有专章涉及，然而除此之外，值得诺贝尔文学奖评委会或是马悦然院士关注的中国作家还有：

李锐：以小说《厚土》《旧址》为代表作，作品以反思人性著称，内涵积淀深厚，创作风格深沉冷峻。

余华：以小说《活着》《许三观卖血记》为代表作，深刻表现中国特殊年代的人性与社会生活，创作风格冷静沉郁。

苏童：以《红粉》《妻妾成群》为代表作，作品多表现旧中国传统生活与人性扭曲，创作风格古朴粗犷。

贾平凹：以小说《废都》《秦腔》为代表作，作品表现现代与传统交织时代的都市与农村生活，描绘社会各阶层人物出色，创作风格质朴古雅。

王安忆：以小说《小鲍庄》《长恨歌》为代表作，作品以表现小人物的平凡生活为特色，创作风格平淡写实。

韩少功：以小说《马桥词典》为代表作，作品以"寻根"为主题，表现新乡土文学内容，风格独特而新锐。

迟子建：以小说《额尔古纳河右岸》为代表作，作品以表现东北边陲少数民族生活为主要内容，创作风格沉静婉约，极具民族特色。

阎连科：以小说《丁庄梦》《风雅颂》为代表作，作品往往涉及社会敏感题材，具有批评意义。创作风格为在荒诞中表现现实，被称为"荒诞现实主义大师"。

残雪：以小说《黄泥街》《山上的小屋》为代表作，作品注重人的深层精神世界开掘表现，尤以女性为主，创作风格极具鲜明个性化创意。

就他们的创作和作品状况而言，都是属于诺贝尔文学奖评委会应予考虑的范围之内的。

其实，在中国还有三位二十世纪三十年代的作家值得一提，他们是李劼人、萧红和张爱玲。刘再复认为：李劼人的《死水微澜》应当是最精致、最完美的长篇了，也许以后的时间会证明，《死水微澜》的文学总价值完全超过《子夜》《骆驼祥子》《家》等。这部小说的女主人公邓幺姑就是中国包法利夫人，她的性格蕴含着中国新旧时代变迁过程中的全部生动内涵，其语言的精致、成熟和非欧化倾向也是个奇观。而萧红和张爱玲，作为中国现代最著名的女作家之一，创作各具特点，作品内容各异，具有鲜明的个人风格。萧红以描写北国小城和乡村生活见长，她的《生死场》和《牛车上》等小说，表现出浓郁的乡土气息和炽热的爱国情怀。而张爱玲的《金锁记》《倾城之恋》等小说，以描写上海、香港等繁华大都市著称，在纸醉金迷中表现出社会的沉沦与人性的变迁，创作风格是忧郁而伤感的，对于认识那时的中国社会颇有价值。

其实，关于诺贝尔文学奖"历史遗憾"讨论的实质，就是它作为全世界"著名"的文学奖项是否能成为世界"最高"的文学奖项的话题。换言之，即诺贝尔文学奖评委会有无评选出全世界最优秀作家和作品的责任、能力和权威。

应该说，这一命题早在诺贝尔文学奖评委会即瑞典文学院成立之初就提出来了。1786年，当瑞典诗人利奥波德在瑞典文学院成立时发表的就职院士的演说中就提出，总有一天他们（即瑞典文学院）会"在欧洲的文学界行使职权"，成为"瑞典文学界的执法官"。因此，当1896年12月，瑞典文学院接受诺贝尔的生前遗嘱，承担评选诺贝尔文学奖的任务时，当时的两位院士就坚决反对接受此事。他们的理由之一，是担心把文学院变成"一种具有世界政治色彩的文学法庭"，其二则是担心国际舆论对文学奖施压可能造成的评选的不公正。而当时执掌文学院的维尔森坚持接受任务，他认为，如果放弃则意味着文学院"放弃在世界文坛上占据极有影响的地位"，并说："对本国文学有能力做出判断的文学院，对外国文学中的精华并非全然无知，这里说的奖金正是要授予出类拔萃的世界文学家，一般来说授予了那些通过自己的作品及文学观了解自己的人。"就是他的这种"远见卓识"，被人称为"对诺贝尔的意图有深刻见解"，也造就了诺贝尔文学奖今天的崇高地位，以及"诺贝尔遗嘱也给了十八名院士巨大的权力和荣誉"的现实局面。

所以说，诺贝尔文学奖本身就属于诺贝尔本人，它的评选和标准是由其本身的独有性质即诺贝尔化的理想所决定的。苛求它成为一项公共性的世界性的文学界最高奖项是不可能也不现实的。总之，诺贝尔文学奖的"历史遗憾"将长期存在，除非它改变诺贝尔制订的评奖标准。

第四章

中国人与诺贝尔文学奖

题图：鲁迅等人与 1925 年诺贝尔文学奖获得者、爱尔兰作家萧伯纳合影代表世界科学和文化领域最高成就的诺贝尔奖已经设立一百一十余年，早已成为举世瞩目的世界性综合大奖，在全世界范围享有崇高的荣誉和权威地位。一百多年来，世界范围内的获奖者已近八百人，获奖者的国籍有三十多个。其中既有传统的科学文化大国，如美国、英国、法国、德国、日本等经济发达者，亦有虽称大国但科学、文化乃至经济不太发达的国家，如印度、南非、阿根廷、巴基斯坦等。而最令世人尤其是中国人遗憾的，就是在2012年之前，无论是科学、文学还是和平奖，都与中国无缘。换言之，迄今为止，除莫言2012年获得诺贝尔文学奖之外，还没有第二位中国本土的科学家和作家获得诺贝尔奖。

就诺贝尔文学奖的具体情况而言，我们说诺贝尔文学奖是世界文学的"最高"荣誉，不仅立足于这个奖项的巨大影响力，更立足于获奖作者的作品所蕴涵的博大精深的深层内涵。在他们呕心沥血创作的一部部堪称划时代的著作，代表着本国和世界文学发展的主流和时代成就，只有这样，才配得上称为"最高"荣誉。回首往事，人们的客观评价表明，迄今为止的全世界一百一十名作家里面，虽然有少数作家存在争议，但80%以上都是当之无愧的文学大家，其中不乏本民族、本地区的时代旗手或艺术大师。

所以，对于诺贝尔文学奖所具备的荣誉，中国人有着天然的、历史性的敏感和热情。中国人的诺贝尔文学奖情结可谓源远流长。上世纪初诺贝尔文学奖初创之时，获奖对于积贫积弱的中国来说还很遥远。直到1913年，第一位亚洲人、印度诗人泰戈尔获得诺贝尔文学奖，诺贝尔奖才第一次引起了国人的关注。当时的诺贝尔文学奖评委会成员对泰戈尔的评价是"我们认识了一位当代最伟大的诗人"，这也是诺贝尔文学奖的触角第一次伸向欧洲之外。

囿于当时的客观条件，中国是无力竞争自然科学方面的奖项，于是大家就格外关注与科技水平没有直接关系的文学奖。

印度诗人泰戈尔

很多人认为,作为一个有着数千年优秀文化传统和古老文明的"斯文大国",产生了《诗经》、楚辞、汉赋、唐诗、宋词、元曲、明清小说以及《三国演义》《水浒传》《西游记》《红楼梦》等传世经典名著的"文化大国",我们无疑配得上这一项国际荣誉。邻邦印度能够获奖,我们为什么不行?于是,诺贝尔文学奖情结悄然滋生。一百多年来,多少次可望而不可即,多少次擦肩而过,多次错过良机,都没有让诺贝尔文学奖情结消散,反而愈来愈重,深深地扎根在众多中国人和中国作家的心中。特别是当1985年瑞典汉学家马悦然被选入瑞典文学院时,人们更确信,他是一位西方世界了解中国现代文学的杰出专家,同时他个人更与一些中国作家和其他东方文学专家保持着密切关系,中国人的获奖应该是指日可待了。

在网络媒体日益发达的今天,每次诺贝尔文学奖评选时,国内的许多新闻媒体都会炒作起来,诸如某某国内作家被提名,获奖几率如何的报到甚嚣尘上。2009年,"安徽诗人叶文斌将角逐诺贝尔文学奖"这一近乎恶作剧的消息霸占了许多媒体的头条,引起了广泛的关注和争议。可是当年诺贝尔文学奖结果出炉后,国内就一片叹息:什么时候我们能真的得一次呢?就在2012年春天,莫言获奖的半年前,又流传出中国作家曹乃谦可能获奖的消息,令国人在空欢喜之外又失落一番,好在莫言获奖随后而来。此前,随着巴金等距离诺贝尔文学奖最近的几位中国老作家相继作古,许多国人失望的情绪也就越来越重。

失望之余,我们也曾欣慰于那些获奖的华裔,这足以证明,在智力上我们不输于任何人。可在欢呼之后,却有种说不出的滋味。2000年,法国华裔作家高行健荣获诺贝尔文学奖,瑞典文学院对高行健的评价颇高,好像代表了我们中华民族文学前进的方向,引起了国内热烈的讨论。虽然对高行健获奖见仁见智,其说不一,但这毕竟反映出诺贝尔文学奖对华语文学的关注。

走过一百余年的诺贝尔奖评选至今,美国获奖人数达到了惊人的三百多人,英国有一百一十多人,德国有超过百人。单就诺贝尔文学奖而言,获奖人数超过五人的国家有,法国十五次、美国十次、英国十次、德国九次、瑞典八次、意大利六次、西班牙五次。在亚洲,我们的近邻日本和印度,也有泰戈尔、川端康成和大江健三郎获奖,可是占据了世界四分之一人口的中国人，却只能面对零的尴尬，我们除了埋怨翻译不利和地域歧视外，只能一声叹息。

我们曾拿瑞典文学院只将奖项颁给北欧和西欧作家的"小趣味"来宽慰自己，但是却又不得不面对一个现实，诺贝尔文学奖的评选范围正像奥运会那样不断拓展，遴选作家的范围不断扩大，亚非拉地区的作家频繁获奖是一个不争的事实。

细细分析，中国人之所以如此渴望诺贝尔文学奖，有两层原因。首先是因为诺贝尔文学奖的巨大影响力，一旦获奖，可以说是名利双收。某种程度上说，诺贝尔文学奖的评选就是一场造神运动，权威的评奖成为制造经典的一个环节。有的作家的作品本来可能默默无闻、鲜有人知，可一旦获奖便立即家喻户晓，不仅文学界人士耳熟能详，社会大众也会对他略知一二。每一年的诺贝尔文学奖公布前夕，还是有为数众多的人翘首以待，只为获知获奖者的风貌。诺贝尔文学奖高额的奖金也是其令人关注的另一方面。美国的国家图书奖、以色列的耶路撒冷奖和捷克的卡夫卡奖作为世界上知名的文学奖项，奖金只有一万美元，美国的布克奖高一点，奖金为6万英镑，法国的龚古尔奖最少，奖金为五十欧元。中国的顶级文学奖项——鲁迅文学奖和茅盾文学奖，奖金只有五万元人民币，后来因为李嘉诚的资助，茅盾文学奖的奖金才在2011年提升为五十万元人民币，但是距离诺贝尔文学奖的奖金，还有相当遥远的差距。

中国人对诺贝尔文学奖的关注还代表了中国渴望在文化层面获得世界的关注和认同。一直以来，中国对本国文化一直充满了无比的自信，这是基于中国五千多年传统文化的积淀，基于改革开放以来取得的巨大成绩。同时，自新中国成立以来尤其是近三十多年，中国渐渐接受了西方文化的先进点和创造性，并对其产生了很大的关注和认同。但是与之相反，西方世界对中国当代文化的关注非常少。诺贝尔文学奖直到2000年才有汉语文学（严格意义上来说还不是中国文学）的一席之地就是实例，这本身就说明了中国的西学和西方的汉学之间的严重不对称。虽然诺贝尔文学奖有疏漏、有偏颇，但是相比较而言，其客观性和权威性仍不容否认。它是世界上最重要的文学奖项，哪怕我们刻意淡薄，也无法改变这个事实。新时期中国人的开放和大气，需要在一个平等的层面上与世界文化交流，这是我们应该享受的尊重。中国人、中国作家期待通过这个奖项与世界交流沟通，获得世界的承认，得到国际文学界和文化界的肯定，这是国际文化交流中的正常态度。

莫言的获奖让中国的"诺贝尔文学奖之梦"终于成真，但是中国人的诺贝尔奖情结却不会消失，因为我们在期待着还有中国人摘得这项荣誉桂冠。在我们憧憬美好未来的同时，要清醒地认识到诺贝尔文学奖的"实际"的"文学"意义。正如瑞典驻中国大使馆前文化参赞阎幽磬所言："中国人把诺贝尔文学奖看作是一个政治性的事物，总是难以将文学奖与政治分成两件独立的事情。"他认为，其实文学奖是给个人的，不是给一个国家的，确实没有必要将政治甚至国家与一个诺贝尔文学奖拴在一起。此言极是。

可以说，中国作家都有一个自己的诺贝尔文学奖之梦，因为自古以来的中国文人都视荣誉为人生最大的要事，所谓"金榜题名时"正此意也，尽管诺贝尔文学奖早已不同中国古代的科举金榜，但是"题名"更具世界荣誉。

中国作家醉心诺贝尔文学奖，或说"诺奖情结"或"诺奖梦"的根源是多方面且具历史性的。

首先，中国文人包括中国作家，自古就有"立德、立功、立言"的传统。所谓"立德"指在思想道德观念上独树一帜成为"圣贤"，所谓"立功"指在在治国理政或保家卫国上功绩卓著成为功臣，而所谓"立言"即是中国文人的常态，即著书立说，流传后世。而今天的诺贝尔文学奖，正能最好体现中国文人的传统观念和最大荣誉。

其次，中国文人包括中国作家都有自己的理想和抱负，或伸张正义救民于水火，或宣传真理为理想而奋斗，或发扬学术为思想而尽言，总之，表现出理想主义的光辉。而诺贝尔文学奖的评选标准，就是作品或作家"具有理想倾向"，这一点和中国文人的精神传统相符。所以，对诺贝尔文学奖的追求，对中国作家来讲是最自然不过的了。

再次，每一位正直的中国作家（或中国文人）都具有一种社会责任感，他们都渴望用自己的文字和作品，自己的智慧和才华，为人类社会做出自己应有的贡献，或改造社会，或建设未来，或教化民心，或开启民智，或歌颂光明，或鞭挞黑暗，或赞扬真善美，或抨击假丑恶。总之，作家的责任重于泰山，而诺贝尔文学奖的世界广泛性，则为作家很好地尽职社会责任造就了可靠基础和条件。

最后，作家的专业创作本能决定了他们必定与文字和著述一生为伍。在文学创作或学术研究上登峰造极，达到更高甚至最高的境界，是他们一生追求的终极目标。表现社会、反映时代、造福人类，是作家肩负的历史使命。而体现世界范围文学界最新最好成果的诺贝尔文学奖，正是他们关注的目标。获得诺贝尔文学奖，对于一位以创作为职业、以弘扬文化为己任的作家来说，将是一项莫大的荣誉和安慰。

所以说，中国作家的"诺贝尔文学奖情结"是油然而生的，是其自身的属性所决定的，也是一个人追求向上和人生荣誉的自然流露，因此它是无可指摘的。

我们更应该看到，对于诺贝尔文学奖的渴望，中国社会的民间与官方甚至舆论，比那些文学圈中的专业人士更为强烈且持久。究其原因大致如下：

首先，中国民间即社会大众，对自己国家悠久的文化传统满怀信心，认为一个泱泱大国，产生了《诗经》、楚辞、唐诗、宋词、元曲、明清小说的文化古国，获取区区一个诺贝尔文学奖正如"探囊取物"，是再自然不过的，不得奖才是不正常的。对于中国文学的高度成就，就连瑞典文学院院士、诺贝尔文学奖评委埃斯普马克在他的关于诺贝尔文学奖的专业著作中也公正地指出，世界上没有哪些文学作品能与中国的唐诗和《红楼梦》的艺术成就相比。正是这种外国人的赞赏，中国人特有的心态，使得中国人对诺贝尔文学奖趋之若鹜，无以复加。

其次，就中国的舆论媒体而言，他们对中国作家的期望值过高，尤其对一些著名的中国作家期望甚大，认为他们有能力、水平和资格，应该获得诺贝尔文学奖。其实，这也是一种对作家身份、责任以及对诺贝尔文学奖的曲解。作家是一种个体智力劳动的职业，他们的创作不仅特色各具，作品也异彩纷呈，作品好且受欢迎，却不一定能获奖。因为任何奖项的评判标准都是见仁见智的，对同一个作家，不同的奖项评委会有不同的评价，对于中国作家和诺贝尔文学奖来说亦然如此。

最后，中国政府或说国家，从中国文化走向世界的整体战略考虑，急需要中国作家能在世界文坛上占据一席重要地位。获得诺贝尔文学奖,不仅是作家本人的荣誉,更是中国整个国家和民族的荣誉。这一点,从莫言获奖后中国政府和官员的公开讲话和反应中即可看出端倪。

总之,中国的"诺贝尔奖情结"的产生是有其专业、民间、官方、舆论和作家本人的原因的,是历史与现实交织的多方面、多层次的复杂问题。

正如埃斯普马克所言:"诺贝尔奖现在仍然是一种西方的奖,自然不可能以西方的角度以外的评价颁发。这一点本身是遗憾的,我当然希望那些遥远地区的文学能够赶上大步在前的西方文学,以便能够完全加入全球性文化大军的行列。"

客观地说,瑞典汉学家马悦然、美国汉学家葛浩文等人,在翻译介绍中国文学作品上贡献颇大。2012年莫言获奖,更归功于瑞典汉学家陈安娜的出色翻译。特别是马悦然,他是瑞典文学院及诺贝尔文学奖评委会中唯一能运用汉语者,除翻译外,他的介绍、推荐、评定之作用更大。

其实,在诺贝尔文学奖历史上,有两位世界文学巨匠的表现令世人瞩目和关注。他们就是法国的萨特和中国的鲁迅。

尽管诺贝尔文学奖是全世界文学中人和社会大众最为看重的国际性大奖,但对于萨特和鲁迅来说,则不过是一次普通的评比而已。丰厚的奖金和巨大的荣誉,对于他们二人来说不值一提。他们在这世人瞩目的文学大奖和全世界面前,表现出超凡的思想和高尚的人格。

1964年,当诺贝尔文学奖评委会决定将该年度诺贝尔文学奖授予法国哲学家、存在主义哲学创始人、作家让-保尔·萨特时,他拒绝了这一决定。然而,按照诺贝尔文学奖评选的规定,当获奖者拒绝受奖时,该奖项的决定仍然有效,也就是说不管萨特是否同意接受这一奖项,由评委会决定产生的1964年诺贝

法国作家萨特

诺贝尔奖颁奖典礼盛大场面

文学奖得主依然是萨特。同时，瑞典文学院即诺贝尔文学奖评委会照常向全世界发表公报，宣布这一结果和决定。因而产生了诺贝尔文学奖历史上第一次由获奖作家本人自愿缺席的颁奖仪式（非本人意愿缺席者不乏其人，如前苏联的帕斯捷尔纳克），在那年的盛大颁奖典礼上，没有获奖者的身影，没有他的受奖致辞，只有对他的颁奖词在宣读。

对于鲁迅，他的态度是最值得当今国人回味、思考和借鉴的。当年鲁迅得知瑞典学者、探险家和科学考察家斯文·赫定关于推荐他成为诺贝尔文学奖候选人的消息后，曾书面表示："我感谢他的好意，为我，为中国。但我很抱歉，我不愿意如此。""诺贝尔赏金，梁启超自然不配，我也不配，要拿这钱，还欠努力。世界上比我好的作家何限，他们得不到。你看我译的那本《小约翰》，我哪里做得出来，然而这作者就没有得到……"

关键是鲁迅对此事的态度，他还说："我觉得中国实在还没有可得诺贝尔赏金的人，瑞典最好是不要理我们，谁也不给。倘因为黄色脸皮的人，格外优待从宽，反足以长中国人的虚荣心，以为真可以与别国大作家比肩了，结果将很坏。"

鲁迅还表示："倘这事成功而从此不再动笔，对不起人；倘再写，也许变了翰林文字，一无可观了。还是照旧的没有名誉而穷之为好罢。"

这充分表明了鲁迅对诺贝尔文学奖的态度：一，鲁迅对诺贝尔文学奖的评价是很高的。诺贝尔文学奖是一个高水平的奖项，要获此奖不是一件容易的事。二，鲁迅认为自己的创作水平与诺贝尔文学奖还有一定差距，并表示了自己不愿意当一个名不副实的诺贝尔奖获得者。三、鲁迅认为不仅自己不够格，就是整个中国文坛的水平与优秀的世界文学也存在着差距。

对于鲁迅这件事，著名评论家刘再复做了极为精当的评价。他说："鲁迅的这封信写得极好，他是中国作家对待诺贝尔文学奖的一种最理性、最正确的态度，他既没有刻意轻蔑诺贝尔奖的矫情，也没有刻意抬高诺贝尔奖的心思。"

应该说，鲁迅的态度是最客观、真实且公正的，不仅在当时甚至在当代依然不过时。其实中国人应该持有和鲁迅先生一样的心态，来对待、认识、处理诺贝尔文学奖，即以平常之心待之，以力求上进之心处之。这样，也许在不远的将来还会有犹如莫言或比莫言更优秀的作家再次获得诺贝尔文学奖。相信这一愿望并不是不可实现的梦。

第五章

鲁迅：始于绝望的希望

题图：鲁迅像

一、鲁迅拒绝诺贝尔文学奖提名

在中国，最早与诺贝尔文学奖发生联系的作家似乎是鲁迅。

1927年9月中旬，台静农在北京参加语言学家、教育家魏建功的订婚宴，地点是中山公园的来今雨轩。席间，作家、语言学家、教育家刘半农突然把他叫出去，"借一步说话"。刘半农说时任中国西北科学考察团负责人，对丝绸之路有某种特殊兴趣，同时也在北大任教的瑞典人斯文·赫定是诺贝尔奖金的评委之一，斯文·赫定从授予鲁迅诺贝尔文学奖可能会对中国知识分子产生深远影响的考虑出发，建议提名鲁迅作候选人，并且转请刘半农征求鲁迅的意见。

对赫定的提议，刘半农先生是完全赞同的，他也知道当时也有人在为梁启超积极活动，而他所心仪的人选除了对中国新文学诞生作出巨大贡献

鲁迅、许广平与海婴合影

的鲁迅外，当无第二个人。但对赫定委托他来与鲁迅联系，刘半农却犹豫了。

在外人眼中，刘半农是鲁迅《新青年》时代的老友，却不知此时二人的关系早已发生了微妙的变化。想当年，刘半农充满斗争气概地与化名王敬轩的钱玄同在《新青年》杂志上，以一封《复王敬轩书》上演一出批判复古主义的双簧戏。但"五四"大潮退去，刘半农日见消沉，最终一头扎进学术研究的象牙之塔。为此，鲁迅曾尖锐地批评说："我爱十年前的半农，而憎恶他的近几年。"鲁迅还曾跟台静农说刘半农的言行"古怪得很，当初做《新青年》时，我是万料不到会这样的。"于是，二人渐行渐远，乃至于到"几乎已无话可说的地步"。虽然鲁迅对刘的憎恶乃朋友之间的憎恶，但深知鲁迅的刘半农怕碰钉子，便想出一条迂回的好办法——让鲁迅所器

重同时又是自己学生的中法大学讲师台静农来完成赫定托付的任务，以避免不必要的尴尬，玉成此事。刘半农说，如果鲁迅同意，则立即着手进行参加评选的准备，如将参评的作品翻译成英文、准备推荐材料，等等。

台静农与鲁迅的关系的确非同一般。

台静农(1902—1990)，著名作家、文学评论家，安徽霍丘县叶集人。他幼承庭训，读经史，习书法，中学后入北京大学国文系旁听，所谓"鲁迅的学生"云者，就是指台在北大旁听时听过鲁迅讲授《中国小说史略》和《苦闷的象征》。1925年4月，台静农经由小学同学张目寒的介绍，初识鲁迅。从此，两人成为终生挚友。鲁迅之于台静农，是亦师亦友的关系，他们一直过从甚密。据《鲁迅日记》记载，二人交往在一百八十次以上。在他们十一年半的交往中，台静农致鲁迅信件有七十四封，鲁迅致台静农信件有六十九封，目前经保存收录于《鲁迅书信集》中的尚有四十三封。综观这些书信，不管是论人或议事，都直言不讳、毫无忌惮地袒露自己的心声。如果不是一种特殊的关系，像鲁迅这样为人谨慎的"世故老人"，是断不会如此的。由此可见，鲁迅对台静农的由衷信任和深厚情谊。鲁迅一生，以尖刻冷峻而著称于世，故其终身少有朋友。而他所引以为至交的，大多为忠厚、正直、笃实之人，如许寿裳、台静农等人即是。"台君为人极好"，这是鲁迅对台静农人品的高度评价。

台静农受刘半农如此重托很兴奋，他不但慨然允诺，而且没敢耽搁，立即于9月17日给鲁迅写了一封情词恳切的信，叙述了事情的原委，恳请鲁迅为中国文学事业答应提名事宜。

当日，鲁迅便收到了台静农的信件，立即予以回复，态度十分明确。信件文字不多，原文照登如下：

  静农兄：
    九月十七日来信收到了。
    请你转致半农先生，我感谢他的好意，为我，为中国。但我很抱歉，我不愿意如此。
    诺贝尔赏金，梁启超自然不配，我也不配，要拿这钱，还欠努力。世界上比我好的作家何限，他们得不到。

你看我译的那本《小约翰》，我哪里做得出来，然而这作者就没有得到。

或者我所便宜的，是我是中国人，靠着这"中国"两个字罢，那么，与陈焕章在美国做《孔门理财学》而得博士无异了，自己也觉得好笑。

我觉得中国实在还没有可得诺贝尔赏金的人，瑞典最好是不要理我们，谁也不给。倘因为黄色脸皮人，格外优待从宽，反足以长中国人的虚荣心，以为真可与别国大作家比肩了，结果将很坏。

我眼前所见的依然黑暗，有些疲倦，有些颓唐，此后能否创作，尚在不可知之数。倘这事成功而从此不再动笔，对不起人；倘再写，也许变了翰林文字，一无可观了。还是照旧的没有名誉而穷之为好罢。

未名社出版物，在这里有信用，但售处似乎不多。读书的人，多半是看时势的，去年郭沫若书颇行，今年上半年我的书颇行，现在是大卖《戴季陶讲演录》了（蒋介石的也行了一时）。这里的书，要作者亲到而阔才好，就如江湖上卖膏药者，必须将老虎骨头挂在旁边似的。

还有一些琐事，详寄霁野信中，不赘。

迅上，九月二十五日

对于这封确之凿凿的书信，后来许多学者表示怀疑，认为鲁迅的作品多数是在他去世之后才翻译成外文的，鲁迅生前不太可能受到推荐。

不过，媒体在2005年找到了关于鲁迅拒绝诺贝尔文学奖提名的有力证据。当年，《南方周末》的记者夏榆在瑞典斯德哥尔摩采访诺贝尔文学奖评委会主席埃斯普马克时，埃斯普马克曾经说过这样一段话："1988年有一位中国作家非常接近获奖。那就是沈从文。此前是没有来自中国的作家被提名。以前有一个考古学家斯文·赫定曾经建议把诺贝尔奖给中国的胡适，但是(瑞典)学院认为胡适不是一个作家，更像一个思想家或者改革家，所以没有给他。在1930年代中期，学院曾经派人给鲁迅带话，传给他一个讯息，就是想提名他。但是鲁迅自己认为他不配，他谢绝了。"

为了确认这个消息是否属实，夏榆还进一步问道："评委会把这个提名讯息传达给鲁迅本人了吗？"

埃斯普马克回答说：传达过，鲁迅拒绝了。而且鲁迅说中国当时的任何作家都不够资格获得诺贝尔奖。

埃斯普马克曾担任诺贝尔文学奖评委会主席长达十七年之久。他写过一本书，早已经有了中文版，叫做《诺贝尔文学奖内幕》。但是，他所说的鲁迅拒绝诺贝尔文学奖的时间，却与鲁迅书信里提到的不同，大约是埃斯普马克的记忆出错。

有人经常拿鲁迅谢绝提名与法国的哲学家、文学家让—保罗·萨特拒绝领取（1964年）诺贝尔文学奖相提并论。其实这两者是有很大区别的。

萨特的拒绝是在评奖之后，是真正的拒奖；而鲁迅的谢绝是在评奖之前，仅是拒提名。鲁迅可能不了解，提名和获奖是不同的两个概念；再者，诺贝尔文学奖一般不会授予第一次被提名者。

话说回来，鲁迅谢绝的理由也值得推敲。

第一，"梁启超自然不配，我也不配，要拿这钱，还欠努力。"说自己不配，别人不好说什么；但说梁启超不配，而且还"自然"，未免太尖刻。

梁启超是上世纪初驰骋于中国文化领域的一员猛将，在总结中国古代学术思想，提倡文体革命、小说界革命，鼓吹强国兴民的"新民说"，力主文学应该"播文明思想于民众"诸方面引领风气，呼风唤雨，实为功不可没的改革领军人物。当然，一说到文学奖，很多人马上会觉得梁启超虽提倡文学革命，但"述而不作"，没有写什么小说、散文作品，主要是搞学术研究，按中国正统文学的标准衡量，梁启超"自然不配"这种看法的确有一定道理。但是，如果我们仔细研究一下诺奖的有关章程规定，就不会对"有人提名梁启超"不以为然了——诺贝尔文学奖对"文学"的定义可以从纯诗一直扩展至人文学科，即除了诗歌还"包括在形式或内容上表现出文学价值的其他著作"。我想，当时没人会说梁启超不是人文学科中的佼佼者，不是在历史、文学、文化、思想等多个领域作出巨大成就的一代宗师。事实上，英国哲学家罗素和著名的首相邱吉尔都得过诺贝尔文学奖，难道他们是以小说或是散文得奖的吗？所以，就算梁启超获得提名也不能说"自然不配"。

至于说鲁迅本人是否"配"的问题,我认为现在虽然不必称他为"三个家"了,但客观地说,斯文·赫定提议提名鲁迅为诺贝尔文学奖候选人的确是考虑到鲁迅的文学成就和对中国现代文学建设发展的贡献的。鲁迅如果获得提名,梁启超可能都不会说"不配"。

什么原因使得鲁迅马上想到配不配的问题呢?

我以为,鲁迅对中国落后的国民性一直持批判态度是必要的,但这种思想如果走了极端就不好了,容易使人妄自菲薄。

第二,"瑞典人最好不要理我们,谁也不给。倘因为黄色脸皮的,格外优待从宽,反足以长中国人的虚荣心,以为真可与别国大作家比肩了,结果将很坏。"鲁迅他老人家真是过虑了。整个二十世纪人家楞是没理中国,"谁也不给",你有脾气吗?"友谊第一,比赛第二",这话只有中国人才想得出来,这事只有中国人才干得出来。瑞典人就算要照顾,也是照顾本国,照顾欧洲,且轮不到中国,别自作多情了。

鲁迅还担心"倘这事成功而从此不再动笔,对不起人;倘再写,也许变了翰林文学,一无可观了。"前者纯属多虑。按照诺贝尔本人设奖的初衷,是要"把奖金授予处于一生中富有创造性阶段的人,以便使他的活动得以继续并受益于奖金"。换句话说,就是用足够的金钱支持那些文学天才衣食无忧,更多更好地从事创作;或是资助那些为生计而苦斗因而抱负受阻的梦幻者,帮助他们解除后顾之忧。至于后者,鲁迅先生更是有些不着边际。诺贝尔奖是外国私人设立的,属非官方性质,而不是皇家开的"翰林院"。获奖者不必对它感恩戴德,也无须听它的将令。

鲁迅还以"我眼前所见的依然是黑暗"作为不想参与角逐、竞选的理由。后人便以此认为鲁迅是"横眉冷对千夫指",不想给国民党政府贴金。其实不然。这诺贝尔奖又不是颁给国民政府的,未见得接受奖金就是为政府脸上增光。反过来,拒绝提名难道就是给国民政府抹黑?例如1935年,一个在纳粹狱中奄奄待毙的德国记者奥西茨基获得了诺贝尔和平奖。希特勒可不认为那是帝国的荣耀,相反,他恼羞成怒,下令从那时起,禁止德国人从诺贝尔基金会那儿领取任何一项奖。但诺贝尔基金会并不认为自己有必要尊重希特勒的这道命令,四年之后,斯德哥尔摩大学的卡罗林斯学院毫不犹豫地将诺贝尔医学奖颁给一位德国科学家多马克。当然,多氏得等到纳粹覆亡才领到这笔奖金。再有就是前苏联,甚至因为1958年帕斯捷尔纳克和1970年索尔仁尼琴获得诺贝尔文学奖接连闹出政治风波。由此可见,极权政府的"头脑"没有像鲁迅想得那样简单。

"诺贝尔的赏金"难道中国真的不配吗?

其实,当时的中国文坛,正处于"五四"新文学运动后近十年,除了鲁迅、梁启超、胡适等人之外,还出现了郭沫若、郁达夫、周作人、叶圣陶、冰心、茅盾等作家,他们的文学作品可称那个时代中国文学的代表之作。鲁迅这里所说的"不配",是他在与世界各国文学的比较中得出的结论。在他看来,中国当时还没有可拿诺贝尔奖的合格作家,包括他自己在内。这时如有中国作家获奖,在当时追求学习借鉴西方文化的大背景下,足以使中国人的虚荣心膨胀起来,而鲁迅所警惕的正是中国人这种类似于自卑的虚荣心。从表面上看,这是鲁迅对中国文学界的"绝望",而实质上是对中国文学的环境,包括社会政治环境的"绝望"。正是在这种绝望之中,寄托了鲁迅对中国文学未来发展的一种希望。

二、鲁迅的足迹

鲁迅,1881年9月25日生于浙江绍兴东昌坊口新台门周家。这一天,也是清光绪七年八月初三。周家欢天喜地地迎接这个家族长孙的诞生,祖父给这个孙子取名"阿张",学名也是带有浓重中国特色的"豫才"。三十七年之后,因为一篇小说《狂人日记》,鲁迅的笔名不胫而走,在这之后的许多年里,虽然用过一百四十多个笔名发表文章,人们熟知的只有一个名

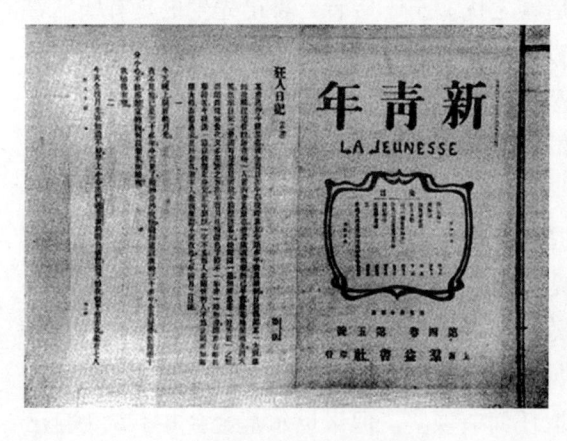

《狂人日记》书影

字——鲁迅。

对于故乡绍兴，鲁迅一直怀有一种复杂而又矛盾的心情，在他的一系列作品里，鲁迅对故乡表现出热爱、崇敬甚至终生的眷恋，而另一面则又充满了憎恶、决绝，甚至诅咒，这和他最初感受的凄风苦雨和人情冷暖紧紧联系在一起。

绍兴在后来鲁迅的许多作品里取名 S 城。

鲁迅的祖父周介孚，出身翰林，做过江西一个县的知县老爷，后来又到北京当上内阁中书，成为标准的京官。绍兴城并不大，像周介孚这样既是翰林又做京官的人，自然能赢得一般市民的敬畏。周家门上"钦点翰林"的横匾，明白无误地宣告了周家的特殊地位。

鲁迅的人生如果不出意外，应该是一片光明。书香门第，官宦人家，学而优则仕，这是可以预见的人生坦途。祖父福清公在 1899 年给孙子鲁迅的"恒训"中，关于家史说了如下一段话：予族明万历时，家已小康，累世耕读，至乾隆年分老七房，子七房，合有田万余亩，当铺十余所，称大族焉。逮嘉道时，族中多奢侈，遂失其产。

福清公这里所讲的周氏家族由盛至衰的历史大抵是真实的，待到鲁迅出世的时候，尽管往日的豪华排场已经渐渐地消尽，但也依然可以不愁吃，不愁穿，过着精神与物质都还富足的平静生活。在鲁迅的记忆里，周家新台门后园是一个大自然的乐园，一代代的中国人至今仍然可以从课本里，通过吟诵《从百草园到三味书屋》，感受到鲁迅童年的欢欣。

> 不必说碧绿的菜畦，光滑的石井栏，高大的皂荚树，紫红的桑椹；也不必说鸣蝉在树叶里长吟，肥胖的黄蜂伏在菜花上，轻捷的叫天子（云雀）忽然从草间直窜向云霄里去了。单是周围的短短的泥墙根一带，就有无限趣味。油蛉在这里低唱，蟋蟀们在这里弹琴，翻开断砖来，有时会遇见蜈蚣；还有斑蝥，倘若用手指按住它的脊梁，便会"拍"的一声，从后窍喷出一阵烟雾。何首乌根藤和木莲藤缠络着，木莲有莲房一般的果实，何首乌有拥肿的根。有人说，何首乌是有像人形的，吃了便可以成仙。

第五章　鲁迅：始于绝望的希望

我于是常常拔它起来，牵连不断地拔起来，也曾因此弄坏了泥墙，却从来没有见过有一块根像人样。如果不怕刺，还可以摘到覆盆子，像小珊瑚攒成的小球，又酸又甜，色味都比桑椹要好得远。

周家大院隔河相望，是绍兴有名的"三味书屋"，老师寿镜吾质朴博学，为人方正，因此，"三味书屋"是那个年代绍兴最开明的著名私塾。鲁迅和他的兄弟们都在这里读书。在这里，鲁迅度过了最初的读书生涯，只不过自由浏览的乐趣往往被粗暴的家长专制所干扰。

周家是讲究读书的，周介孚甚至有过让儿孙一起考取翰林，在门上悬一块"祖孙父子兄弟叔侄翰林"匾额的雄心，那种书香人家的气氛自然相当浓厚，不但自己家里有书，众多亲戚本家中不少人也藏书丰厚，而且不单是那些枯燥难懂的正经书，更有许多使小孩子们非常喜欢的好玩的书。

1893年，灾难终于降临到这个古老的、行将崩溃的大家族，首先是祖父周介孚，因为替亲友向浙江乡试的主考官行贿赂事发，只好投案自首，被关进了杭州监狱。他是这一家的顶门柱，他一倒，整个家就垮了。这一年，鲁迅十三岁。

从祖父入狱时起，为了逃避株连，鲁迅和二弟周作人一起，由母亲鲁瑞转移到了乡下皇甫庄，过一种其实是流亡者的生活。

周介孚入狱的第二年，鲁迅的父亲周伯宜突然吐血，此后几经波折，病情时缓时急。由此开始，直至父亲逝世，周家一直在暗伏着不安的平静中过着日子。作为长子，鲁迅也承受了巨大的精神重负，在鲁迅的记忆里，这是又一次惨痛的刺激，又一个难以愈合的精神创伤。为了病重的父亲，正在三味书屋读书的鲁迅无法专注于"子曰诗云"，请医生，寻药引，几乎每天都要出入于当铺和药店之间。

从鲁迅后来的回忆文字来看，他对在当铺所受的侮蔑是刻骨铭心的。而寻找冬天的芦根、经霜三年的甘蔗、原对的蟋蟀、结子的平地木等等稀奇的药引子，也使他感到受尽了中医的愚弄。后来他在《父亲的病》一文里沉痛地写下了在出入当铺间，默默地为父亲买药、觅药中痛苦的内心体验。

1896年秋天,在鲁迅的呼喊声中,父亲离开了人世。这一年,鲁迅十五岁。

父亲病与死像一个巨大的阴影笼罩着整个的家庭。与这丧父之痛一起降临的,是周家的急剧贫困。从一个大家族的少爷,沦为寄人篱下的乞食者,鲁迅其实过早地进入社会了。时隔多年,当他回忆往事的时候,我们依然可以感受到一个少年的内心悲愤的悸动,他感叹说:"有谁从小康人家而坠入困顿的么?我以为在这途路中,大概可以看见世人的真面目。"

少年鲁迅经历的两次重大的家庭变故,严重地损害了他的精神健康,给他留下了终生难以弥合的深刻的伤痕,贯穿几年的避难生活和寻医问药经历,给了他清醒认识社会与人生本来面目的敏锐双眼。

多年之后,在广州,青年学生问他为什么憎恶旧社会,他便这样回答:"我小的时候,因为家境好,人们看我像王子一样,但是一旦我家庭发生变故之后,人们就把我看成叫花子都不如了,我感到这不是一个人住的社会。从那时起,我就恨这个社会。"

1898年5月,鲁迅怀揣母亲东拼西凑汇集起来的八元川资,登上了离乡的小船,"到南京去上不花钱的学校"。走进了江南水师学堂,他给自己取了一个颇有励志报国的学名——周树人。在一般绍兴人看来,和科举取士相比,走进新式学堂,这是坠入了穷途,是被迫走一条没出息的离乡背井的路。

然而在南京,新的学校,新的环境,并没有让鲁迅找到新的气象。他终于愤而离开水师学堂,转入陆军矿路学堂。

鲁迅求学南京的三、四年间,国家陷于前所未有的动荡之中,继中日甲午战争惨败之后,又经历了戊戌变法的血雨腥风,1899年前后,义和团运动终于酿成八国联军入侵北京的灾难。国家政局的动荡,无时无刻不冲击着当年鲁迅的求学生涯,这期间鲁迅刻过三枚印章,分别是:文章误我,戎马书生,戛剑生。由此可以看出,青年鲁迅那种感喟时难、恨不得上阵杀敌的书生意气和热血奔涌。

1902年鲁迅又面临一次人生的转折,这一年元月,他以第一等第三名的优异成绩毕业,获得了两江总督刘坤一发给的毕业证书。这时候恰逢江南选派留日学生,作为官费生,鲁迅由学校选派到日本留学。1902年3月,

第五章 鲁迅:始于绝望的希望

鲁迅东渡日本，先在东京的弘文学院学习日语，再到仙台的医学专科学校学习，后来又返回东京，住在公寓里学德文，看杂书，直至回国，在日本住了七年多。

一个偶然的刺激改变了他的选择。1905年的日俄战争爆发，日本与俄国为了争夺在中国的势力范围，在中国本土的东北展开了一场决战，中国政府竟然宣布中立。战争期间，鲁迅和他的同学始终关心着国内的战况。一次课间，鲁迅看到日俄战争的幻灯片，一群中国人围观一个中国人被处死的场景深深地震动了他。

鲁迅认识到，医治精神的麻木更急于医治肉体的病弱，而文艺是改变精神的利器。他决定改治文艺，以拯救国民的灵魂。

1909年8月，鲁迅离开东京回国，结束了求学生涯。为了成全弟弟的学业和家庭幸福，鲁迅放弃去德国深造的机会，被迫回国谋事。

从日本回国后的头两年，鲁迅的心情十分沉郁，他囚发蓝衫、不修边幅的形象使他显得格外苍老，而他实际上只不过刚刚三十岁。这一时期他拼命抽烟喝酒，近于自暴自弃。大量闲暇时间被鲁迅用来整理古典小说资料，编成后来的《古小说钩沉》。然而，这书的代价实在是太大了。守着自己的家，编这样的书，痛苦是双重的，既有鲁迅的，也有他的夫人朱安的。

第二年二月，已任民国政府教育总长的蔡元培邀鲁迅到教育部工作。四月，中华民国临时政府被迫迁往北平。五月初，鲁迅离开绍兴前往北平，开始了在北平长达十四年之久的生活。

三、中国现代小说的发端

1918年5月，鲁迅在《新青年》第4卷第5号发表了《狂人日记》。这是中国现代文学史上第一篇用现代体式创作的白话短篇小说。无论是从形式上还是内容上，都是中国现代小说的伟大开端，开辟了一个新的文学时代。继《狂人日记》之后，鲁迅一发而不可收，在1918至1922年连续写了十五篇小说，结集为《呐喊》。1924年到1925年所作小说十一篇，结集为《彷徨》。

历史上最优秀的诺贝尔文学奖获得者，往往都是本民族文学的奠基人。

鲁迅和那些大师一样，都开创了本民族文学的新局面，这一点，集中表现在现代小说上。用学者严家炎的话来说，就是"中国现代小说在鲁迅手中开始，又在鲁迅手中成熟，这在历史上是一种并不多见的现象"。

中国从唐传奇到宋元的话本小说，再到明清以"四大名著"为代表的古典小说高峰，有着优秀且悠久的历史，涌现出了许许多多璀璨的名作佳篇。不过，中国的现代小说相比西方来说则产生得比较晚。鲁迅在小说艺术形式上的创新，起点是向外国文艺学习，而落脚点却在民族化上。

二十世纪二十年代，茅盾在《读〈呐喊〉》中这样评价鲁迅的小说："在中国新文坛上，鲁迅君常常是创造'新形式'的先锋；《呐喊》里的十多篇小说几乎一篇有一篇新形式，而这些新形式又莫不给青年作者以极大的影响，必然有多数人跟上去试验。"遍览鲁迅的小说会发现，鲁迅习惯借鉴西方小说形式，通过自己的转化、发挥，以及个人的独立创造，建立起中国现代小说的新形式。他的《狂人日记》之所以被称为第一篇现代白话小说，其中一个重要原因是它打破了中国传统小说注重有头有尾、环环相扣的完整故事和依次展开情节的结构方式，而以十三篇显得语无伦次且没有年月的日记来组织。

中国传统小说基本上是由勾栏瓦舍讲故事发展起来的，与传记和讲史有关，比较注重全过程的叙述，有头有尾，即使是短篇，也要有完整过程的故事。这种结构模式固然有其自身的特点，但过于单一，不利于深入揭示生活与刻画人物。鲁迅一反旧小说的传统，既尊重我国人民的阅读习惯，运用大众喜闻乐见的单线叙述方式，也成功地吸取外国小说的手法，打破时空顺序，按内容表现的需要，截取生活中带有典型意义的片断，用非常简约的生活场面凸现人物形象，从而展开故事和描绘人物。如《故乡》中只有短暂相会告别的场面；《在酒楼上》只有故友的一次邂逅遭遇；孔乙己只在咸亨酒店露几次面；《离婚》中也只有船上与尉老爷家两个场景。《示众》只写了一个场面：一个警察牵着一个犯人在北京街头示众，周围挤满了一群精神麻木的看客，无头无尾，虽篇幅短小，而蕴涵丰富，意味深长，具有强烈的艺术魅力。这种截取生活横断面的写法，场面比较集中，情节比较单纯，但时间跨度大，有利于生活纵横面的结合和营造人物活动的典型环境。即使像《风波》这样仅写了生活中一个片断的作品，也注意到首

第五章　鲁迅：始于绝望的希望

尾照应交待，照顾到了我们民族的欣赏习惯。这些小说虽然"取法外国"，却融合了民族形式的神韵。正因为如此，鲁迅的小说才没有旧小说粉饰现实，迎合小市民趣味的"大团圆"的俗套。

鲁迅和多数诺贝尔文学奖获得者的另一个共同点就是，他们不仅是开拓创新的，而且还是超前的。他们的作品，往往既是某个阶段或某种流派的发端，也是成熟的标志，甚至是顶点。如鲁迅的《阿Q正传》。

《阿Q正传》是鲁迅小说中最长的一篇，写于1921年12月至1922年2月之间，最初分章刊登于北京《晨报副刊》，以后收入小说集《呐喊》。中篇小说《阿Q正传》是鲁迅最著名的作品，也是中国现代文学史上被评论得最多的一部小说，在国外，它被翻译成许多种文字出版。

在《阿Q正传》之前，鲁迅写下的一些作品，在某种意义上都像是在给《阿Q正传》作准备。譬如《药》就是用一种极为尖锐的方式揭露了农村中一般民众的麻木相，而这正是《阿Q正传》中未庄和县城里居民的普遍特征。至于《风波》中的那位赵七爷，更活脱脱就是一个未庄的赵太爷。所以阿Q这个人物是和鲁迅笔下的其他农民形象，譬如《风波》里的七斤和《故乡》中的闰土都有很大的不同，它不是产生于那种想要描绘某个具体人物的冲动，也不是作者为了制造某种氛围而虚设出来的，在很大程度上完全可以说，它其实是鲁迅对病态国民性的全部感受的结晶。鲁迅是要用它来显示愚民的专制的真相，在鲁迅心目中，阿Q正是无数麻木愚昧的中国人的代表。

鲁迅写阿Q，当然是为了刻画民族的精神病态，但是，他把阿Q和整个未庄放在辛亥革命前后这样一个时间背景下来描写，就使未庄的变迁和阿Q的遭遇，同时还具有了另一方面的意义，那就是以一种概括的方式表现出辛亥革命的实际情形，这虽然不是小说的主要价值所在，但由于在当时的文坛上还没有人能以这样透彻的笔力描绘出辛亥革命的严酷真实，因此《阿Q正传》的这一部分也就还是具有了相当重要的价值。

阿Q是上无片瓦、下无寸土的赤贫者，他没有家，住在土谷祠里，也没有固定的职业，割麦便割麦，舂米便舂米，撑船便撑船。从生活地位看，阿Q受到惨重的剥削，他失掉了土地以及独立生活的依凭，甚至也失掉了自己的姓。当他有一次喝罢两杯黄酒，说自己原是赵太爷本家的时候，赵太爷便差地保把他叫了去,给了他一个嘴巴,不许他姓赵。

其实他连自己姓什么也有点茫然,又常常比附将来:我的儿子会阔得多啦!其实他连老婆都没有。当别人要他在挨打时承认是人打畜生,他就自轻自贱地承认。

但他立刻又想,他是第一个能够自轻自贱的人,除了自轻自贱不算外,剩下的就是第一个。

贯穿阿Q这精神胜利法全过程的是一种根深蒂固的奴性,一种遭受压迫之后不敢反抗,甚至不敢正视这压迫的奴性。在阿Q的恼恨中,本来是包孕着反抗的萌芽的,但这萌芽要长大,却有一个前提,那就是这恼恨必须进一步发展成为憎恨和报复的冲动,可现在阿Q却把这恼恨改变成为自我欺骗的动力,这就泯灭了反抗的可能。所以说,阿Q的精神胜利法,是被压迫者身上最不可救药的一种精神病态。

鲁迅初到日本时,和友人许寿裳探讨过中国国民性的病根何在的问题。鲁迅当时找到的救国救民的道路就是改造国民性,就是用文艺改造大多数国民精神。以后经过辛亥革命,前后大约十年的社会体验和观察,他感到在长期的封建社会统治下形成的中国国民性,种种缺点不一而足:顽固保守,自高自大,自欺自慰,精神胜利……

阿Q的性格特点,不仅是中国人的国民性,恐怕也可以说世界性的人类普遍的心理弱点。这个艺术典型反映了鲁迅对人的深层的无意识心理微妙而又犀利的洞察力。鲁迅正是以其塑造典型环境中的典型人物的艺术实践,成功地创作了以人物为中心的"性格小说",令人信服地改变了传统小说重情节、轻人物的创作观念,从而避免了"情节小说"见事不见人的弊端,使中国小说在向现代化转型的过程中迈出了至关重要的一步。

四、鲁迅的散文

除了小说,鲁迅还为新文学贡献了散文集《野草》和《朝花夕拾》等。这两本散文集既是中国现代散文走向成熟的标志,也是鲁迅内心矛盾与现实冲突在读者面前的坦白。

《野草》一共有二十四篇散文诗,最早发表的《秋夜》写于1924年9

月15日,最后一篇《一觉》写于1926年4月10日,前后历经一年零七个月。1927年4月26日,在作品结集出版之时,鲁迅又写了代序言的《题词》。前二十三篇,都是写在北洋军阀黑暗势力笼罩下的北京,《题词》是写在国民党实行"清党"、对革命者进行大屠杀、十分恐怖的广州。写作时间和环境,虽然有所不同,而作者的心境和思想乃至艺术手法,却大体是一致的。《野草》于1927年7月由北京北新书局出版。

五年后,鲁迅曾经这样说明自己写作《野草》时孤独寂寞而又不断求索的心境:"后来《新青年》的团体散掉了,有的高升,有的退隐,有的前进,我又经验了一回同一战阵中的伙伴还是会这么变化,并且落得一个'作家'的头衔,依然在沙漠中走来走去,不过已经逃不出在散漫的刊物上做文字,叫做随便谈谈。有了小感触,就写些短文,夸大点说就是散文诗,以后印成一本,谓之《野草》。"

韧性战斗的哲学,反抗绝望的哲学,向麻木复仇的哲学和爱憎与宽宥的哲学等等,这些生命哲学,都是属于独特的个人精神的开掘与显现,构成了《野草》的思想内容。

《野草》这部作品运用了一种与《呐喊》、《彷徨》不同的艺术表现方式,这就是象征主义的表现方法。创造者的独特追求造成了艺术传达的幽深与神秘美,同时也造成并加大了作品与读者接受之间的陌生感。

有一篇散文诗《颓败线的颤动》,里面写了"我"的两段梦:第一个梦,是一个年轻的妈妈怎样忍着羞辱与痛苦,靠出卖自己的肉体养活自己两岁的女孩。妈妈看着女孩,欣慰于今天会有烧饼给自己的女儿吃了。她同时却为自己付出的代价时而"无可告诉地一看着破旧的屋顶以上的天空"。"我"被沉重的空中的旋涡呻吟着压醒了。"我"在一间紧闭的小屋里接着再续着残梦,但这已经是隔许多年以后了,屋的内外已经这样整齐,里面是一对青年夫妻,一群小孩子,他们都怨恨鄙夷地对着一个垂老的女人。男的气忿地说:"我们没有脸见人,就是因为你,你还以为养大了她,其实正是害了她。倒不如小时候饿死的好!"女的说:"使我委曲一世的就是你。"还指着孩子们说:"还要带累他们哩!"最小的一个不懂事的孩子,玩着一片干芦苇叶,这时便向空中一挥,大声说道:"杀!"那个垂老的女人,口角痉挛,登时一怔,接着,冷静地骨立的石像似的站起来,迈步在深夜中走出,遗弃了背后一切的冷骂和毒笑。

"我梦魇了,自己却知道是因为将手搁在胸脯上了的缘故;我梦中还用尽平生之力,要将这十分沉重的手移开。"

这是一篇典型的象征主义的散文诗。这个故事在一定的氛围中展开了一个多义性的象征世界。作者对于忘恩负义这种人类丑恶道德行为的愤激批判与复仇,才是这篇象征散文诗的最核心的意旨所在。

《野草》中的二十四篇作品,并不能说都是象征主义作品。但就其大多数来讲,就其整体艺术追求而言,它是一部运用象征主义方法创造的杰作。这种象征主义方法,主要通过以下形式体现:第一,通过象征性的自然景物的意象和氛围,构成象征世界、暗示作者的思想和情绪。如《秋夜》《雪》《腊叶》等;第二,通过编造幻想中的真实与想像纠缠的故事,构成象征的世界,传达自己的思想和哲学,如《求乞者》《复仇》《复仇(其二)》《好的故事》《过客》等;第三,完全用非常荒诞的现实中不可能发生或存在的"故事",传达或暗示自己的旨意,如《影的告别》《死火》《狗的驳诘》《失掉的好地狱》《墓碣文》《死后》等,这一部分作品由于过分怪异和晦涩,往往难以弄懂。

鲁迅很早就接触过西方象征主义文学思潮,还接受了波特莱尔、屠格涅夫的一些象征主义散文诗的影响。可以说在"五四"新文学发生时期,鲁迅自觉而不留痕迹地借鉴西方散文诗的艺术方法,吸收中国寓言或短小散文传统的营养,不仅使他的这本薄薄的《野草》,成为中国现代散文诗的开山性的珍贵果实,成为世界文学宝库中的一个艺术珍品,也是迄今为止中国现代象征主义散文诗中一座难以超越的高峰。

《朝花夕拾》为鲁迅1926年所作回忆散文的结集,共十篇。比较完整地记录了鲁迅从幼年到青年时期的生活道路和经历,生动了描绘了清末民初的生活画面,是研究鲁迅早期思想和生活乃至当时社会的重要艺术文献。这些篇章,文笔深沉隽永,是中国现代散文中的经典作品。

《朝花夕拾》中最需要我们注意的是那些回忆自身经历尤其是童年经历的散文。其中有些篇章显露了鲁迅心灵世界深沉而深刻的悲怆,构成了《朝花夕拾》的特殊韵味——鲁迅的"弑父"和"恋母"的原罪意识。

鲁迅对幼年有很多很好的回忆,但也有非常扫兴的,那就是关于他父亲的。周家从小康人家而坠入困顿，而鲁迅的父亲周伯宜却脾气大长——乖戾、暴躁、易怒，经常借酒消愁，摔盆打碗。父子冲突表现在散文《五猖会》中：

> 要到东关看五猖会去了。这是我儿时所罕逢的一件盛事。因为那会是全县中最盛的会，东关又是离我家很远的地方，出城还有六十多里水路，在那里有两座特别的庙。一是梅姑庙……其一便是五猖庙了……
> 因为东关离城远，大清早大家就起来，昨夜预定好的三道明瓦窗的大船，已经泊在河埠头，船椅，饭菜，茶炊，点心盒子，都在陆续搬下去了。我笑着跳着，催他们要搬得快。忽然，工人的脸色很谨肃了，我知道有些蹊跷，四面一看，父亲就站在我背后。
> "去拿你的书来。"他慢慢地说。
> 这所谓"书"，是指我开蒙时候所读的《鉴略》，因为我再没有第二本了。我们那里上学的岁数是多拣单数的，所以这使我记住我其时是七岁。
> 我忐忑着，拿了书来了，他使我同坐在堂中央的桌子前，教我一句一句地读下去。
> 两句一行，大约读了二三十行罢，他说："给我读熟。背不出，就不准去看会。"
> 他说完，便站起来，走进房里去了。
> 我似乎从头上浇了一盆冷水。但是，有什么法子呢？自然是读着，读着，强记着，——而且要背出来。
> 粤自盘古，生于太荒，
> 首出御世，肇开混茫。
> ……
> 应用的物件已经搬完，家中由忙乱转成静肃了。朝阳照着西墙，天气很清朗。母亲，工人，长妈妈即阿长，都无法营救，只默默地静候着我读熟，而且背出来。……

> 我忽然似乎已经很有把握,便即站了起来,拿书走进父亲的书房,一气背将下去,梦似的就背完了。"不错,去吧。"父亲点着头,说。大家同时活动起来,脸上都露出笑容,向河埠走去。工人将我高高抱起,仿佛在祝贺我的成功一般,快步走在最前头。
>
> 我却并没有他们那么高兴。开船以后,水路中的风景,盒子里的点心,以及到了东关的五猖会的热闹,对于我似乎都没有什么大意思。
>
> 直到现在,别的完全忘却,不留一点痕迹了,只有背诵《鉴略》这一段,却还分明如昨日事。
>
> 我至今一想起,还诧异我的父亲何以要在那时候叫我来背书。

鲁迅所说的现在,是1926年,当时他在北京被段祺瑞通缉,躲在法国医院的杂物房中,写这篇《五猖会》的回忆。那时他父亲已经死了整整三十年了。然而已届中年的鲁迅对那次"五猖会背书事件"仍不能释怀,可见这件事在他幼小的心灵中留下了怎样深刻沉痛的记忆。这种摧残人性的家长教育对鲁迅留有一定的影响,他说:长辈的教诲,于我是这样的有力,所以我遵从读书人家的家教。屏息低头,毫不敢轻举妄动……

在父亲临终时,保姆长妈妈按照当地习俗,叫鲁迅大声叫喊,使父亲快些断气以减少痛苦。鲁迅于是大声地叫唤"爹爹!"父亲终于"张了一张眼睛,口边一动,仿佛有点伤心","慢慢地闭了眼睛"。这是周建人的回忆。

这件事成了鲁迅一个终生不可补救的悔恨,一生都在内心忏悔、自责。在1919年发表的散文《自言自语·我的父亲》中,他追述了父亲临死时的情景,懊悔道:"我现在想,大安静大沉寂的死,应该听他慢慢到来,谁敢乱嚷,是大过失。""我何以不听我的父亲,徐徐入死,大声叫他。""啊!我的老乳母。你并无恶意,却教我犯了大过,扰乱了我父亲的死亡。"七年之后,鲁迅又在《父亲的病》一文中,怀着深沉的忏悔之情回忆了父亲死时的情景:"我现在还听到那时的自己的这声音,每听到时,就觉得这

第五章 鲁迅:始于绝望的希望

却是我对于父亲的最大的错处。"

　　鲁迅的气质充满忧伤和阴郁，严于解剖自己，并怀有深沉的忏悔意识，心理根源之一便是在他内心深处的这种"弑父"的原罪意识。而他成年之后，又处处父亲般地维持整个家庭，无微不至地关怀弟弟们，不自觉地继承了父亲的忧郁易怒天性。后来与周作人失和的部分原因，就是他家长式的关心使独立性很强的周作人受不了。

　　鲁迅在《朝花夕拾》中有一篇题为《二十四孝图》的散文，严峻批判封建孝道对人性特别是儿童的残害。但我们看鲁迅一生对母亲尊敬孝顺的事实，可以肯定他是完完全全的大孝子，不管是以旧道德还是新道德的标准来看，都是如此。

　　鲁迅在建安七子中最佩服孔融，称之为"有特色的奇人"。但孔融关于亲子关系有一个惊世骇俗的观点却叫鲁迅为难："父之于子，当有何亲？论其本意，实为情欲发耳。子之于母，亦复奚为？譬如寄特瓶中，出则离矣。"这种观点在那个时代当然属于大逆不道，结果孔融被曹操以"违反天伦，败伦乱理"的罪名砍了脑袋。鲁迅对孔融的观点，既称赞其向封建孝道挑战的叛逆精神，又反对其认为父子毫无情感关系的看法："实于事理不合。因为父母生了子女，同时又有天性的爱，这爱又很深广很长久，不会即离。现在世界没有大同，相爱还有差等；子女对于父母，也便最爱，最关切，不会即离。"

　　可见鲁迅在《二十四孝图》中反对的是孝道的荒唐残酷的一面，并没有抹杀亲子之情。一向偏激的鲁迅不是孔融的忠实粉丝，这是为什么呢？关键在于鲁迅心中深藏着"恋母情结"。

　　鲁迅的母亲叫鲁瑞。她是咸丰辛亥举人、户部主事鲁希曾的三女儿，绍兴安桥头人。她于1880和周伯宜结婚，共生四子一女。她虽然是个旧式的家庭妇女，却有着一般旧式妇女所没有的品行精神。她勤奋好学，喜欢读书看报；她思想并不守旧，个性刚强坚毅；她很重感情，又具有超出一般家庭妇女的见识。最难得的，是她十分理解并且最喜爱大儿子，她曾对别人讲："他最能体谅我的难处；特别是进当铺典当东西，要遭到多少势利人的白眼，甚至奚落；可他为了减少我的忧愁和痛苦，从来不在我面前吐露他难堪的遭遇。而且，对于这些有损自尊心的苦差使，他从没有推托过，每次都是默默地把事情办好，将典当来的钱如数交给我，不吐半句怨言。"

然而，慈爱的母亲却做了一件坏事，深深地伤害了长子，让鲁迅痛苦一生，这就是她没有征求鲁迅的意见，私下包办鲁迅和朱安的婚事。

母亲为何要做出这件深深伤害爱子的事情呢？

第一，作为一个旧式家庭妇女，母亲虽然有很多超出一般家庭妇女的见识，但她终究是难以摆脱旧礼教的影响，什么都可以听儿子，唯独婚姻大事必须由自己来决定——中国现代文学史上胡适、鲁迅、老舍三位大师的母亲在儿子的婚事上的态度全都一样。

第二，母亲上了"媒妁之言"的当。周作人曾回忆说，"新人"（指朱安）是丁家弄的朱宅，乃是本家叔祖母王夫人的同族，由谦少奶奶（同族的媳妇）做媒成功的。这媳妇娘家也是绍兴的大族，人极漂亮能干，有王凤姐之风，平素和鲁老太太也顶讲得来，可是这一件事却做得十分不高明。新人极为矮小，颇有发育不全的样子，这些情形，介绍人不会不晓得，却是成心欺骗，这是很对不起人的。本来父母包办子女的婚姻，容易上媒婆的当，这回并不是平常的媒婆，却上了本家极要好的妯娌的当，可以算是意外的事了。

第三，上述两个原因都是外在的，其实深层还有一种潜意识：早熟的鲁迅在祖父入狱、父亲病重、家道衰落的时候，极力分担着母亲的劳苦和忧伤，因此她对鲁迅有着一种很特殊的依恋之情。丧失丈夫的母亲常把长子当作感情寄托的对象，正因如此，母亲往往不忍看到儿子被一个自己不熟悉、不喜欢、不满意的女子夺去，不忍因此失去儿子的爱，于是或者常常对儿子选择的爱人看不顺眼，或者干脆自己作主替儿子选一个自己满意的儿媳。

最能体现鲁迅对母亲的孝道的则是鲁迅在自己婚姻大事上的态度。周老太太没有征求儿子的意见，就私下聘定了朱安女士为儿媳妇。具有个性解放和民主思想的鲁迅是不同意这桩婚事的。他曾要求母亲退婚，但母亲却坚持不退；为了不伤母亲的心，也为了不造成朱安女士的悲剧，他终于在1906年从日本赶回绍兴，和朱安女士完婚。鹿地亘在《大鲁迅全集·传记》中引用了鲁迅的话："那时，家里的人因为我是新派人物，曾担心我可能不拜祖先，反对旧式婚礼。可我还是默默地按他们说的办了。"

鲁迅对母亲，无论物质还是精神，都要尽己所能地给予无微不至的关心和照顾。比如，鲁迅结束海外生活回国谋职，一个很重要的原因就是为了回来帮助母亲，使家境有所好转，减轻母亲的负担，他在《自传》中说："因为我的母亲和几个别的人很希望我有经济上的帮助。"

在波澜壮阔的1919年，鲁迅似乎异常冷静。那些日子他一直在忙着两件事情，他要在已经客居七年的北京寻找一处纯属于周家的大宅子，他要把全家迁进京城。由于浙江绍兴的祖宅经族人合议，联合出卖，鲁迅必须在1920年春节前交出老宅。于是，在"五四"学潮前夜，他开始四处奔波，寻觅新房，前后看了八处，最后决定买下八道湾的一处房子，加以整修；先同二弟周作人夫妇及侄辈迁入，然后亲自返乡，迎接母亲、朱安和三弟建人来京定居。旋即又因与二弟失和，他带着名义上的妻子迁往砖塔胡同暂居。因砖塔胡同的房子窄小，鲁迅又不惜借贷，重又奔走，在阜城门内西三条胡同买下八间老屋，改建成小四合院，把母亲接过来一起居住。

那时鲁迅已是四十多岁的人了，但每天出门，必先上母房转一圈，说："阿娘我出去者。"回来也必先到母亲房内说一声："阿娘我回来者。"

鲁迅在上海定居后，他曾两度到京探望母亲。平日里除了按时捎钱或汇款，还不时给母亲写信。抬头必称"母亲大人膝下敬禀者"，结尾必书"恭请金安"。当天津《大公报》登出"鲁迅生脑炎"的八卦文章之后，鲁迅急忙给母亲去信，说明这"全系谣言，请勿念为要"。1931年初左联五烈士被捕时，外界纷纷谣传鲁迅也被捕了，母亲在北平急得生病。鲁迅这时几乎一天一封地给母亲去信，报告平安。当时鲁迅还写了一首七言律诗：

惯于长夜过春时，挈妇将雏鬓有丝。
梦里依稀慈母泪，城头变幻大王旗。
忍看朋辈成新鬼，怒向刀丛觅小诗。
吟罢低眉无写处，月光如水照缁衣。

据鲁迅1934年12月20日致杨霁云的信的说法，这诗是"悼柔石的"。其中三四句"慈母"实乃双关——既是指献出亲子的双目失明的柔石的老母，也是指自己在北平、正在为儿子担心饮泣急得生病的母亲，感人至深。

在中国，第一个应该获得诺贝尔文学奖的作家是鲁迅。

2000年8月的一天，日本著名作家大江健三郎接受中国记者采访时，给予中国文学和中国作家很高的评价，尤其对鲁迅先生作了极高的评价。他说："我认为在二十世纪的亚洲，也就是在这一百年间的亚洲，最伟大的作家就是鲁迅。"

在这次答记者问的谈话中，大江健三郎认为鲁迅先生完全可以获取诺贝尔文学奖。他讲了这样一则故事：印度的泰戈尔是一位诺贝尔文学奖的获得者，也是获取这一奖项的亚洲第一人。一天，大江健三郎问他的母亲："在泰戈尔之后，亚洲谁能获取诺贝尔文学奖呢？"他的母亲回答道："唉，如果鲁迅先生能获奖，那就太好了。"

大江健三郎对鲁迅先生的评价是中肯的，完全符合鲁迅先生作品的实际。至于连他的母亲都期盼着继泰戈尔之后获取诺贝尔文学奖的作家应该是鲁迅先生这一事实，说明了鲁迅先生的作品在日本乃至世界人民心目中的崇高地位。

2006年，大江健三郎来北京，做了两场重要的讲演，他的题目是《走的人多了也便成了路》和《始于绝望的希望》。一看题目，人们就知道他讲的是鲁迅。

第五章　鲁迅：始于绝望的希望

第六章

林语堂的机遇

题图：林语堂像

在诺贝尔文学奖的获得者中，不乏进行双语创作的作家，比如俄裔美籍作家纳博科夫，他在美国文学史、俄罗斯文学史上都占有非常重要的地位。在中国，也有一位进行双语创作且成就辉煌的作家，他曾多次被提名，但是最终也没有获得诺贝尔文学奖。他就是被誉为幽默大师的林语堂。

一、故乡山水与游子之情

林语堂，原名和乐，后改玉堂、语堂，祖籍福建省漳州市芗城区天宝镇五里沙村。他的祖父在清咸丰十年（公元1860年）被太平天国军队拉去当挑夫，从此失踪。他的父亲林至诚在五里沙度过了青少年时代，曾做过小贩，二十四岁时入教会神学院，后来成为牧师，被派去平和县坂仔村传教。他的母亲杨顺命是出身贫寒、老实忠厚的普通农家妇女，一生中共有八个儿女。排行第七（在兄弟中排行第五）的林语堂于1895年10月10日诞生于平和坂仔村。

坂仔村四面环山，这里构成了林语堂人生及文学的起点。林语堂热爱高山，他曾在自传体小说《赖柏英》中，借主角之口说起这些山对他有着怎样的作用："你若生在山里，山就会改变你的看法，山就好像进入你的血液一样……山的力量巨大的不可抵抗。"他说自己的"天真、率直、自然"的人品来自于大山，并自称是"山乡的孩子"。几十年之后，在大洋彼岸，林语堂还能回忆起坂仔村山坡灰蓝色的变幻，以及白云在山顶上奇怪的、任意的漫游。这些源自大自然深处的景观经常令他感到迷惑和惊奇。坂仔村外面的世界又是怎样的呢？美丽的尘世、美丽的童年、无尽的快乐，林语堂用一颗好奇的心体验着这个博大的、孕育了世间万物的天地，并对它产生了浓浓的依恋之情。

除了坂仔村的山山水水之外，另一个对林语堂影响很大的则是他的父亲。

林语堂的父亲林至诚是一名称职的牧师，也是一名传统的崇奉儒学的乡村精英。1905年左右，林至诚设计的新教堂落成。这是坂仔最大最漂亮的建筑。林至诚专门跑到漳州，买了一副朱熹手迹拓本的对联，兴冲冲地贴在了教堂的门口。一个基督教的圣坛，却贴着中国礼教卫士的手迹，这是典型的林至诚式的思维方式,这是他的"中西合璧"。对他来说,这两者似乎并不矛盾。他不仅是讲坛上的宣教者,而且是村民争执中的排难解纷者。他还常常不断地为人做媒,他最喜欢做的事就是令鳏夫寡妇成婚。

林语堂后来也走上中西文化兼收并蓄的道路。他把林至诚的"中西合璧"带到世界各地,这也许是林至诚本人从未想到过的吧。

作为一名虔诚的基督徒,林至诚在家庭教育上有着他极为坚持的看法,那就是家人之间不许吵架,脸上要经常带着笑容。这是林家人的标志性微笑,坂仔一带的村民都知道林家人易于相处。虽然林语堂在长大后,特别是进入上海的圣约翰大学读书后,曾打算把这"常挂在脸上的笑容"去掉,以免在人情复杂的都市中显得"痴形傻气",但是他依然从心底里觉得,乡间的父亲把这笑容挂在自己脸上也分享给孩子们,其中绝无半分虚情,"我父亲是一个基督教的牧师,但是一个迥非寻常的。他最好的德性乃是他极爱他的教友。他之所以爱众人并不是以此为对上帝应尽之责,他只是真心真情的爱他们,因为他自己也是由穷家出身的。"

林至诚在布道之余,还是孩子们的家庭教师,每天早餐后摇铃上课。林语堂回忆说:"读的是四书、《诗经》,此外是《声律启蒙》及《幼学琼林》之类。一屋子总是"咿唔"的读书声。"到了晚上,林至诚就让孩子们读《圣经》,林语堂和兄弟姐妹们轮流读,"转过身去,跪在凳子上,各自祷告。"

林至诚在传教的过程中跟外国的传教士接触比较多,也有一些杂志,可能看了一些杂志,接受到国外杂志一些宣传,所以他就跟孩子说,你们将来都要念书,到世界上念最好的大学,要好好读书,将来要当名人,这是他的梦想。他把这个梦想灌输到全家人,就是每一个人要共同为实现他这么一

林语堂与家人合影

个梦想来努力。今天我们想想，当年在山区里边的一个穷牧师，能有这样的梦想确实很奇特。这些想法甚至常常让他在夜里激动地醒来，"挑亮床头的油灯，口吸旱烟，向我们小孩讲牛津大学怎样好，柏林大学是世界最好的大学。"可是当时他毕竟只是一名普通的乡村牧师，每月只有20元的薪水。虽然这在当时的中国乡间是一笔不错的收入，但是扣掉养育六男二女八个孩子的花费，剩余的就捉襟见肘了。

1911年10月10日，"辛亥革命"爆发，中国延续两千多年的帝国统治轰然倒塌。就在第二年，十七岁的林语堂考上了上海圣约翰大学。这所大学由基督教会主办，创建于1879年，是当时中国最优秀的大学之一，有三位毕业生先后担任中国驻英国、美国的大使，在国际上已经有了相当的声誉。这是林至诚心中在中国学习英语的最好的大学。此前，林语堂的二哥已经进入圣约翰大学。为了筹集孩子的入学费用，林至诚不得不卖掉了漳州天宝镇家乡的唯一的房产。

大学里的林语堂学习也十分刻苦，整天抱着英语词典苦学。林语堂觉得课程太容易了，上课是浪费时间，所以经常在课堂上偷偷地看其他的书，而当别人紧张地准备考试的时候，林语堂却去学校旁边的苏州河钓鱼，但是他的成绩总是考第二名，他后来解释说，因为同班有一个笨蛋非常用功，对分数非常重视，他考第一名。

林语堂兴趣广泛，精力充沛，读书之余他喜欢参加各种体育运动，有一段时间他对棒球也产生了兴趣，很快就成了一个高水平的垒手。1914年6月，林语堂在学校崭露头角，大学二年级他担任了校刊《约翰声》的编辑，在当年获得了三项最优等奖，以及最优生银杯一个，因此他的名字在典礼上接连四次响起，四度登台领奖，轰动全校。一人独领四枚奖牌，这在圣约翰校史上是从未有过的，林语堂成了校园名星。

1916年大学毕业后，林语堂到北京清华学校任教。两年后与廖翠凤结婚后，即携夫人赴美留学，先后在美国哈佛大学、德国莱比锡大学深造……

林语堂实现了他父亲的梦想，却再也没能回到自己的故乡。

林语堂晚年思乡心切，1966年6月从美国迁到台湾，定居在阳明山。

林语堂说，他踏上台湾的土地，最感到惬意的一点就是能够听到闽南话，如同置身山明水秀的漳州老家。在《我的家乡》里，林语堂用文字寄托了他无限的乡恋和乡愁：我经常思念起自己儿时常去的的河边，听河水流荡的声音，仰望高山，看山顶云彩的变幻……在《四十自叙》中，林语堂曾表达过那份浓得化不开的乡愁：我本龙溪村家子，环山接天号东湖，十尖石起时入梦，为学养性全在兹……晚年，他仿照金圣叹的"不亦快哉"，写了《来台以后的快事二十四条》，其中一条如下："到电影院坐下，听见隔座女郎说起乡音，如回故乡。不亦快哉！"1972年，林语堂主编的《当代汉英词典》出版。他曾在香港的山峰上遥望咫尺天涯的大陆，深情地怀念家乡的山水、童年的欢乐。1976年3月26日，林语堂病逝于香港。4月1日，安葬于台北阳明山永福里住所后花园里。

二、"一捆矛盾"的林语堂

有朋友曾问林语堂：林语堂是谁？林语堂说"我不知道他，上帝才认识。"林语堂就如他自己所说，林语堂是一个太过庞大的存在，就如他自己所说，是"一捆矛盾"；或者说，林语堂有点儿像苏东坡——"一肚子不合时宜"。

对鲁迅和林语堂都很有研究的施建伟教授说："二十世纪八十年代初，我在撰写《中国现代文学流派论》的有关章节时，阅读了林语堂所编写的《论语》等刊物。说实话，起初，我是带着林语堂是'反动文人'、论语派是'反动文学派别'的思维定势，去查阅论语派的资料的——因为从五十年代起，我们这一代人首先是从鲁迅的作品中知道林语堂的名字。《鲁迅全集》中关于'打落水狗'或批判'幽默'的注释，成了我对林氏的第一印象。其实，一般人在五十至六十年代根本读不到林语堂的原著原文——为了忠于历史，八十年代我仔细地读完全部《论语》，惊讶地发现，原始的史料与文学史上的结论之间，竟有如此的距离，我甚至怀疑，某些对林语堂和论语派说长论短的人，可能从来也没有读过林语堂的文章。"

由于历史的原因，林语堂在"中国现代文学史"上成了陪衬鲁迅的反面典型。

林语堂1923年学成回国，任北京大学教授兼北京师范大学讲师。1924年11月，《语丝》创刊，他是长期撰稿人之一。事实上，林语堂与鲁迅的友谊，就是在这激情飞扬的"语丝时期"结下的。每隔一个周六，在中山公园来今雨轩的茂密松林之下，林语堂都要兴致勃勃参加《语丝》杂志的聚会。主编杂志的鲁迅这时也同在北大任教，他辛辣的杂文以及《狂人日记》，《阿Q正传》等一系列著名作品早已让他成为许多青年的精神领袖。西装革履、抽着烟斗的林语堂，饶有兴趣地描述比自己年长十四岁的鲁迅：每逢他攻击敌人的言词锋利可喜之时，他会得意得哄然大笑；他身材矮小，尖尖的胡子，两腮干扁，永远穿中国衣裳，看起来像个抽鸦片烟的。没有人会猜想到，他会以盟主般的威力写出辛辣的讽刺文字，而且能针针见血。而与此同时，林语堂也经常去胡适家，参加"现代评论派"的聚会，林语堂与胡适是1918年就相识的老朋友，1923年林语堂从海外留学归来，就是由胡适引见，到北京大学英文系做教授，而留学期间，他还曾接受过胡适一笔很大的经济帮助。

林语堂怎么会这样呢？

因为他觉得鲁迅这一派是自由的园地，是自己表达自己的知识分子观点的团体；而胡适他们这一派，陈西滢这些人是靠近政府的，胡适自己也是靠近政府的，所以整体上林语堂是站在自由的一方，个性的一方，知识分子的一方，而和政府之间他是保持距离的。就是说，他始终要保持他的独立人格：我喜欢任意而谈，不管三七二十一的想说什么就说什么，《语丝》风格我喜欢，我就给他写文章，即使你胡适对我有恩，我可以在其他方面报答你，但我不一定给你的刊物写文章，因为我不能因为你有恩于我，我就改变我自己的思想倾向和我的艺术观点。

林语堂为《语丝》撰稿，毫不留情地抨击北洋政府，批判中国传统文化。当时的北大被视为"异端之家"，而极为活跃的林语堂，则被称作"异端之家"的一位激烈的教授。林语堂跟鲁迅同在语丝派的时候，他们是并肩跟北洋军阀政府来进行抗争的，而且当时林语堂从年龄上来说要比鲁迅和周作人年纪轻，而实际上他也把周氏兄弟当做自己精神上的导师，当然也是朋友。那时的《语丝》上，凡是鲁迅跟周作人讲什么题目，林语堂在同一期上也会讲这个题目或者在下一期上也会讲。因为现代评论派称语丝派为学匪，林语堂就索性著文《祝土匪》，很愿意揭竿作乱，以土匪自居，文章末尾还高呼一声"不要投降"。有一次林语堂甚至走上街头与学生一起游行，拿竹竿和砖石直接和军警搏斗，大学里练就的投掷垒球技术派上了用场，这一次搏斗给林语堂的纪念是在眉头上留下了一个伤疤。

1926年3月18日下午两点多，身为北京女师大教务长的林语堂，匆匆赶到铁狮子胡同，他被通知作为校方代表前来认领学生尸体。在那里摆着一溜棺材，打开第一个便是自己十分赏识的女学生刘和珍，另一个女同学杨德群也同时遇害。

这是林语堂担任教务长的第三天，就在早上，林语堂还接到刘和珍代表学生请假上街请愿的电话。林语堂对学生爱国运动十分支持。中午时分，他目送着女生队伍有说有笑的出发，一小时之后就传来学生们上街游行遭到政府镇压的消息。在段祺瑞执政府门前，军警对游行请愿的学生举起了刀枪棍棒，当场打死四十七人，伤一百三十二人，史称"三·一八"惨案。

如果不是亲临现场，从小信奉基督教的林语堂，简直无法相信自己的眼睛，直到三天之后，林语堂才平静下来写了一篇文章：

> 今日是星期日，稍得闲暇，很想拿起笔来，写我这三天内心里的沉痛，但不知从何说起，因为三天以来，每日总是昏头昏脑的，表面上奔走办公，少有静默之暇，思索之下，但是暗地里已觉得是经过我有生以来最哀恸的一种经验。

林语堂这篇文章被登在鲁迅创办的刊物《语丝》第72期的卷首。"三·一八"惨案之后，鲁迅写了《纪念刘和珍君》，实际上就登在同一期里面。记念"三·一八"惨案的文章周作人写了，林语堂也写了，还有其他人也写，题目都差不多，而且从时间上来查阅，鲁迅不一定是第一篇了。

1927年10月4日的上海，此时林语堂来到上海已经一个多月，而鲁迅则是一天前刚刚到达，林语堂特地赶来给鲁迅接风洗尘。

1926年北京"三·一八惨案"后，两人都因为支持学生爱国运动而被中国北洋军阀政府通缉，不得不离开北京，辗转一年多后，又相继选择上海作为避难之所。

1927年整个中国都处在风雷激荡之中，由于当时的中国处于军阀割据状态，以孙中山为领导的中国国民党联合中国共产党从广州发动了一场由南向北以打倒封建军阀为目的的北伐战争，赢得了空前的民众支持，革命军一路凯歌。这一场革命让林语堂振奋不已，他认为国民革命将会是中国历史上最光辉的一页，满以为中国的新日子已经出现。

这年3月，在武汉国民政府外交部部长陈友仁的要求下，林语堂欣然到武汉担任外交部秘书长，地位仅次于部长陈友仁。不久，武汉国民政府收回了汉口、九江的英租界，武汉民众敲锣打鼓，欢庆胜利，林语堂却高兴不起来，几个月的"衙门"工作让他见到了各种各样的政治投机分子，而他信任的国民政府干起大屠杀比军阀有过之而无不及。

在孙中山去世之后，以蒋介石为首的国民党右派掌权，下令"分共"、"清党"，成千上万的共产党员被屠杀。这时林语堂实际上已经离开了政治，但是离开所谓政治岗位的林语堂，实际上并没有放弃自己的政治思考。9月，林语堂选择了辞职，在武汉的六个月，是林语堂一生中唯一一段官场生涯，此后他立下了一个终身宗旨，"决不做政治家"。

这一年林语堂三十二岁，三十而立，他朦朦胧胧感觉到，自己的人生将要和从前不一样了。他跟鲁迅谈到今后的打算，说准备以写作为生，得到鲁迅的赞赏。然而面对霓光闪烁的上海滩，林语堂不能不感到一丝迷茫，当时的鲁迅已经是中国知名的文坛大家，以文为生自然不成问题，而林语堂还是个没有什么名气的一介书生，要靠笔杆子养家糊口还要费些思量。其实仅仅在半年之前，林语堂连想都没有想过要做一名自由作家，那时他的理想多半在于国民革命。而如今……

林语堂这时只想作一个超脱的、独立的知识分子。他想不到的是，他想离政治远一点，可是办得到吗？终其一生，他始终在政治漩涡中挣扎，惹一身是非。

1932年9月16日，这一天对于林语堂来说意义重大，由他主编的半月刊《论语》开始发行。这是一份颇具特色的刊物，旗帜鲜明地提倡幽默文学，稿件不分派别，不分政治倾向，只要言之有趣都可以用。《论语》发行之后马上大卖，销量很快达到三四万份，史无前例，尤其是在大学生中更是流传甚广。《论语》被形容是好在人前说毫无顾忌的老实话的小孩，而林语堂被称为"幽默大师"，1933年甚至被时人称为"幽默年"，也就

第六章 林语堂的机遇

是这一年，林鲁之争公开化。

1930年3月，中共领导的左翼作家联盟在上海成立，盟主便是鲁迅，他依旧执笔著文，鞭挞社会政治，批判传统文化。但是此时已经厌倦所谓革命和政治的林语堂，对左翼联盟这样具有强烈政治色彩的团体强烈排斥，毕竟距离他立下终身不参与政治的宗旨才刚刚过去两年半的时间。

他要个性自由随意，他不能被一个由政党控制的这样一种领导的或者推广的以左联的形式来指导怎么样来做文学，他觉得这是不能接受的。漠视，不奉迎，不屈从自己，他一直保持一个知识分子的一种骨气，在任何情况下都是这样。所以，林语堂有很著名的一句话——我从来没写过一行字是奉承别人的，我从来没有写过一本书是有目的地奉承别人的。他最后加了一句说，连这个想法都没有。

1930年他有一篇小评论文章说，你现在只要到上海福州路去看看书店里面最近一两年全是翻译苏俄的这些作品，小说历史文化什么都是，就是说，在最近一两年苏俄已经把年轻中国人的心给俘虏了。这是他的一个观点。虽然这篇文章是当时一个描述性的事实记载，但实际上他自己也有个人的立场，他认为这是一个很悲伤的事实。

事实上，林语堂终其一生都没能改变对共产主义的看法。他说自己是一个极端的个人主义者，对法西斯和共产党没有好感。他认为中国理想的流浪汉，才是最有身份的人。此时林语堂对于时政的看法完全不同于鲁迅，发表的文章随之有了根本性的变化，曾经并肩战斗的战友至此开始渐行渐远。

二十年代的林语堂和三十年代的林语堂判若两人，这反映了林语堂的人格矛盾。周作人在《两个鬼》中说他的心头住着两个鬼，"……其一是绅士鬼，其二是流氓鬼"。绅士鬼和流氓鬼缠于一身，用来评价林语堂，也是颇为合适的。

现代文学史上鲁迅与林语堂的争论颇为引人注目，他们曾围绕着"费厄泼赖"、"痛打落水狗"、"性灵小品"、"匕首投枪"、"做人与做文"、"文人相轻"等问题多次展开论战，言辞激烈之甚如见刀光剑影。鲁迅和林语堂二人由知己至仇怨，内中隐情曲折复杂，史料记载多语焉不详，后人也只得凭空猜度。近年，中国某国际拍卖有限公司征集到一本林语堂写于1929年1月至1932年2月的日记。当时，林语堂在上海东吴大学法律学院任英文教授，日常多与鲁迅、胡适、郁达夫、徐志摩、周作人等人往来，这或能向我们再现那段鲜为人知的往事。

后人研究林、鲁二人，皆认为二人友谊以1929年8月8日的"南云楼风波"为转折。林语堂的日记中写道："八月底与鲁迅对骂，颇有趣，此人已成神经病。"鲁迅则在日记里说："二十日……晚霁。小峰来，并送纸版，由达夫、矛尘作证算收回费用五百四十八元五角。同赴南云楼晚餐。席上有杨骚、语堂及夫人、衣萍、曙天，席将终，林语堂语讥刺。直斥之，彼亦争持……"《鲁迅全集》对"语含讥刺"是这样注释的："林语堂说鲁迅因第三者挑拨而与北新书局涉讼，鲁迅予以驳斥。"郁达夫1929年9月19日致周作人的信中则是这样说的："近事之足资谈助者，是鲁迅与北新算版税，与鲁迅和语堂反目两事，前者是鲁迅应有的要求，后者是出于鲁迅的误解。"林语堂在四十年后作《忆鲁迅》一文回忆道："有一回，我几乎跟他闹翻了。事情小之又小。是鲁迅神经过敏所至。那时有一位青年作家，他是大不满于北新书店老板李小峰，说他对作者有账不还等等，他自己要好的做。我也说了附和的话，想鲁迅疑心我在说他。他多心，我是无猜。两人对视像一对雄鸡一样，对了足足两分钟。幸亏郁达夫作和事佬。几位在座女人都觉得无趣。"此番风波之后，林语堂与鲁迅便正式决裂了，鲁迅诸多文章中皆有对林语堂毫不留情的批评讥讽。

两位大师的决裂，难道真是由这样一个小小的误会引起的吗？若非事前已存有芥蒂猜忌，怎会公然在众友人前爆发争执？细究林语堂日记，不难发现早在南云楼风波之前，林语堂与鲁迅之间已有分歧，林语堂日记中语及鲁迅，多有不恭之辞。追根究底，矛盾源于二人对于中国人的"国民性"的看法截然不同。林语堂对国民性是一种兼及正负的较为全面的研究和描述。他虽然也认为中国国民性中有若干缺陷，却对一些国民性特征如"中庸之道"予以欣赏。他推崇的人生观，实则是一种融合了儒家的谦逊、耿介和道家的超尘脱俗、自然简朴的人生理想和处世哲学。林语堂在上海创办《幽默》，以性灵闲适折射对世事的思索与批评，符合林氏一贯的国民性理论，而这样的做法，却被鲁迅视为怯懦与奸猾。鲁迅猛烈抨击的中国国民性，大多是令他极难忍受的愚昧、麻木、怯弱、懒惰、巧滑、苟安、奴性、精神胜利、自欺欺人甚至"人吃人"等。对这些，鲁迅一向痛加批判，且语多峻急，极尽讽刺。林语堂1929年1月24日日记记载，两人曾讨论过这一问题，但终因观点不同而不欢而散。南云楼风波后，林语堂日记中绝口不提"鲁迅"二字。

　　回顾林鲁的交往史，二人的争论分歧争论确非个人意气，而是思想和文学见解上的不同。他们最后彼此都保持了理性态度，彼此都以朋友看待对方。

　　1934年8月13日鲁迅致曹聚仁的信中说："语堂是我的老朋友，我应以朋友待之，当《人间世》还未出世，《论语》已很无聊时，曾经竭了我的诚意，写一封信，劝他放弃这玩意儿，我并不主张他去革命，拼死，只劝他译些英国文学名作，以他的英文程度，不但译本于今有用，在将来恐怕也有用的。他回我的信是说，这些事等他老了再说。这时我才悟到我的意见在语堂看来是暮气，但我至今还自信是良言，要他于中国有益，要他在中国存留，并非要他消灭。他能更激进，那当然很好，但我看是决不会的，我决不出难题给别人做。不过另外也无话可说了。"

　　1936年，鲁迅在上海病逝之时，林语堂在《悼鲁迅》一文中说："鲁迅与我相得者二次，疏离者二次，其即其离，皆出自然，非吾与鲁迅有轻轩于其间也。吾始终敬鲁迅；鲁迅顾我，我喜其相知，鲁迅弃我，我亦无悔。大凡以所见相左相同，而为离合之迹，绝无私人意气存焉。我始终敬鲁迅。鲁迅顾我，我喜其相知；鲁迅弃我，我亦无悔。"

　　这足以表明，鲁迅和林语堂这两位历史巨人之间是真正的君子之交。

三、林语堂与中西文化

　　林语堂的一位朋友曾开玩笑地说：林语堂最大的本事就是对中国人讲外国文化，对外国人讲中国文化。林语堂对此评价十分欣赏，居然为自己作了一副对联："两脚踏东西文化，一心评宇宙文章。"他还请名人梁启超手录此联，挂在自己的"不为斋"墙壁上。

　　中国当时有不少留美留英的海归派，如吴经熊、温源宁，他们的英文漂亮得不比英美作家逊色。但是这些人已经彻底的洋化了，说起中文来磕磕巴巴，传统文化的底蕴几乎丢失殆尽，如林语堂所说"食洋不化"。

1935年5月，林语堂在《人间世》第28期发表《今文八弊》，说"谈文学虽不足，当西崽颇有才"。"有食洋不化之洋场孽少，也必有自欺欺人之迂腐故老。"从而引发鲁迅与之的一场"西崽问题"的纠纷。鲁迅一句"要研究西崽，只能用自己做标本，虽不过'颇'，也够合用了"，便打在林语堂的七寸上。论骂人，林语堂的确不是鲁迅的对手。

林语堂从小学、中学到大学，上的都是教会学校。据说，教会学校的英文老师告诉中国孩子，怎么才能学好英文呢？把中文忘掉！因此，教会学校的学生对西方文化，尤其是基督教文化十分熟悉，反而淡漠本国文化。虽然林语堂在自己的家庭有机会接触中国传统文化，但相比长期的学校教育，家庭教育毕竟太有限了。因此，林语堂从圣约翰大学毕业到清华大学工作后，他突然发现自己"被骗去了民族遗产。这是清教徒教育对一个中国小孩子所做的好事"。他愤然地说，他知道古代犹太国的约书亚将军用号角吹倒耶利哥城的故事，却不知道孟姜女为了丈夫哭倒长城的传说；知道耶和华命令太阳停住以便约书亚杀光迦南人，却不知道后羿射下九个太阳，而他的妻子嫦娥飞奔到了月亮上；女娲用三百六十五颗石头补天，掉下人间的一颗变成了《红楼梦》里的宝玉等。

幸亏他是到清华工作。北京是文化古都，长城、故宫、卧佛寺、西山的红叶，都是历史悠久的名胜古迹，连路边一棵不起眼的垂柳，城门下蹲着的石狮子，都可能来头不小。而清华园本身就是清朝某个皇亲国戚的私宅，门匾由大学士那桐亲笔题写。在这里，林语堂时刻感受到与历史文化的联系，那点零星的"庭训"和中文功底委实不够用。一个中国人，却不知道中国的历史和文化，林语堂羞愧万分，他暗暗地发了誓，一定要将教会学校剥夺的文化遗产"恶补"回来！

一心想补上文化课的林语堂拼命地看书。他读得最多的就是《红楼梦》。语言是文化的外衣。通过《红楼梦》，林语堂学会了北京话。通过琉璃厂，他见识了浩如烟海的传统文化。清华三年，林语堂就在琉璃厂"补课"。及至出国时，他已经是个功底扎实的文人。也因为此，当在国外面临让人眼花缭乱的异域文化，他才不至于乱了方寸，能静下心来思考文化的差异。

在现代中国作家中，辜鸿铭和林语堂是两位中国文学界最多产的翻译家。由于历史的原因，他们几乎已为当代普通中国读者所遗忘，而林语堂对于多数大陆读者而言也是新鲜的。普通读者喜欢的自然是林语堂的中文作品，少有人知他在翻译中文经典方面的成就。实际上，从某种意义上说林语堂是独一无二的，因为在将中国文化介绍到西方方面无人能及。他除了用英文写了《苏轼传》，编了一部英汉词典（《林语堂汉英现代用法词典》），还翻译了《老子》《庄子》《孟子》《墨子》以及《浮生六记》。

在二十世纪三十年代中国知识界，林语堂作为标准的西化中国人和全球化的英文写作高手而闻名于世。

林语堂初到上海时，找到北京大学的老校长蔡元培求职，蔡元培聘他为中央研究院英文总编辑，还给他了一个国际出版品交换处处长的头衔。这只是拿薪水的地方，并没有多少事做。精明的林语堂趁这个时机一边编书，一边写稿。林语堂还为英文杂志《中国评论周报》写小评论，一发而不可收拾，连写了一百六十多篇，后结集为《小评论》上下集，由商务印书馆出版。

林语堂的英文小评论，引起了南京大学的英文教师赛珍珠的注意。赛珍珠是在中国布道的美国牧师的女儿。她1892年生于中国，早期在中国接受教育，1914年到美国弗吉尼亚州——道梅女子学院深造，毕业后仍回到中国。1923年起，赛珍珠开始在美国杂志上发表关于中国生活的文章和小说。1931年因写作反映中国农村生活的长篇小说《大地》被翻译成多种语言出版，从而蜚声世界文坛。《大地》被译成中文出版后，又拥有了中国读者。赛珍珠对中国有好感，致力于向西方世界介绍中国，想写一本介绍中国传统文化并涉及各方面的书。她有自知之明，知道自己对中国博大精深的传统文化了解得还不透彻，想找一个合适的中国人来写。当时中国知识界有国粹派和欧化派之分，国粹派认为中国的什么都好，包括男人的辫子和女人的小脚，一切都动不得；而欧化派则认为月亮都是外国的圆，主张全盘西化。作为中国通的赛珍珠对国粹派和欧化派都不以为然，她认为中西文化各有所长，各有特点，主张中西融合。

1932年，林语堂在上海创办了《论语》半月刊，提倡幽默，名声大噪。1932年被中国文化界称为幽默年。《论语》的发行量仅次于《东方杂志》和《生活》周刊。1933年2月，国际笔会中心主席、英国著名剧作家、讽刺作家萧伯纳环球旅行，途经上海，国际笔会中心仅有的四名中国会员之一的林语堂出面接待，十分卖力。他邀集上海文艺界知名人士为萧伯纳举行盛大欢迎会，他主编的《论语》还出了萧伯纳专号。赛珍珠从南京来参加萧伯纳的欢迎会，在这个场合认识了她注意已久的林语堂，林语堂的流利英语和善于用幽默俏皮表达真情实感的才能，她十分欣赏。一天晚上，赛珍珠到林语堂的府上参加晚宴，席间她与林语堂谈得十分投机，话题涉及到某些在中国住了几年的西方人，回国后就以"中国通"自居，著书立说，此类著作充其量也不过是海外猎奇，对辫子小脚之类丑行的展览。宾主对此均表示不屑和愤慨。林语堂说，我倒很想写一本书，谈谈我对中国的实感。这正中赛珍珠下怀，二人一拍即合，当场敲定，林语堂成为赛珍珠的特约撰稿人。

赛珍珠是1917年与长期受聘于基督教长会在中国工作的美国农学家布克结婚的，1931年至1935年她的长篇小说《大地》（分《大地》《儿子》《分家》三部分）在美国出版，引起了出版商约翰·戴公司的老板理查德的心仪。理查德开始追求赛珍珠，从美国一直追到中国，他听到赛珍珠说起这个消息，也鼓励林语堂写这本书。

1934年夏天，林语堂借到庐山避暑之机，猛写了一个夏天，回到上海又补充修改，前后十个月，用英文写出了《吾国与吾民》的书稿。赛珍珠读完书稿，拍案叫绝，惊呼这是"伟大著作"！这部书稿，成了赛珍珠给新婚丈夫理查德的最好礼物。1935年6月，赛珍珠在上海为《吾国与吾民》作序，她写道："它实事求是，不为真实而羞愧。它写得骄傲，写得幽默，写得美妙，既严肃又欢快，对古今中国都能给予正确的理解和评价。我认为是迄今为止最真实、最深刻、最完备、最重要的一部关于中国的著作。更值得称道的是，它是由一个中国人写的，一位现代的中国人，他的根基深深地扎在过去，他丰硕的果实却长在今天。"不久，《吾国与吾民》由赛珍珠丈夫理查德的约翰·戴公司出版了。

《吾国与吾民》一炮打响，在美国畅销书排行榜上名列第一，当年9月至12月连印了七版。这部书使林语堂在美国读者中有了声望。《纽约时报》星期日书评副刊第一版大篇幅刊登了著名评论家克尼迪的专稿，说："读林先生的书使人得到很大启发。我非常感激他，因为他的书使我大开眼界。

只有一个中国人才能这样坦诚、信实而又毫不偏颇地论述他的同胞。"

林语堂比美国人还地道的英语表达技巧，敏锐的文字感受力，是《吾国与吾民》受追捧的重要原因。这本书后来被译成多国文字，同样被抢购一空。

由于美国读者最喜爱《吾国与吾民》中的《生活的艺术》那一章，赛珍珠夫妇建议林语堂趁热打铁，把这一章扩展为一本书。林语堂欣然接受了这一建议。尽管有仇敌将《吾国与吾民》丑化为《卖国与卖民》，一年后《生活的艺术》还是出版了。这是一本完全以个人经验来陈述中国人生活观的书。林语堂在自序中写道："本书是一种私人的供状，供认我自己的思想和生活所得的经验，我不想发表客观意见，也不想创立不朽真理，我只想表达我个人的观点。"

《生活的艺术》的出版引起了更大的轰动。《生活的艺术》成为美国每月读书会的一个入选作品，美国的每月读书有几十万会员。被它选中，林语堂说就像中国人得了状元。所以林语堂听到这个消息，从地上跳下来，竟像孩子一样在家里面手舞足蹈。这部作品出版以后，连续五十二周稳居销售第一名。而且它一版再版，现在世界各地的版本可能不少于几十个，很多西方国家的读者都把它当作枕边书。有一个外国人看了这本书以后，说想向着唐人街上的每一个中国人鞠躬，因为想不到在世界的东方还有这样一些活着的人们，他们知道听这个鸟的鸣唱，能欣赏月之光辉，还会听流水的音乐。

林语堂在西方世界出名了！

中国文坛也震动了。这可是破天荒的头一次，从来还没有哪个中国人用英文写作，而且在国外产生了这么大的影响力。

一直以来，文化这个话题总会激起国内外的强烈兴趣。文化涵盖内容

《生活的艺术》书影

范围广泛，包括民族或团体的价值、传统、习惯、信仰、社会形式、行为方式和特点。诺贝尔文学奖获得者、英国哲学家和教育家罗素1920年在中国演讲后写的一篇文章中说道："在历史上很多时期，事实证明不同文明之间的交流成了人类文明进步的里程碑。希腊学埃及，罗马学希腊，阿拉伯帝国追随罗马帝国，中世纪欧洲模仿阿拉伯帝国，文艺复兴欧洲也以拜占庭帝国为榜样。"也就是说，现代西方文明是在吸收和融合了多种其他文化后形成的。著名中国教育家和学者季羡林也指出："自从文化之初，交流便不可避免。没有文化交流就没有文化进步。任何人也阻止不了交流的进程。"林语堂以自己天才的作品为中西文化交流作出了巨大贡献。

1937年7月7日，中国发生了"卢沟桥事变"，抗日战争全面爆发，全国人民同仇敌忾，共赴国难。这时林语堂旅居法国巴黎，他给郁达夫写信说："纪念全国在前线为国牺牲的勇男儿，非无所为而作也！"这就是他创作的长篇小说《京华烟云》的主旋律。

林语堂认准了的事，一定要做，而且要做好。他泡在图书馆，不分昼夜地查找翻阅不同时代的书籍、影像资料，并在脑海中构思，人物是怎样的，线索是怎样的，怎样开场，怎样结尾，心里大致有了谱，他才下定决心落笔。这花了两个月的时间。接下来的三个月，林语堂忙着打格子，他描了整整齐齐的一张表，把人物的年龄、相互关系、情节发展、性格变化，都满满地填上去。

8月份，正式开始写作。

他写得很投入，那些他经历过、看过的事——送孙中山出殡时的激动，北京的四合院，北师大的风潮，新旧文人的对立，军阀的荒淫无耻，都一幕幕化在笔端，非身临其境，写不出这样动情的文字。他要以姚、曾、牛三大家族的兴衰沉浮"叙述当代中国男女如何成长，如何过活，如何爱，如何恨，如何争吵，如何宽恕，如何受难，如何享乐，如何养成某些生活习惯，如何形成某些思维方式，尤其是，在此谋事在人、成事在天的尘世生活里，如何适应其生活环境而已。"

他说："唯有小说能使读者对历史的过程如历其境，如见其人，超事理，发情感。"

他爱好文学的女儿是最早的读者。每天一放学，女儿们连大衣都来不及脱就冲进父亲的书房，抢着看最新写的部分，情节的跌宕起伏让她们欲罢不能。写到后来，林语堂不能忍受任何的干扰，一个人搬到城外松树林的小木屋里住。他摆了个桥牌桌子在树下，专心致志地伏案写作。夫人翠凤每天给他送吃的，林语堂偶尔和她说上两句，更多的时候一句话也没有，仿佛外界的一切都不能引起他的兴趣。他的头发已经好几个月没有剪了，长得像街头的流浪艺人。他说，不写完，就不理发。

1939年8月8日，林语堂宣布，今天下午6点完稿。一整天他都没有停过笔，稿纸一页页地翻过，手酸了，揉两下，接着写。林家人在附近的屋子里等他，谁也不敢发出丁点声音。写到最后一页，林语堂的眼泪又收不住了，滴落在稿纸上，他写抗日的军队高唱着："山河不重光，誓不回家乡！"而"她（主人公姚木兰）感觉到自己的国家，以前从来没有感觉得这么清楚，这么真实；她感觉到一个民族，由于一个共同的爱国的热情而结合，由于逃离一个共同的敌人而跋涉万里；她更感觉到一个民族，其耐心，其力量，其深厚的耐心，其雄伟的力量，就如同万里长城一样，也像万里长城之经历千年万载而不朽。"林语堂的泪不再是为个人的悲切，而是为伟大的民众，伟大的国家而流！

划上最后一个句号，林语堂双臂一挥，大叫："写完了！"翠凤和女儿们赶紧围过来，一家人抱成一团，又蹦又跳，还即兴唱了一首歌，以示庆祝。晚上，林语堂驾车带全家人去中国饭馆吃了顿龙虾饭。翠凤说，吃饭可以，但是你必须先去理发！

9月份《京华烟云》出版，又被"每月读书会"选中了。《时代周刊》的书评说："《京华烟云》很可能是现代中国小说经典之作。"

林语堂才学广博，学贯中西，一生大约写了六十本书、上千篇文章。据不完全统计，世界上出版的各种不同版本的林语堂著作约七百种，其中中文版和外文版各三百多种。林语堂著作的外文译本包括英文、日文、法文、德文、葡萄牙文、西班牙文等二十五种文字，几乎囊括了世界上的主要语种，其影响极为广泛。仅二十世纪八十年代中期至今，大陆出版的不同版别的林语堂著作就超过二百种。

1989年2月10日，美国总统老布什在国会两院联席会议上谈到他访问东亚的准备工作，说他读了林语堂的作品，内心感受很深。布什说："林语堂讲的是数十年前中国的情形，但他的话今天对我们每一个美国人都很受用。"

四、林语堂与诺贝尔文学奖

第一次提名林语堂先生为诺贝尔文学奖候选人的是赛珍珠。

《书屋》2012年第8期登载瑞典汉学家马悦然的《想念林语堂先生》一文称："1940年赛珍珠和有名的瑞典探险家斯文·赫定不约而同都推荐林语堂先生为诺贝尔文学奖的候选人。瑞典学院请高本汉评价林语堂的著作。在报告中，高本汉特别提出《吾国与吾民》和《京华烟云》，他认为这两部书'是报道中国人民的生活与精神非常宝贵的著作'。诺贝尔文学奖的评审小组也特别欣赏作者的'活泼的、有机智的和富于很强的幽默感的想像力'。可惜的是瑞典文学院1940年到1943年没有颁发诺贝尔文学奖。之所以如此，或因为瑞典文学院在战争中有意保持一个中立的立场。赛珍珠1950年再一次推荐林语堂先生。诺贝尔文学奖的评审小组认为作者既然用英文写作，所以他的著作不能代表中国文学。瑞典文学院好像没有考虑到印度诗人泰戈尔凭他用英文写的一部诗集，1913年得过诺贝尔文学奖。"

1986年，时任瑞典文学院院士、诺贝尔文学奖评选委员会主席的埃斯普马克写的《诺贝尔文学奖内幕》一书，披露了不少内情。书中提到了世界上许多应获取诺贝尔文学奖而没有获奖的作家的名字，如托尔斯泰、易卜生、瓦雷里、乔伊斯、高尔基、契诃夫、阿赫玛托娃、左拉等。提到林语堂，书中是这样说的："1940年，赛珍珠推荐中国作家林语堂为诺贝尔奖候选人。童话作家拉格洛夫也曾真心想使林语堂获奖，就在这一年，她却去世了，致使林语堂失去了获奖的机会。"

看来这两位诺贝尔文学奖机构中的重要人物有一个共同的毛病——健忘。身为诺奖评委的马悦然先生多次宣称：中国作家一直未能获得诺贝尔文学奖，"最主要是翻译问题，很多中国伟大的作品没有翻译成外文，外国人无法欣赏；而翻译过的作品不是译得不对，就是译得不好，使欧洲人误认为那些中国作品没有文学价值。"《吾国与吾民》和《京华烟云》对"外国人"不存在语言障碍问题，于是又拿战争、某人去世、"代表"作借口了。

由于林语堂被选为台湾笔会主席，从1972年起，国际笔会台湾分会多次提名他为诺贝尔文学奖候选人，可惜未能通过评审。

1975年，国际笔会第14届大会在维也纳举行，林语堂先生作为一个德高望重的台湾分会的主席，在这次大会上被推荐为国际笔会的副主席。在这次大会上，国际笔会第四次提名，将他列入当年的诺贝尔文学奖的候选人。长篇小说《京华烟云》同时被大会推为诺贝尔文学奖的候选作品。据说这是那时的中国作家与诺贝尔文学奖距离最近的一次。不过，上帝却没有眷顾这位刚刚重返基督教怀抱的八旬老人，林语堂与诺贝尔文学奖擦肩而过。那一年，诺贝尔文学奖给了意大利诗人蒙塔莱。

多次被提名，但最终没能获取诺贝尔文学奖的林语堂先生，对诺贝尔奖保持了一种平静的心态。1975年，恰逢林语堂先生八十华诞之时，台湾文化界的朋友为他举行了庆祝酒会。之后，香港朋友也要为他祝寿。当他从台北返回香港时，二女儿林太乙和香港文化界的朋友去机场接他。林语堂虽然已是八十高龄，但仍然满面春风，精神矍铄。这时，当年的诺贝尔文学奖结果刚刚公布，林语堂先生又落选了。女儿为此不免觉得有几分遗憾。她没有料到父亲是那样的乐观豁达，并对她说："我们要讲道理，我们对生命不可要求太多，也不可太少，一定要抱着适可而止的态度。"

1976年，八十二岁的林语堂在香港去世。去世之前，他说他最遗憾两件事情没有实现。一是死前没能见到初恋情人陈锦端，二是没能亲自把《京华烟云》翻译成中文。

回顾二十世纪的中国文学，林语堂不是最伟大的一个，但无疑是最具特色的作家之一。专门为林语堂立传的美国作家、他的女儿林太乙曾这样评价他："东方和西方的智慧聚于他（林语堂）一身，我们只要稍微诵读他的著述，就会觉得如在一位讲求情理的才智之士之前亲受教益。他有自信、有礼、能容忍、宽大、友善、热情而又明慧。他的笔调和风格像古时的人文主义者，描述人生的每一方面都深刻机敏，优美雍容，而且由于顾到大体，所以在估评局部事物时能恰如其分。最足以描绘他的形容词是：有教养。他是最令人赞佩、最罕见的人———一位有教养的人的典型。"看来，这样一位伟大的作家居然与诺贝尔文学奖无缘，那只能是诺贝尔文学奖的遗憾了。

第七章

老舍的遗恨

题图：老舍像

老舍的一生有太多的谜——出生之谜、出道之谜、情爱之谜、创作之谜、个性之谜、自杀之谜……最后还有一个诺贝尔文学奖提名之谜。

一、旗人与基督徒的老舍

老舍1899年2月3日出生于北京西城护国寺街小羊圈胡同（今北京新街口南大街小杨家胡同）。因他出生第二天是立春节气，所以取名庆春。他家是满族正红旗人。舒庆春上学后，自己更名为舒舍予，"舍予"是"舒"字的分拆：舍，舍弃；予，我。含有"舍弃自我"，亦有"忘我"的意思。"老舍"这一笔名，是他在1926年发表长篇小说《老张的哲学》时首次使用的。在"舍予"前面添"老"字，而后面去掉"予"字，便成了现今人们熟知的"老舍"。这个"老"并不表示年龄大，而是含有一贯、永远的意思，合起来就是一贯、永远"忘我"。他用"老舍"这一笔名发表了大量文学作品，以致不少人只知道他的笔名。除了"老舍"这个他最常用的笔名，他还另有絜青、絜予、鸿来等笔名。

老舍的父亲是一名满族的护军，阵亡在八国联军攻打北京城的巷战中。他的母亲舒马氏，是一位出身于正黄旗的下层女

老舍一家合影

性。襁褓之中，老舍家曾遭八国联军的意大利军人劫掠。当时还是婴儿的老舍因为一个倒扣在身上的箱子幸免于难。

老舍虽然是八旗子弟，可是他出生时，家庭已经败落。老舍自幼随母亲长大，深受母亲的影响，老舍作品中许多妇女的形象都有他母亲的影子。这种出身，使他非常熟悉社会底层的市民生活，喜爱流传于市井里巷的戏

曲和民间说唱艺术。这种阅历对他日后创作的平民化与"京味"风格的形成产生了深远影响。

老舍的幼年、童年和青年都是在贫穷中度过的。老舍九岁的时候，得舒家世交宗月大师资助始入私塾上学。1913 年，考入京师第三中学（现北京三中），半年后因家庭经济困难退学，同年夏天考上免费供给膳宿、制服、书籍的北京师范学校。但入学还是要交十元保证金的。结果，母亲忙了半个月，靠嫂子把自己结婚时的陪嫁——木箱子卖了，这才凑上了这笔钱。

北京师范学校原在西城丰盛胡同，1915 年迁至端王府夹道（现在的育幼胡同）。老舍在这个学校学习了五年，1918 年 6 月，老舍在北京师范学校本科第一部第四班以品学兼优成绩毕业。7 月 18 日，经老师推举，老舍被京师学务局委派任公立第十七高等小学兼国民学校（即今方家胡同小学）校长，这时他十九岁。赴任前，他和母亲一夜没合眼，他对母亲说：此后，您可以歇一歇了。母亲回答他的是一串泪水。

就任后，老舍力主改革，对学生采用新教材，开设新课程，实行新的管理办法，用新思想启发、教育学生。他吃住在校，参加各种活动，浇花种草，深得学生家长称赞。

1920 年 9 月，老舍被任命为京师郊外北区劝学员，除了处理公务外，还要进行调查，把发现的问题写成报告，提出解决方法。但是学务局一片暮气，人们都不喜欢这个年轻人，对他冷嘲热讽。他们关心的是做交易、捞油水、抢肥缺，维持现状。他的处女作《老张的哲学》大部分就取材于这时候的经历见闻。

劝学员的工作清闲而收入颇丰。老舍常去看戏、打牌、逛公园、喝酒，用他的话说，"只是不嫖。"那样，"当深夜扪心自问的时候，才不至于把自己整个地放到荒唐鬼之群里面去"。

这是许多年轻人渡不过去的"关"——人生中有一段"危险时刻"，是用来历练心志、情性的，过不去的人就会栽下来。母亲很为他担心，觉得治疗儿子弊病的办法就是给他说个媳妇，便开始了张罗。母亲找到一个佐领家的不识字的小姐，长得好看，办妥后才告诉儿子。老舍苦不堪言，头一次和母亲大吵一顿。当时，老舍正与刘寿锦大叔的女儿产生了甜美的恋情，又怕母亲伤心，为退婚陷于苦恼。在姐姐的帮助下，才解除婚约。

老舍本人则大病一场，脱光了头发，害得半年不敢脱帽。

养病期间，他终于有所悔悟，决心戒除不良嗜好，觉得像现在这样，清闲而报酬优厚，只能毁了自己，该找些正经事做，便义务担任了刘寿锦贫儿学校的教员，学会了打拳、练剑。更重要的是，1922年初，老舍领洗入教，做了一名基督徒。

对老舍这一重大人生选择产生影响的有两个人：一个是北京缸瓦市基督教堂的中国牧师宝广林，他是老舍读英文夜校的老师。另一个就是现代著名作家许地山。

龌龊而乌烟瘴气的官场，容不下老舍不亢不卑、不吹不拍的"穷酸味"。老舍也受不了上司那无理的"呵斥"，终于愤然辞职，去了天津南开中学做国文教员。原先他一月赚一百五十多元，现在只能领到五十元，收入少了三分之二。可是他很快活，接触的是可爱的学生，在学校活动，做的事多，也有规律。

南开中学思想活跃，自由气息甚浓，老舍在这里恢复了自信。在天津南开中学"双十"纪念会的公开讲演中，他说："我愿将'双十'解释作两个十字架。为了民主政治，为了国民的共同福利，我们每个人应负起两个十字架——耶稣只负起一个，为破坏、铲除旧的恶习、积弊，与像大烟瘾那样有毒的文化，我们必须预备牺牲，负起一个十字架。同时，因为创造新的社会与文化，我们也必须准备牺牲，再负起一架十字架。"老舍在天津学校执教，被推定为该校中学部青年会组织的带有"修身"性质的基督教团体"辰更团"的"主领"，以及基督教外围群众团体"查经班"的"主讲"，"讲演内容多为《新约》《旧约》，也涉及其他"。1923年返回北京后，他还一直担任缸瓦市中华基督教会主日学"总干事"。

青年老舍选择基督教绝非偶然。上个世纪初，特别是"五四"时期，文化先驱者们在"睁眼看世界"时，对于作为西方现代文明之源的基督教产生极大热情。他们认为只有通过精神的新生才能拯救内忧外患岌岌可危的祖国。而以基督教作为文化启蒙工具，可以"发起民心，增进国民的道德"，起到改造民族灵魂，启智中国民心，振兴中华的巨大作用。故而知识精英们一致认同并大力提倡基督教文化。1922年，北京基督教青年会刊《生命》第三期特刊出专辑《新文化中几位学者对于基督教的态度》，引用新文化运动精神领袖人物陈独秀、胡适、周氏兄弟等的文章,为基督教鼓动宣传壮大声势。正是这种时代氛围,使基督教在中国特别是在时为新文化运动中心的北京获得前所未有的迅猛发展。短短几年间,教堂遍布京师城乡各区县,《圣经》也进入寻常家庭、学校,各阶层的人们出于不同的精神需求,纷纷受洗入教。1921年前后,老舍亲密无间的少年朋友旗人舒又谦、赵希孟、白涤洲等,都加入了基督教,有的还成为基督教青年会的干事。这使得已经获得"新的心灵"、"新的眼睛"而又素重友情的老舍,不能不受到强烈冲击和影响。

老舍自幼家境贫寒,受到母亲"对一切人与事,都取和平的态度,把吃亏看作当然"、"有求必应"的"生命的教育",又得到"不以富傲人",乐善好施的宗教慈善家宗月大师的惠泽。这些都是老舍加入基督教的必然因素。而当时军阀政府的黑暗腐败,世俗对旗人的冷漠歧视,以及母亲暗中给定的亲,又使老舍精神极度苦闷。

在这种精神状态下,基督教教义中所宣扬的博爱、平等的民主思想,教会兴办的教学、医疗、育幼、救济等慈善事业,自然对老舍产生磁石般巨大吸引力。老舍后来在小说中所描写的正面人物的入教动机,都与自身的务实要求和对社会的失望有关。例如对《老张的哲学》中的进步学生李应,作品写道"他本是个诚实的人,经环境的压迫,他有些不能自信,又不信社会上的一切,所以引起对于宗教的热心"。后来他到基督教救世军,"听了些宗教的讲论",感到"很有理",又看到"教堂整齐严肃","作的都是慈善事",终于决定入教。他说:"我以为我们空挣些钱,而不替社会作些好事,岂不白活。""只要有个团体,大家齐心作好事,我就愿意入,管他洋教不洋教。"老舍以后在其他作品中还多次写到这种相似的入教模式。这不能不使人联想到,这正是老舍自身体验在文学创作中的不自觉投影。于此可见,老舍加入基督教实乃必然。

但老舍非常务实。他只相信与自己的血肉"长在一起"的事物,相信能够看得见、摸得着的一切。他说:"假如使我设想一个地上乐园,大概也和那初民的满地流蜜、河里都是鲜鱼的梦差不多。贫人的空想大概离不开肉馅馒头,我就是如此。"他从来没有离开他所生活的空间,从来没有像许地山那样耽于教义的思索,更没有那种浓烈的宗教情怀。他最感兴趣的，依然还是胡同里每日变化着的人与事，他的脚，并没有踏着圣歌前行。这可能是老舍与许地山最大的不同。

应当指出的是，老舍虽然十几年后抛弃了宗教救国、宗教改革社会的幻想，远离了教会活动，但是正如其夫人胡絜青所言："老舍只是崇尚基督的与人为善和救世精神，并不拘于形迹。"他从基督教中所汲取的文化元素和精神营养，诸如牺牲精神、平等思想、"灵"的追求，以及《圣经》中的典故、章句等，都化为充盈的生命血肉，渗透到其终生崇奉的"行善"、"分享"、"给人温暖"的伟大品格与心灵中，亦俯拾即是地灵活运用到其不朽文学作品中。

二、在异国步入文坛

1924年夏，经燕京大学英籍教授艾温士推荐，老舍被聘为英国伦敦大学东方学院中文讲师，由上海坐轮船赴英国。

老舍初到英国时，并没有想到日后会成为一名作家，那时他已二十七岁，连一名文学青年都算不上。一年后，一部令人捧腹的《老张的哲学》使他蜚声中国文坛，之后他又连续推出《赵子曰》《二马》。到1929年秋回国时，老舍已是三部畅销长篇小说的作者。未来的文学事业由此奠定。

英国使老舍成为作家。然而，英国留给老舍的，却是深深的寂寞。贫寒的家境，名义上为伦敦大学东方学院华语讲师而实质上廉价"打工仔"的身份，决定了这种寂寞。正是这种寂寞，促使老舍以写作自娱，玩起看家绝活——幽默，从而催生出作家的老舍，也锁定了老舍看英国的眼光。后来在《英国人》一文中，老舍对英国人的臭毛病，诸如排外、傲慢、偏见、保守作了犀利的调侃和抨击。明眼人从中却可以读出苦涩和辛酸，老舍看英国的眼光中显然多了些什么，也少了些什么。这种压抑之情在老舍旅英时代的最后一部长篇小说《二马》中得到总释放。从艺术上看，这是一部失败之作，正如老舍自我评价的那样："《二马》除了在文字上是没有多大的成功的。它缺乏文艺的伟大与永久性，至好也不过是一种还不讨厌的报章文学而已。对于英国人，我连半个有人性的也没有写出来。"显然，这次失败与老舍与英国社会的隔膜有极大关系。

追究起来，老舍与英国的隔膜，更有深层的心理原因。众所周知，老舍的父亲舒永寿死于洋鬼子之手：1900年八国联军攻入北京，舒永寿作为满洲八旗"正红旗"的一名下级旗兵在保卫皇城的巷战中牺牲，当时老舍尚在襁褓中。洋鬼子的罪恶通过母亲的反复讲述嵌进老舍的童年记忆，老舍后来说："在我童年时期，我几乎不需要听什么吞吃孩子的恶魔等故事。母亲口中的洋兵是比童话中巨口獠牙的恶魔更为凶暴的。况且，童话只是童话，母亲讲的是千真万确的事实，是直接与我们一家人有关的事实。"杀父之仇对老舍一生影响至深，潜在地制约着他对西方文明的看法。

本来老舍是为了学英文而选读狄更斯的小说的。谁知阅读使他很快就感悟到小说的写法，据他说："我刚读了 Nicholas Nickleby 和 Pickwich Papers 等杂乱无章的作品，更足以使我大胆放野；写就好，管它什么。"事实上，从《老张的哲学》看，小说的市民社会取材，情节结构和人物形象塑造包括幽默与讽刺的风格等，与《匹克威克外传》和《尼古拉斯·尼克尔贝》的启示有关。当然，狄更斯式的这样"杂乱无章"写法，很适合二十世纪初到二十年代北京中下层社会的生活图景，也适合老舍下层社会生活的阅历丰富的创作背景，应该说是狄更斯使老舍找到了一种文学方式和文学风格——摄影式的写实手法，表现生活的厚实性、善于讲述故事的能力和沉在生活里的创作风格等。其次，艺术风格的影响，如老舍初期小说受狄更斯现实主义小说的影响，从人道主义精神，到善恶对立人物形象，再到以喜剧手法写悲剧的风格，都是一脉相承的。

实际上，可以将狄更斯对老舍的影响归之于几个方面：第一，题材上选中表现小市民生活，但不善于写女性；其二，人物形象大多一成不变，而且善恶分明；最后，主题上偏重于道德批判，表现恶有恶报，善有善报，充满了人道主义色彩。

从整体上说，狄更斯对老舍的主要影响应是小说叙事结构的影响。只是这种结构是一种不易显见的流浪汉小说和传奇小说的结构。结构影响表面上看是一种技术影响，实质上也是一种创作心理的影响。因为现实生活是复杂紊乱的，而每一位小说家在表现生活时总想表现出一种井然有序的生活，这与其说是一种生活逻辑的要求，不如说是作家理解生活的一种情感逻辑的智力心理的反映。

如果说狄更斯启示了老舍应该"讲故事",那么康拉德则启示了老舍怎样讲好故事。康拉德这位波兰裔的英国作家,给了老舍的小说创作思想和实践以深远影响。

在创作思想上,老舍从康拉德那里懂得了作家应写自己具有那样生活经验的生活,应该"把内容放到个最适合的形式里去"。老舍最喜欢康拉德的海洋小说,并从中悟到康拉德小说的魅力来自于他丰富的海上和热带丛林的生活经验,其故事都是由记忆中的经验写成。在创作态度上,他感受到了康拉德的严肃与热烈和字斟句酌;在表现方法上,认识到了景物描写在小说中对人物表现的特殊作用。在《二马》和《小坡的生日》中,我们能看到伦敦情境、南洋风光,以及景物描写对人物性格和小说主题的表现意义和审美感染力。在小说结构叙事上,《二马》的倒叙结构,也是从康拉德处学的"招数"。此外,给老舍创作影响的是赫胥黎。据施蛰存先生回忆,老舍写信告诉他,《猫城记》受到了赫胥黎的《美丽新世界》影响。赫胥黎的《美丽新世界》被认为是"反乌托邦小说"。《猫城记》的"猫国"社会模式、"猫人"的心态,小说的寓言形式、幻想因素,小说对人类与民族前途的忧虑主题等等,都与《美丽新世界》有明显的对应之处。

老舍先生的第一部长篇小说叫《老张的哲学》,写于 1925 年,发表在上海的《小说月报》上,连载了半年,由 1926 年 7 月到当年的 12 月止,开始时署名舒庆春,从第二期起改用"老舍"笔名。这一年他二十七岁。

第二年,1926 年,老舍又写了一部长篇小说,叫《赵子曰》,是《老张的哲学》的姊妹篇,连载于 1927 年 3 月号至 8 月号的《小说月报》,前后九个月。

第四年,1928 年,老舍写了第三部长篇小说,叫《二马》,在《小说月报》连载了八个月,即 1929 年 5 月至当年年底。

老舍是 1929 年 6 月离开英国的,在欧洲旅行了三个多月,主要在法国、荷兰、比利时、瑞士、德国和意大利。于 1929 年秋坐船抵达新加坡,在华侨中学教书半年,于 1930 年 2 月启程回国,3 月到达上海,住在郑振铎家,把长篇小说《小坡的生日》写完,于 5 月返回故乡北平。

这样,老舍离家五年半,自 1924 年秋至 1930 年夏,带回来四部长篇小说。

当年的中国文坛，长篇小说非常少。以最大的文学期刊《小说月报》为例，虽然它的篇幅很大，是一本厚厚的杂志，但一年也就连载一部长篇小说。到1929年，也才增加到一年发表两部，除《二马》外，另一部是巴金先生的《灭亡》。因此，老舍先生刚一步入文坛，就名声显赫。

老舍作品最显著的特点是他的语言。

老舍是北京人，出身旗人。这个出身，让他在语言上占了天时地利。中国的方言多达千种，当人们决定推行"国语"时，即选一种方言作母语，全国的人都学着讲这种话，再用这种话作文字的表述体，推行"语体文"，取代文言文，这种被选出来的方言就成了全国人的"国语"了。经过激烈的竞争，北京话被推选为国语的母语，候选的提名还有南京话、苏州话、广州话、武汉话。恰在此时，讲北京话的老舍走上了文坛，他的小说仿佛成了全国人都正在学习的国语的范文。老舍先生的作品《老张的哲学》《赵子曰》和《二马》为文坛刮来一股清新的风。一时洛阳纸贵，人们争先阅读，奔走相告，老舍作品成了知识分子读者的新爱。

这三部小说的问世大体上已经构成了老舍独特的文学风格，而这种风格从此基本上一直延续了他的一生。这种风格是如此明显，以至一眼就能把他的作品和其他的同时代中国文学巨匠的作品区别开来。这种文风里有北京人的机智、诙谐、包容；有满族人的多才多艺、礼貌、时代烙下的悲凉；有穷苦下层人的悲悯和冷眼；也有英国人特有的幽默。

除了语言的特点之外，三部小说的主题也十分抓人，都是强烈的爱国主义作品，反映了时代的需求，图强图变，救国救民，一片赤诚，虽然很幽默，很逗笑，但却都是含笑的泪。正如茅盾先生在阅读《赵子曰》之后所说："在老舍先生的嘻笑唾骂的笔墨后边，我感到了他对生活态度的严肃，他的正义感和温暖的心，以及对祖国的热爱和热望。"

《二马》是一部与众不同的书，作者在书中除了描写两名到英国的中国人之外，大量描写了英国人，大量描写了伦敦，都用真实的地名，大量描写了伦敦的四季自然气候。书中有名有姓的英国人一共九位。书中提到的伦敦真实的地名一共三十九处。《小说月报》的主编郑振铎先生在"编者的话"中曾对《二马》有这样的评语："到过伦敦的人，见他所写的伦敦，以及伦敦的人，都将为之叫绝，他写的是那么真切！"用真实的地名作自己创作的人物和故事的地理背景是老舍的一个重要文学主张，《二马》是一个辉煌的例证。

《二马》的另一个成功之处是对中英两个民族的民族性进行了深刻的对比。《二马》中老派中国人的代表马则仁先生是老舍创作的"不朽"人物之一，可以和虎妞、祥子、程疯子、老王掌柜这些家喻户晓的老舍笔下的著名典型并列。对书中的英国人，虽然基本上没有什么太可爱的人物，但个个都有个性，而且入木三分，同样给人留下了深刻印象。老舍在《二马》里充分运用了一分为二的办法来看待英国人，该批评的就批评，该肯定的就肯定，非常平实、中肯，也同样让人感动。

年轻主人公小马威走进伦敦植物园的竹园，哈腰看竹根插着的小牌子：日本的，中国的，东方各处的竹子，都杂着种在一块。接着就是一番议论："帝国主义不是瞎吹的！"马威自己说："不专是夺了人家的地方，灭了人家的国家，也真的把人家的东西都拿来，加一番研究，动物、植物、地理、言语、风俗，他们全研究，这是帝国主义的厉害的地方！他们不专在军事上霸道，他们的知识也真高！知识和武力！武力可以有朝一日被废的，知识是永远需要的！英国人厉害，同时，多么可佩服呢！"

回国后，老舍先后在济南的齐鲁大学和青岛的山东大学任教，并在这里迎来了自己的第一个创作高峰。他的《骆驼祥子》《猫城记》就是在这一期间创作的。

《骆驼祥子》的悲剧意识

1936年，老舍辞去教职，如其所愿地成为一名"职业写家"。经过十年的摸索，他在文学思想和艺术造诣上成熟了。这一年，他向世间奉献了长篇小说《骆驼祥子》。

《骆驼祥子》写于1936年，连载于1936年9至1937年10月《宇宙风》杂志第25—48期，1939年由上海人间书屋出版单行本，1941年出到第六版；1941年11月改由文化生活出版社印行，1949年2月出到第八版；1950年5月晨光出版公司出版了作家校订后的版本，到1953年出到第六版。1955年1月人民文学出版社出版了经过作家较大修改后的新版本，1962

年10月再版，1978年8月重印。1982年5月人民文学出版社将《骆驼祥子》收入《老舍文集》第三卷，重新排印，恢复了经作家删掉的二十三章后半部分与二十四章全部内容。这个统计说明，《骆驼样子》在四十三年间先后再版达二十四次。国外有日、朝、英、法、德、意、瑞士、西班牙、南斯拉夫、匈牙利、捷克斯洛伐克、丹麦、瑞典、俄、拉脱维亚、哈萨克等外文译本。《骆驼祥子》是老舍创作历程上具有里程碑意义的作品，是现代文学史上一颗璀璨的明珠。

《骆驼祥子》以北平（今北京）一个人力车夫祥子的行踪为线索，以上世纪二十年代末期的北京市民生活为背景，以人力车夫祥子的坎坷、悲惨的生活遭遇为主要情节，深刻揭露了旧中国的黑暗，控诉了统治阶级对劳动者的剥削、压迫，表达了作者对劳动人民的深切同情，向人们展示出军阀混战、黑暗统治下的北京底层贫苦市民生活于痛苦深渊中的图景。

来自农村的十八岁的主人公——祥子到北平拉车谋生。年轻而有力，不吸烟赌钱，苦干了三年，终于买到属于自己的新车的祥子，"虽然有着农民的勤劳诚实质朴的特点，却也带有狭隘封闭自私保守等弱点，相信只要行得正就能立得牢。"他每天放胆地跑车，被社会现实隔膜着，终于连人带车被兵营没收了，自食其力的理想第一次破灭。

逃出军营的祥子回到城后继续打拼：买车！"买车是他的志愿、希望，甚至宗教"。省吃俭用、早出晚归、舍命拉车的祥子却被无情的社会再次打击——积攒已久的钱被"孙侦探"敲诈；长得"虎头虎脑，像个男人一样"的虎妞也对他设下圈套。如同老马祖孙感叹所言："一辈子做车夫就是死路一条，穷人活该死，再要强也没用。"

迫不得已娶了虎妞的祥子，明白了虎妞的骗局、经历了刘四爷的自私的"享福"、遭遇了怀孕后的虎妞因好吃懒做而导致难产死亡等一系列打击后，再次卖掉了车，梦想第三次破灭。

在现实面前，对"打心眼儿里喜欢"的小福子，祥子退缩了。当祥子再次遇到曹先生觉得生命又有了希望时，小福子已经去了白房子并吊死于林间。

进城几年来"空受那些辛苦和委屈"的祥子被现实消磨掉了健壮的身体和诚实的人品，开始抽烟、耍坏，成为巡警眼中头等的"刺儿头"。这个原本"体面的、要强的、好梦想的、利己的、个人的、健壮的、伟大的祥子"颓废为"堕落的,自私的,不幸的,社会病态的产儿,个人主义的末路鬼"。

虎妞是一个泼辣而有心计的中年妇女,生就一副男儿性格,很会打理事物,将人和车厂管理的井井有条。颇有心计的她安排好了一场骗局,却没料到早早的被父亲——刘四爷——拆穿,但她还是骗取祥子和她结了婚,但却没料到父亲会狠心抛下她不管,卖了厂子到外地去了。最终由于她的好吃懒做引起难产而死去了。她长相粗陋:"三十七八岁的虎妞",和父亲刘四一样"也长得虎头虎脑",和别人对话还时不时"露出两个越老越结实的虎牙"。她言语泼辣——"祥子,你让狼叼了去,还是上非洲挖金矿去了?""你喝!要不我揪耳朵灌你!""我不要脸,别教我往外说你的事儿,你什么屎没拉过?我这才是头一回,还都是你的错儿:男大当娶,女大当聘。你六十九了,白活!咱们弄清楚了顶好,心明眼亮!就着这个喜棚,你再办一通儿事得了!"

虎妞在小说中兼有双重身份:车厂主刘四的女儿,人力车夫祥子的妻子。这使虎妞的性格呈现出二重性:一方面,她沾染了剥削阶级家庭传给她的好逸恶劳、善玩心计和市侩习气,她缺乏教养,粗俗刁泼;另一方面,她被父亲出于私心而延宕了青春,心中结怨。所以她一方面有着自己追求幸福的愿望,对祥子有真诚的一面;另一方面剥削者的意识已经渗透到她的灵魂之中,她想控制祥子,占有他、支配他。

《骆驼祥子》这部小说反映旧中国城市底层人民的苦难生活,祥子的悲剧中主要体现在社会批判,包括国民性批判的内涵、文明与人性关系的层面:

一个纯朴的农民与现代城市文明相对立所产生的道德堕落与心灵腐蚀的故事,含有对城市文明病与人性关系的思考。老舍试图揭示文明失范如何引发城市中的人性的污浊,对病态的城市文明给人性带来的伤害深深忧虑。老舍这类探索现代文明病源的作品,在上个世纪三十年代是很独特的。

《骆驼祥子》的艺术特点是很明显的。

首先是它的结构方法。老舍继承了我国传统小说的结构方法,以祥子的希望、挣扎、毁灭为主线,交织成一幅相互关联的军阀统治下的社会图景,连结各种不同阶级、不同地位、不同命运的家庭和人物,反映了社会现实。

其次是人物描写。老舍注重刻画人物的心理状态，对人物内心世界的剖析是很成功的。并且，老舍写人的内心世界，总是通过叙述去写，使人看上去仿佛不是在描写，而是在叙说。这是他写人物心理状态的独特之处。

最后是语言特色。老舍用的是道地的北京话，简洁又朴素，基本克服了早期作品中为引人发笑而出现的贫嘴油舌。

四、老舍与话剧：华丽的转身

1949年以前，老舍创作的主要体裁是小说，1949年以后是戏剧。在他完成这个华丽转身的同时，留存大陆的1949年前成名的重要作家，或笔力大减（如巴金、曹禺），或无奈地从创作实践中隐退（如沈从文、施蛰存）。加上去了台湾及流寓海外的另一些人，构成"现代文学史"的一代作家，整体式微，悄然退出文坛。

客观地说，老舍的写戏天分不是很高，在这一行里，他不如曹禺、夏衍、陈白尘……建国后的《龙须沟》，政治上大获成功，人物塑造也有可取处，但结构处理欠紧凑，情节节奏感不强，戏剧张力、线条、质感皆有不足。刘以鬯说过："老舍是一位优秀的小说家，但对戏剧原理的认识不够充分。"林斤澜也说老舍"写了不少不能再演的剧本"。试看《方珍珠》《春华秋实》《西望长安》《女店员》等，即知林说不谬。"不能再演"，除内容上的局限外，戏剧技巧偏弱，也是重要原因。

然而，在若干机缘的推动下，却诞生了迄今为止堪称共和国剧作史上最高成就的《茶馆》。

1956年8月里的一天，曹禺、焦菊隐、欧阳山尊等人听老舍朗读《一家代表》（配合歌颂当时颁行的宪法的戏）剧本时，曹禺敏感地注意到其中第一幕茶馆里的戏非常生动精彩，而其他几幕相对较弱。经过商量，人们希望老舍就这一场戏，发展成一部多幕剧。还说"所有的事件都在茶馆里进行"，"这个戏的名字，可以就叫茶馆"。老舍对焦菊隐的每一句话都听得非常入神，有时眼睛又不住地移动，好像已在构思另一个新剧本了。焦菊隐的方案，正中老舍下怀，于是，《茶馆》诞生了。焦菊隐是难得一见的杰出导演，他的修改建议有点睛之效，连《茶馆》剧名亦其所赐。

以往那么多"配合"戏，老舍虽然表现出旺盛热情，而内心究竟有多少灵感被唤醒，很该打上问号。那些戏的主题、人物、情节，都比附于政策，非从作者生活实感油然而生。《茶馆》题材截然不同。它是所谓"老北京"生存情形与历史的最自然状态。这于老舍，才是一触即发的东西。这回老舍算把生活"老底子"连同看家本领一古脑儿掏了出来。解放后别的创作，都不曾给他这机会。他放手写人，摹形传神，推敲语言，文质俱佳，一直因写"配合"戏而搁置闲弃的才力得到充分展示。

舞台放置在一个茶馆里，而茶馆是三教九流会面之所，可以容纳各色人物。一个大茶馆就是一个小社会。这出戏虽然只有三幕，可是写了五十年的变迁。《茶馆》描写了清末、民初、抗战胜利以后三个不同时代的社会生活。在中国，这三个时代都是历史发展的转折关头，大清王朝、军阀统治、国民党政府，都处在它们行将崩溃的前夕。社会的混乱、动荡、黑暗，都达到了无以复加的严重地步。《茶馆》三幕戏，每一幕写一个时代，作家在他所规定的有限场景以内，以高度的艺术概括力，真实而又生动地勾划了三个旧时代的复杂的社会面貌，表现了旧中国必然灭亡的历史趋势。

第一幕写清朝末年的社会生活，时间在1898年的秋天，正是著名的戊戌政变失败之后，维新人物谭嗣同被问斩不久。裕泰茶馆高朋满座，生意兴隆，正处在它的黄金时代。然而大清王朝，却已到了它的末日。农民康六，一家大小一天连一顿粥也吃不上，为了应付东家的逼债，他只好进城将十五岁的女儿康顺子卖掉。康六最后对女儿说："爸爸不是人，是畜生！可你叫我怎办呢？你不找个吃饭的地方，你饿死！我不弄到手几两银子，就得叫东家活活地打死！"十五岁的姑娘才卖了十两银子，不光康六为此揪心，连读者和观众简直也要愤愤呼叫了！而且，人贩子刘麻子还有一段话呢："找遍了你们全村儿，找得出十两银子找不出？在乡下，五斤白面就换个孩子，你不是不知道！"康六没有反驳刘麻子，可见刘麻子说的是真实情况。把康顺子买走作妻的是谁呢？竟是宫里的太监庞总管。庞太监"连家里打醋的瓶子都是玛瑙作的"，唯一的缺憾就是没有老婆。他买康顺子看似荒唐，却反映出他是有钱有势的人物，他要以此显示自己的威风。因为庞太监是太后和皇上身边的人物，他的这些作为，自然就带有宫廷荒淫无耻生活的烙印。

我们还看到，"吃着官饷"的打手二德子可以在茶馆里随意打人、摔东西；有势力的人家，为了一只鸽子，可以把官方善扑营的当差与库兵都约来打群架；正直、爱国的常四爷因为说了一句"大清国要完"，就被抓进监狱。这一系列事件的发生，使表面繁荣、热闹的茶馆，笼罩着一层阴森、冷酷的气氛。透过它，我们看到了清末社会疮痍满目的现实。作家还写到，马五爷因为信洋教，有洋人撑腰，便可以威风凛凛地行事，"连官面上都不敢惹他"。这又使我们感受到，帝国主义的渗透和侵略，正在加剧中国社会的殖民地化。作家还写了玩鸟的松二爷以及一大批无名无姓的茶客，他们大都属于靠吃钱粮过活的旗人或有钱人家的子弟，正是他们维持着这家大茶馆的生意。这也是清末社会相的一面，由此亦可见清王朝的腐朽。

帝国主义的入侵与渗透，宫廷生活的腐败与荒淫，农民的破产，市民阶级的混乱，流氓地痞的横行，有闲阶级的无聊，正直的爱国者的惨遭镇压等等，这就是《茶馆》第一幕为我们描述的清末社会，它的可怕的血淋淋的面目，令人憎恶，令人愤激。同时也使人感到，它的黑暗已经到了顶点，它的末日已经来临了。因而，第一幕的最后一句台词"将！你完了！"就愈发显得寓意深刻，痛快淋漓。

第二幕写的是袁世凯死后，帝国主义支持军阀混战的时代。作家在这一幕戏开始，不仅为我们描绘了裕泰茶馆趋于衰落的景象，而且通过难民进城讨饭、巡警催派大饼、大兵敲诈王利发、报童呼叫"长辛店大战的新闻"等细节，鲜明而准确地写出了军阀混战时期的社会环境。清朝灭亡了，但是中国依旧在黑暗中。老舍的深刻不在于写出了社会黑暗的继续，而在于通过真实的艺术描写，揭示了社会重又坠入黑暗的原因。当王淑芬向跑堂的李三夸奖王利发注重改良时，李三说："哼！皇上没啦，总算大改良吧？可是改来改去，袁世凯还是要作皇上。袁世凯死后，天下大乱，今儿个打炮，明儿个关城，改良？哼，我还留着我的小辫儿，万一把皇上改回来呢！"处于社会最底层的劳动群众，已经通过自己的切身经验，直接感受到中国上层统治形式的更替，并未使社会发生任何本质的变化，并不曾埋没社会固有的任何不合理的现象。鲁迅曾经深刻地指出，辛亥革命不过使人们"枉然失去了一条辫子"，而李三连辫子也不剪，他担心皇上还被"改回来"。他的担心并不是没有根据的。你看，清朝的老式特务宋恩子、吴祥子不是依然稳操旧业,他们的"灰大褂反倒成了铁杆庄稼"吗?当常四爷在茶馆里重又见到当年把他抓进监牢的宋恩子、吴祥子时,他们之间的对话,是很耐人寻味的。宋恩子随口问常四爷:"混的还好吧?"常四爷叙述完自己的一段经历之后,问:"您二位怎么样?"吴祥子说:"瞎混呗!有皇上的时候,我们给皇上效力,有袁大总统的时候,我们给袁大总统效力;现而今,宋恩子,该怎么说啦?"宋恩子答道:"谁给饭吃,咱们给谁效力!"常四爷不改当年的倔强脾气,进一步追逼:"要是洋人给饭吃呢?"吴祥子恬不知耻地回答:"告诉你,常四爷,要我们效力的都仗着洋人撑腰!没有洋枪洋炮,怎能够打起仗来呢?"这些对话,容量很大,可以使我们认识一个时代。宋恩子、吴祥子当初不过是清朝统治者的小走狗,自然算不上辛亥革命的主要打击对象。然而所谓革命风云的变幻,不仅没有触动他们的一根毫毛,他们的政治地位竟然还会依然如故地牢靠,那原因就在于他们有"专办革命党"的本领。革命成功了,以前"专办革命党"的人物,现今依然"专办革命党",这似乎是一种畸形的社会现象,然而却是不容置疑的历史真实,它反映了辛亥革命后中国政治形势的特点。中国的社会性质不改变,宋恩子、吴祥子的政治地位也就不会改变,不论哪个统治者上台,都需要鹰犬爪牙。《茶馆》第二幕的艺术描写,既是对军阀混战时期黑暗现实的揭露,也是对辛亥革命不彻底的一个尖锐而有力的批判。

　　第三幕写抗日战争胜利之后,国民党统治时期的生活面貌。到这时,半封建半殖民地的病态的中国社会,已经临近灭亡了。我们看到,人民的痛苦更加深重了:王利发"钱也光,人也老,身上剩了一件破棉袄",全北京硕果仅存的裕泰茶馆已经破烂不堪,难以维持生意了;能够办一二百桌满汉全席的名厨师,落得在监狱里蒸窝窝头,因为"现而今就是狱里人多呀";曲艺名角一场演出,只上五个座儿,民间艺人只好慨叹"这年头就是邪年头,正经东西全得连根儿烂"。作家不只写了人民的痛苦和社会的黑暗,而且写了造成这种现象的社会根源。我们看到,当年清廷的要人庞太监的四侄媳妇庞四奶奶,如今竟自称"娘娘",神威逼人,因为她的儿子有三重身份:三皇道大坛主、国民党大党员、宪兵司令部沈处长的把兄弟。沈处长则以董事长的身份,支使小刘麻子开办以拐卖妇女为业的所谓"拖拉斯",为的是"首先满足美国兵的需要",可见沈处长的背后是

第七章　老舍的遗恨

美国人。帝国主义、封建势力和国民党官僚的相互勾结，加速了中国社会殖民地化的进程，加深了中国社会的黑暗与腐朽，也加剧了人民的痛苦与灾难。这就是《茶馆》第三幕所显示的主要思想内容。

《茶馆》的结尾是王利发、秦仲义、常四爷撒纸钱的场面。三位老人经历了三个黑暗的时代，目睹了半个世纪以来中国社会的历史变迁，虽然他们各自所走的人生道路大不相同，然而他们对旧中国现实社会的腐败都已经彻底看透了。在寂寞、绝望、无所依归的情绪中，他们决定"照老年间出殡的规矩"，用撒纸钱来"祭奠祭奠自己"。这个场面，悲凉、凄惨、催人泪下，同时又寓意深刻。他们的行动，与其说是哀叹自己的悲惨的一生，毋宁说是为旧社会送终。随着三位老人的呼喊，在阴冷、单调、令人窒息的气氛中，读者和观众对旧社会的憎恶之情，油然而生。这正是《茶馆》的创作意图，也是它的现实意义所在。

五、遗恨太平湖与诺贝尔文学奖之谜

1966年，一场"史无前例"的"文化大革命"突然降临到神州大地上。此时，文艺界一批有影响的文学家、艺术家被当成"牛鬼蛇神"，被红卫兵们揪斗。8月23日，红卫兵"小将们"将老舍先生提到孔庙大院里轮番批斗并毒打，其行为之野蛮在中华民族的历史上实属罕见。

第二天早晨，老舍先生清晨起床后就离开了家，家人都以为他去了文联，而文联的人却也没见到他。其实，这天他一个人默默地离开家以后，就走向城西北角的太平湖边，在湖边独自静坐了整整一天。入夜时，他永远地告别了无数未曾与他谋面的忠诚并喜欢他的读者。到了次日清晨，有人在湖边发现了他的遗体漂浮在湖面上。

对于老舍先生的死因，没有定论。一代文学巨匠的人生止于难言的省略号。学者傅光明研究"老舍之死"数年，写了四本书，多年前采访了数位事件亲历者，发现"同一件事每个人的叙述都不尽相同，甚至出入很大，每个人都有自己的角度"。到底什么是置老舍于绝境的一步，没有答案。亲历者有称，老舍当时和红卫兵发生了争执，还有人认为老舍是因为家庭关系冷漠而陷入绝望等。舒乙说，"我和我的家庭已经麻木了，我们不用去申辩什么,选择沉默。"甚至关于8月25日太平湖打捞老舍尸体,也出现了三个不同的版本,有三个人说是自己打捞了老舍的尸体。傅光明说,"历史在发生时就碎裂了,事后不过是拼凑那些碎片。并不是求

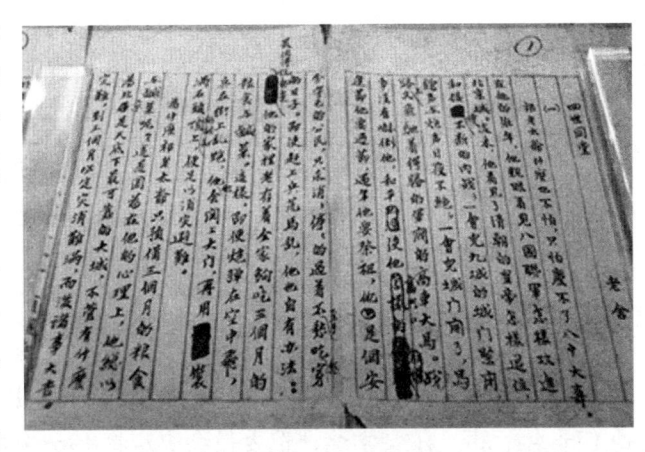

《四世同堂》手稿

得事情的真相,而只是在做一个历史文本叙事。"老舍之死,恐怕永将是谜。

老舍还留给热爱他的读者一个谜——那就诺贝尔文学奖提名之谜。

2009年2月4日,《宁波日报》的一篇文章《老舍昨天诞辰110周年,舒乙披露——老舍未获诺贝尔文学奖内幕》,介绍了老舍与诺贝尔文学奖失之交臂的经过。据老舍的儿子舒乙回忆说,1968年的诺贝尔文学奖评选中,老舍被提名为诺贝尔文学奖候选人,并在最终的五个候选人投票中,获得了最多票。舒乙说:"按规定,当年的诺贝尔文学奖获得者就该是我父亲,但在1968年,'文革'已经进入高峰期,瑞典就派驻华大使去寻访老舍的下落,一直没有得到准确音信,就断定老舍已经去世。由于诺贝尔奖一般不颁给已故之人,所以评选委员会决定在剩下的4个人中重新进行评选,条件之一最好是东方人。结果日本的川端康成就获奖了。"

类似"老舍与诺贝尔文学奖失之交臂"的报道很多。例如2000年8月9日的《中华读书报》载文说,老舍先生的儿子、作家、现代文学馆馆长舒乙先生在文学馆举行的一次讲座会上向听众透露,他的父亲老舍于1968年曾获得诺贝尔奖,只因父亲去世了,才将此奖颁给了另外的人。其后记者为了证实这件事,又专门采访了舒乙。舒乙先生再度肯定了父亲1968年获奖确有此事。他向到访的记者说,在二十世纪七十年代末八十年代初(具体年份不太清楚),日本老舍研究会会长长藤井荣三郎曾专程到中国向老舍先生的家属告知了这一事情。舒乙先生后来几次请藤井荣三郎

先生提供一份关于父亲获取诺贝尔奖的书面材料，大概是因为一些去日本的人士不是专门去完成这一工作，因此一直没有能获取这方面的材料。舒乙先生还告诉记者，他还在一些其他的场合听到不少人提到父亲获得诺贝尔文学奖提名一事。从口头上来说有确证，问题是缺少相关的文献。

对老舍1968年获取诺贝尔文学奖一事，著名老作家萧乾的夫人文洁若女士在访问挪威时，从一些有关人士那儿听说过，1968年诺贝尔文学奖原本打算授予老舍。她还说，当时的中国驻瑞典文化参赞也证实了这一说法。2000年8月24日，她在《老舍与诺贝尔文学奖》一文中说："瑞典于1950年就和中国建交，并在我国北京设立了大使馆，我不相信，一直到1968年，诺贝尔文学奖评选委员会决定将1968年的诺贝尔文学奖颁给老舍时，才得知他死了，这种说法不可靠。她认为，可能是后人将此事的时间传错了。在文洁若女士看来，这一事可能发生在1966年，即老舍自杀的当年。

王元化在其《一九九一年回忆录》中有一段补记："刚刚读到文洁若的一篇文章，提到1978年挪威汉学家伊丽莎白·艾笛访问萧乾时曾说，诺贝尔文学奖本来已决定颁发给老舍，但就在那一年八月，查明老舍已去世，此事遂寝。我可以证明这是确实的，因为马悦然也向我说过同样的情况。"

然而据2013年5月17日《山东都市女报》载，研究老舍先生的学者傅光明撰文《老舍并不曾与诺贝尔文学奖擦肩》，专门讲这一段"公案"。他援引诺贝尔文学奖评奖规则和诺贝尔文学奖十八位评委之一、评委会前主席谢尔·埃斯普马克的讲话说："事实上，回答这个问题极其简单，因为诺奖评选规则确定的是，凡与评选相关的信息、档案，都须保密五十年。既然如此，只有等到2016年或2018年老舍去世五十周年或川端康成获诺奖五十周年、诺奖评选档案揭秘的那一天，这段似乎完全由'口传'遗留下来并广布流传的'历史'，才能真正水落石出。"

其实，不管老舍是否获得过诺贝尔文学奖提名，他都是中国现代文学大师级作家。他的文学成就，不会因他未曾获过诺奖提名而有所降低。关于老舍差点获得诺贝尔文学奖的话题之所以被中国人津津乐道，正说明了老舍在中国读者心目中的崇高地位。

第八章

沈从文的意外

题图：沈从文像

沈从文先生的墓地前有一块墓碑，上面刻着一句话："一个士兵要不战死在沙场，便是回到故乡。"这是沈从文先生的表侄黄永玉的手迹，代表着凤凰人对沈从文的温情。让人感慨系之、不胜唏嘘的是：沈从文以"一个士兵"的身份离开故土，以一位文学大师的称号立足文坛，以一个文物研究专家的称呼结束一生，最后以一抔骨灰的形式回到故乡凤凰城。

一、传奇人生

在湖南省西南毗邻贵州省的崇山峻岭之间，有一座不起眼的小城，名叫凤凰县，旧称镇筸。凤凰县总面积一千七百多平方公里，人口三十七万，是个以苗族、土家族为主的少数民族聚居县。这里春秋战国时属楚地，秦时属黔中郡，唐代设渭阳县，元、明时设五寨长官司，清代设厅、镇、道、府，成为湘西军事政治中心。这里与吉首的德夯苗寨、永顺的猛洞河、贵州的梵净山相毗邻，是怀化、吉首、贵州铜仁三地间的必经之路。这里山水相依，触目皆翠，细雨薄雾，古墙相绕。青石板铺就的一条条小路交错纵横，当地人用厚实的脚板将青石板打磨得细润发亮。与凤凰外貌类似的小城在湘西有许多，可是唯独凤凰成为了许多人魂牵梦萦的所在，甚至被誉为中国最美的地方。凤凰县风景秀丽，历史悠久，名胜古迹甚多。城内的古代城楼、明清宅院风采依然，栩栩如生的双龙山巍然镇守，汩汩欢歌的沱江水不息流淌。

凤凰地灵人杰，名士良将，人才辈出。民国第一任民选内阁总理的"湖南神童"熊希龄、美术大师黄永玉、文学巨匠沈从文等人，皆为凤凰人士。

1902年（清光绪二十八年）12月28日（农历十月二十九日），沈从文出生于湖南省凤凰县一个军人家庭，原名沈岳焕，乳名茂林，字崇文，排行第四，在男孩中排行第二。

沈家原住凤凰城外东北数十里的黄罗寨。据说其先人为宋代充军到湘西的囚犯，至沈从文的祖辈，已历数百载。曾祖父沈歧山，因贫困于1850年携家眷从贵州铜仁迁到凤凰黄罗寨(今林峰乡)中寨村。另据沈家长辈讲述，曾祖父原是浙江嘉兴人，因战乱做小生意逃难到湘西，娶了贵州苗家姑娘为妻，生有宏富、宏芳二子。因曾祖父、母早亡，两个孩子由他们

第八章 沈从文的意外

沈从文夫妇（后右）与大姐元和、二姐允和夫妇合影

的苗族舅舅抚养。祖父沈宏富，十六岁从军，因作战勇敢获得提升，为清代湘军青年将领之一，曾任云南昭通镇守使和贵州提督。因早逝无子，祖母作主，替中寨乡下的叔祖父沈宏芳娶了苗族女子张氏，所生次子过继给祖母，这位过继儿子即沈岳焕的父亲沈宗嗣。沈宗嗣曾是大沽提督罗荣光的裨将。1900年，因抗击八国联军，罗荣光殉国，沈宗嗣于北京失陷后回到家乡。母亲黄素英为本地贡生黄河清之女，是土家族。

沈从文六岁开始入私塾读书。十岁那年，沈从文的父亲沈宗嗣北上刺杀袁世凯未果，虽然没有被抓获，但是这件事却直接导致了沈家的败落。

十三岁那年，沈从文从私塾转到开办才一年的县城内第二初级小学。这里比私塾自由多了，不必整天背经书，也不随便打学生，星期天还放一天假。可是，沈从文的心还是留存野外收不回来，上课不过是装样子。半年后，又换到城外文昌阁小学，随后不久就升入高小。

十五岁那年（1917），旧历七月十六日，刚刚高小毕业的沈从文丢下喜爱的蛐蛐，结束了顽童的日子，穿上"又长又大的灰宁绸军服，背着一个包袱，在全家人泪盈盈的眼光下，跨出家门，跟随部队去闯荡江湖了"。"部队"的番号是"湘西靖国联军第二军游击第一支队，驻防地是辰州（今沅陵）。由于他年纪小，又是个"知识分子"，不久即升任上士司书。

这支部队在怀化的"清乡"，实乃诬良为匪，敲诈勒索，残杀无辜，声誉极坏。1918年冬，这支队伍与第二军其他部队一道以"援川"名义去川东"就食"。沈从文因年幼，与二十来个老弱病残的长官、士兵留守辰州，办些后勤杂事。1920年春节过后，辰州留守处得到确切消息，部队已在鄂西被消灭。于是，沈从文便领了三个月的饷钱作为遣散费回家了。

沈从文回到凤凰老家已是几个月后。家中境况并不见好，沈从文还得另谋出路。于是这年冬天，他背个小包袱，用生棕衣毛松松地包裹上两只脚，踏着雪跟着教中学的舅母的轿子，走了四天到达芷江。不久，就在当警察所长的三舅黄巨川那儿当个小小的办事员。每天工作是抄写违警处罚的条子和傍晚与一巡官到牢中去点检犯人，并针对不同程度的"罪状"，上镣或套枷，甚至系上横梁铁环。此后不久，警察局又从地方财产保管处接收了本地的屠宰税工作，沈从文又兼管收税这项工作，每月薪水一千二百文。

当时，芷江每天要宰杀数十头猪、牛，当时每天猪征税六百四十文，牛征税二千文。为防止宰杀猪、牛漏税，青年时代的沈从文常常要跑遍索子街的每一个屠宰摊点。由于从事征税工作要与各式人物交往，沈从文在很短的时间内就熟悉了不同阶层的人物，并和他们交上了朋友，尤其是那些屠户。

次年1月，沈从文母亲卖掉凤凰中营街老屋，带着九妹和卖屋余款三千元来到芷江，同儿子生活在一起。

芷江青云街二号有一座三进的旧式宅院。这就是做过北洋政府国务总理兼财政总长的熊希龄的公馆。熊希龄在京做官，家务交由七老爷夫妇主持。七老爷是当地绅士领袖，又是沈从文的姨父。因此熊公馆也成了沈从文经常逗留之地。舅父和姨父都爱作诗，而沈从文能写一笔好字，遂经常替他们抄诗。

在熊公馆沈从文得到一个难得的读书机会。他发现客厅楼上有两大箱商务印书馆印行的林（纾）译《说部丛书》。他用了两个月的时间，在寂静大院中的花架边、台阶上看完了狄更斯的小说《冰雪因缘》《滑稽外史》《贼史》《块肉余生述》等。沈从文日后就以这几十本林译小说作桥梁，走上文学道路。不过，当时他还想不到这一点，他正陷入"初恋"。

十八岁那年，沈从文发现因为这次懵懂的"初恋"，母亲交给自己掌管的卖房钱被骗了一千块。事发后，他感到在芷江再也无脸见人。他将写给母亲的信，连同在钱庄存款的票证，一起留在家里，用一张包袱，胡乱裹起一些换洗衣物，然后搭上一条开往常德方向的船，瞒着母亲和熟人，悄悄地离开了芷江。沈从文一路辗转，从川东又回到保靖，被湘西巡防统

第八章 沈从文的意外

领陈渠珍留在身边作书记。每当陈渠珍需要阅读某一书或抄录书中某一段时，就由沈从文预先准备好。日积月累，沈从文将大部分古籍也看懂了。以这份特殊方式，沈从文奠定了自己历史、文学、艺术的根基。学问渐长的日子里，沈从文开始审视自己所在的半军半匪的部队和个人的出路，深觉前途无望，决定外出读书。

二、"北漂"登文坛

沈从文离开保靖，一路辗转到达北京，成了北京大学的旁听生。当时的北大校长蔡元培坚持兼容并包的原则，聘请了陈独秀、胡适、李大钊、刘师培、梁漱溟、辜鸿铭等来校授课。沈从文从他们身上汲取了各方面的知识。

尽管有听课的自由和权利，沈从文仍想成为正式学生，获得一张大学毕业文凭。这一年的秋天，他曾参加过燕京大学二年制国文班的入学考试。可是，考试时却一问三不知，得了个零分，连预先所缴的两块钱报名费也被退回。

从这时起，沈从文对正式入学死了心。于是，他一面时断时续地在北大听课，一面在公寓那间"窄而霉斋"里，开始没日没夜地伏案写作。文章写成后，壮起胆子分别向北京各杂志和报纸的文学副刊寄去。然而，这些文章如同石沉大海，毫无回音。后来他听说《晨报副刊》总编孙伏园在一次聚会上，将他投寄该刊的十数篇文章连成一个长条，摊开后当众奚落说："这是某大作家的作品！"随后把文章揉成一团，向字纸篓里扔去。

虽然文章无发表机会，沈从文却没有气馁。这个"乡下人"，虽温良柔弱在外，却顽强倔强于内。他坚信别人能办到的，没有理由认为自己就办不到！他明白自己在通向文学之园的路上，根底极差；又毫无派系可供自己攀援，应该比别人要多受些磨难。今天没有希望，只要明天还可望办到，自己就没有中途罢手的理由。

北大的学术空气自由，但是没有固定收入的沈从文的生活却大成问题。幸好，因为在农业大学读书的表弟黄村生的关系，他认识不少农大的朋友，其中多为湖南同乡。他们每月有公费，农场又有蔬菜瓜果，所以能在宿舍里自办伙食，生活中充满家庭气氛。于是，沈从文经常成为这里的不速之客，留下住个三五日甚至十天半个月也是常事。当然，沈从文更多的还是待在小公寓里，整天价为应付肚皮发愁。沈从文曾把这段的"学习"归纳为："先是在一个小公寓湿霉霉的房间，零下十二度的寒气中，学习不用火炉过冬的耐寒力。再其次是三天两天不吃东西，学习空空洞洞腹中的耐饥力。再其次是从饥寒交迫无望无助状况中，学习进图书馆自行摸索的阅读力。再其次是起始用一支笔，无日无夜写下去，把所有作品寄给各报章杂志，在毫无结果等待中，学习对于工作失败的抵抗与适应力。"最困难的时候，他竟萌发起重新吃粮当兵的念头。有一回，沈从文居然撑着一双饿得发昏的眼睛，迷迷糊糊地跟着几个同样面黄肌瘦的"吃粮人"跟着招兵旗在天桥转了几圈。但真到要点名填志愿书发饭费时，才猛记起姐夫田真一叮嘱的话，"既为信仰而来，千万不要把信仰失去！因为除了它，你什么也没有。"

1924年的冬天，天气格外冷。11月13日，下起了大雪。"窄而霉小斋"里，沈从文只穿了两件夹衣，用棉被裹着腿在写作。这时他听见门响，一个三十多岁清瘦的人站在门口。

"请问，沈从文先生住在哪儿？"

"我就是。"

"唉呀，你就是沈从文……你原来这样小。我是郁达夫……"

沈从文吃惊之余，才想起自己前些天曾给大名鼎鼎的作家郁达夫写过一封信。但这信与其说是求援，不如说是倾诉，只想把他的苦水一吐为快，哪里会想到郁达夫竟会冒雪前来呢？

当时郁达夫在北大教授统计学课程，但在无数年轻人眼里，他无疑是文坛领袖之一。郁达夫本人也有过困窘的学生时代，因此非常能够体会沈从文的境遇。他和蔼地与沈从文交谈，看他身体单薄，衣衫破旧，便解下自己的淡灰色羊毛围巾为他系上，并热情地请他吃饭，并将会账找回的3块多钱留给他。两人道别之际，郁达夫还殷殷叮嘱："好好写下去……"一回到住处，沈从文禁不住伏在桌上哭了起来。"好好写下去"，这一句普普通通的话，给了沈从文莫大的力量。

1925年的5月份又发生了一件事，使沈从文结识了另一位北大名人。

郁达夫探望沈从文三个月后，沈从文以休芸芸为笔名，在《晨报副刊》

上发表了散文《遥夜——五》。文章叙述沈从文乘坐公共汽车的一段经历，在将自己与有钱人的对比中，倾诉自己窘迫处境和内心感受到的人生痛苦和孤独。

一天，一位朋友拿来一张5月4日的《晨报副刊》"五四纪念专号"来找沈从文，说有人在报纸上评论他的散文。这是一篇署名"唯刚"的文章《大学与学生》。其中引了一段沈从文发表于3月9日《晨报副刊》的散文《遥夜》并说："芸芸君听说是个学生，这一种学生生活，经他很曲折的深刻的传写出来——《遥夜》全文俱佳——实在能够感动人。"

"唯刚"哪里会想到，"芸芸君"读了这篇文章心中会愈发悲苦呢？5月20日，沈从文写的《致唯刚先生》发表于《晨报副刊》，说明自己并不是一个大学生，而不过是一个为生计所苦的流浪者，"只想把自己生命所走过的痕迹写到纸上"。

沈从文当时写这篇小文，或许只为一吐苦衷，他恐怕没有想到，这因此会成为他生命中很重要的一个契机。"唯刚"非等闲之辈，而是北大哲学系著名教授林宰平先生。后来林先生托人找到沈从文，请他到自己家里谈天，并深为他的才华及求索精神所打动。为了使沈从文有个安身之处，林先生请梁启超帮忙，把沈引荐给熊希龄，从而谋到一个香山慈幼院图书馆员的差事，每月工资二十元。后来，熊希龄还曾送沈从文到北大图书馆，向袁同礼教授学习编目学和文献学。这是后话。林宰平先生还一再向徐志摩、陈西滢等人称许并推荐沈从文。这样，沈从文又陆续结识了闻一多、丁西林、吴宓、胡适、凌叔华、叶公超、杨振声、朱光潜、林徽因等人，进入了一个以北大、清华为中心的文人圈子。他的文学才华得到展示的机会，他的作品也开始较多地在刊物上发表。当然，我们不能据此认为沈从文的文学地位是靠名人"提携"得来。作为一个才华横溢的作家，他迟早会脱颖而出的；但毋庸讳言，当时的许多刊物都有"同仁"性质，沈从文进入文坛多少得益于此。

1929年，沈从文因徐志摩的引荐到胡适担任校长的上海中国公学任教。胡适同意聘用沈从文为中国公学讲师，主讲大学部一年级现代文学选修课。沈从文以小学毕业的资历，竟被延揽为大学的教师，这即便在当时，也不能不说是一种大胆而开明的决断。

第一次登台授课的日子终于来临了。沈从文既兴奋又紧张。在这之前，他做了认真而充分的准备，估计资料足供一小时使用而有余。从法租界的住所去学校时，他还特意花了八块钱，租了一辆包车。第一次以教师身份跨进大学的门，不能显得太寒酸！按预先约定的条件，讲一个钟头的课，只有六块钱的报酬，结果自然是赔本！

当时，沈从文在文坛上已初露头角，在社会上也已小有名气。因此，来听课的学生极多，里面还有一些并不打算听课，只是慕名而来，以求一睹尊容的学生，故教室里早已挤得满满的了。有不少人已经读过沈从文的小说，知道一些关于他的传闻，因而上课之前，教室里有人小声议论着沈从文的长像、性格、文章和为人。——他们知道沈从文是行伍出身，小说里又不乏湘西地域荒蛮、民气强悍的描写，在他们的头脑里，想像着沈从文的形象：一个身材魁伟、浓眉大眼、充溢着阳刚之气的男子汉。

然而，当沈从文低着头，急匆匆走上讲台，与学生对面时，眼前这个真实的沈从文，却与他们想像中的沈从文判若两人：一件半新不旧的蓝布长衫，罩着一副瘦小的身躯，眉目清秀如女子，面容苍白而少血色，一双黑亮有神的眼睛稍许冲淡了几分身心的憔悴。

他站在讲台上，抬眼望去，只见黑压压一片人头，心里陡然一惊。无数期待的目光，正以自己为焦点汇聚，形成一股强大而灼热的力量，将他要说的第一句话堵在嗓子眼里。同时，脑子里"嗡"的一声炸裂，原先想好的话语一下子都飞迸开去，留下的只是一片空白。上课前，他自以为成竹在胸，既未带教案，也没带任何教材。这一来，他感到仿佛浮游在虚空中，失去了任何可供攀援的依凭。

一分钟过去了，他未能发出声来；五分钟过去了，他仍然不知从何说起……众目睽睽之下，他竟呆呆地站了近十分钟！

起始，教室里还起着人声；五分钟过后，教室里的声浪逐渐低了下去；到这时，满教室鸦雀无声！沈从文的紧张无形中传播开去，一些女学生也莫名地替沈从文紧张起来，有的竟低下头去。在她们中间，有一位刚从预科升入大学部一年级的学生，名叫张兆和，时年十八，面目秀丽，身材窈窕，性格平和文静，学生中公认为中国公学的校花，后来成为沈从文的夫人。这时，她见沈从文行状狼狈，一颗心也憋得极紧，"怦怦"直跳，血潮直

第八章 沈从文的意外

朝脸上涌去，竟不敢抬头再看沈从文……

这十分钟，在沈从文的感觉里，甚至比他当年在湘川边境翻越棉花坡还要漫长和艰难。他好容易开了口。这第一句出去，大队人马终于决城而出。他一面急促地讲述，一面在黑板上抄写授课提纲。然而，他又一次事与愿违。在忙迫中，十多分钟便把预定一小时的授课内容全倒完了。他再次陷入窘迫。最终，他只得拿起粉笔，在黑板上写道："我第一次上课，见你们人多，怕了。"

下课后，学生们议论纷纷。消息很快就传到教师中间，有人说："沈从文这样的人也来中公上课，半个小时讲不出一句话来！"这议论又传到胡适的耳里，胡适竟笑笑说："上课讲不出话来，学生不轰他，这就是成功。"

1931年秋，沈从文应杨振声之邀，去青岛山东大学任教。

第二年夏天，皇天不负有心人，他终于得到了苦苦追求四年的张兆和的芳心，二人情定终生。之后，张兆和从苏州随沈从文来到青岛，在山东大学图书馆内编英文书目，而和她一起共事编中文书目的，就有后来成为"四人帮"之首的江青。那时她叫李云鹤，才十七岁。

江青到山东大学要比沈从文早一点。她日后回忆说："1931年春，我到了青岛。我的同乡又是旧老师赵太侔，一度曾是济南的省实验剧院院长，当时出任山东大学教务长兼文学系教授。通过这些关系，他安排我进入山东大学。"对于此前的生活，江青毫不讳言地说她被人瞧不起，文化水平低，衣服穿得破旧，穷。但这个从诸城乡下走出来的女孩子改变命运的愿望极其强烈。她喜欢演戏，喜欢抛头露面。她不满足于仅仅当一个每月只有三十块工资的图书管理员（当时山东大学图书馆馆长梁实秋的月薪是四百元），工作之余她就到处旁听，希望在文学上有所成就。她喜欢听闻一多的课，写过诗；曾向戏剧家赵炳欧教授请教，学着写了一个剧本《谁之罪》，是她的处女作；当然最让她感到骄傲的是小说。1972年她向美国学者维特克回忆时不无夸张地说："我的小说全班第一。"而当时教她小说的正是沈从文。

1933年7月，杨振声因不愿与山东省当局周旋而辞去山东大学校长职务，回到北平接受教育部委托，编中小学教科书。沈从文与与杨振声共进退，也辞去教职，于8月份重返离别五年之久的北平。沈从文和张兆和到北平后，就暂住在杨家。作杨振声助手的除了沈从文，还有朱自清。他们认真负责地从小学生读物编起，每月只领一点薪水，不另拿稿酬。他们的目的是在华北乃至全国面临危亡的关头，通过编选读物，给广大青少年注入一点民族情感和做人勇气。直到北平沦陷，他们在这里坚持了四年。

1933年9月9日，沈从文与张兆和在北平中央公园（今中山公园）水榭结婚。没有仪式，没有主婚人、证婚人。沈从文穿件蓝毛葛的夹袍，张兆和穿件浅豆沙色普通绸旗袍。客人大都是沈从文大学和文艺界的同事或朋友。

新居在西城达子营。小院落，一枣一槐，正房三间，有一厢——就是沈从文的书房兼客厅。新房中并无什么陈设，只是两张床上各罩一锦缎百子图的罩单有点办喜事的意思，是梁思成、林徽音送的。不久，巴金来北平，就在沈从文家里住了半年。那时，沈从文每天在院子里的老槐树下写作《边城》。巴金则在客室里着手中篇小说《雪》的创作。

沈从文的代表作《边城》从1934年元旦开始在《国闻周报》连载，至1934年4月23日结束。关于这篇小说的创作动机，他说："我要表现的本是一种'人生的形式'，一种'优美、健康而又不悖乎人性的人生形式'。我主意不在领导读者去桃源旅行，却想借重桃源上行七百里路酉水流域一个小城小市中几个愚夫俗子，被一件普通人事牵连在一处时，各人应得的一分哀乐，为人类'爱'字作一度恰如其分的说明。"

三、《边城》：沈从文笔下的人性美

"由四川过湖南去，靠东有一条官路。这官路将近湘西边境到了一个地方名为'茶峒'的小山城时，有一小溪，溪边有座白色小塔，塔下住了一户单独的人家。这人家只一个老人，一个女孩子，一只黄狗。"

小说《边城》所写的故事很简单，就像小说开头的这段文字。在湘西风光秀丽、人情质朴的边远小城，生活着靠摆渡为生的祖孙二人，外公年逾七十，仍很健壮；孙女翠翠十五岁，情窦初开。他们热情助人，纯朴善良。两年前在端午节赛龙舟的盛会上，翠翠邂逅当地船总的二少爷傩送，从此种下情苗。傩送的哥哥天保喜欢上美丽清纯的翠翠，托人向翠翠的外公求亲。地方上的王团总看上了傩送，情愿以碾坊作陪嫁把女儿嫁给傩送。

傩送不要碾坊，想娶翠翠为妻，宁愿作个摆渡人。于是兄弟俩相约唱歌求婚，让翠翠选择。后来，天保知道翠翠喜欢傩送，为了成全弟弟，外出闯滩，遇意外而死。傩送觉得自己对哥哥的死负有责任，抛下翠翠出走他乡。外公因翠翠的婚事操心担忧，在风雨之夜去世。留下翠翠孤独地守着渡船，痴心地等着傩送归来，"这个人也许永远不回来了，也许明天回来！"

阅读沈从文的《边城》，最震撼人心的就是作品中所展现的人性美。这种力量使人对"爱"和"美"的人性更加珍惜，更加向往。在《边城》中，作者赋予他笔下的所有人以一种淳厚、质朴的人性。

小说中那清澈见底的河流，那凭水依山的小城，那河街上的吊脚楼，那攀引缆索的渡船，那关系茶峒"风水"的白塔，那深翠逼人的竹篁中鸟雀的交递鸣叫……这些富有地方色彩的景物，都自然而又清丽，优美如画让人如入梦境，无不给人美的享受。

沈从文在《边城》描绘了一幅他童年记忆中的、理想世界中的美丽湘西地域风俗画。这幅风俗画是优美的、精致的、奇丽的，它蕴涵了湘西边地的自然风光、社会风俗、人际关系、人情人性等等，积淀着深厚博大而又神秘瑰丽的湘楚文化。

《边城》中有一个质朴而又清新的世界，一个近乎"世外桃源"式的乡村社会。他笔下的湘西是这样的：中秋节，青年男女用对歌的形式在月夜下倾吐爱意；端午节，家家锁门闭户，到河边、上吊角楼观赏龙舟竞赛，参加在河中捉鸭子的活动，"不拘谁把鸭子捉到，谁就成为鸭子的主人"；正月十五，舞龙、耍狮子、放烟火，"小鞭炮如落雨的样子"，小城沉浸在一片欢乐之中……

《边城》书影

这种氛围里生活的人们质朴而又善良，任何剑拔弩张在这里都显得格格不入。

在划船比赛中，胜利的队伍可以得到一枚小银牌，在边城之外，总会有人计较谁会得到它，但是在边城人看来，银牌不拘缠到船上哪一个人的头上，都显出一船人合作努力的光荣。在边城，没有争名夺利。

"从文出生于苗汉杂居的湘西，他最熟悉的是这一地区的风土人情。非但熟悉，而且是热爱。"施蛰存如是说。边城的人民是"一群未被近代文明污染"的善良人，他们保持着昔日宁静和谐的生活环境与纯朴勤俭的古老民风。透过字里行间，我们能感受到沈先生努力建构了一个充满自然人性的世外桃源，创造的人物闪烁着人性中率真、美丽、虔诚的一面，边城的人民就是人性美的代表。

在《边城》里面，我们看到的是人的淳朴、勤俭、友善、和平的景象。"管理这渡船的，就是住在塔下的那个老人。活了七十年，从二十岁起便守在这小溪边，五十年来不知把船来去渡了若干人。年纪虽那么老了，骨头硬硬的，本来应当休息了，但天不许他休息，他仿佛便不能够同这一分生活离开，他从不思索自己的职务对于本人的意义，只是静静的很忠实的在那里活下去。"文章在写到掌管水码头的顺顺时说："这个大方洒脱的人，事业虽十分顺手，却因欢喜交朋结友，慷慨而又能济人之急，便不能同贩油商人一样大大发作起来。自己既在粮子里混日子，明白出门人的甘苦，理解失意人的心情……为人却那么公正无私……既正直和平，又不爱财。"而更让人称奇的那只小狗也格外显得乖巧、懂事："有时又与祖父、黄狗一同在船上，过渡时与祖父一同动手牵缆索，船将近岸边，祖父正向客人招呼'慢点，慢点'时，那只黄狗便口衔绳子，最先一跃而上，且俨然懂得如何方为尽职似的，把船绳紧衔着拖船拢岸。"

翠翠这一少女形象，是作者笔下优美人性的化身与极致，是作者根据自己的审美理想，借助语言塑造的迷人的形象，"是全书之魂，是作者倾注'爱'与'美'的理想的艺术形象。"

翠翠母亲是老船夫的独生女，翠翠是她在十七年前同一个茶峒屯防军人唱歌唱熟后，秘密地背着忠厚的老船夫发生了暧昧关系所生下来的孩子。有了小孩子，由于各种原因，他们结婚不成。他们一个不愿违悖军人的责任而逃走，一个不愿意就此抛下孤独的父亲。而希望共同幸福生活却不大可能。经过一番考虑后,男的毅然下决心,首先服毒死去。女的却关心腹中的一块肉,不忍心早离世。等待腹中小孩生下后,却到溪边故意吃了许多冷水死去了,留下了这个可怜的孩子,在一种近乎奇迹中,这遗孤居然长大成人了。

　　爷爷之所以给外孙女取名"翠翠",除了希望她富有生命力,茁壮成长而外,更希望她出落得美丽动人。翠翠长年在和暖的细风中吹着,在柔软的太阳中晒着,皮肤晒得黑黑的,触目是青山绿水,一双大眼睛清亮如水晶。她"为人天真活泼,处处俨然如一只小兽物。人又那么乖,如山头黄麂一样,从不想到残忍事情,从不发愁,从不动气。平时在渡船上遇陌生人对她有所注意时,便把光光的眼睛瞅着那陌生人,作成随时皆可举步逃入深山的神气。但当明白了面前的人无机心后,就又从从容容的在水边玩耍了。"她长得如她的名字那样动人、可爱。

　　翠翠有着对爷爷的那一份深深的依恋之情,所以她不愿意离开爷爷,就连上一里路远的茶峒城看热闹,也要和爷爷一起去。她不愿意让小船来陪爷爷,她要和爷爷一同撑渡船,一同歇息,一同看热闹。她是那么地毫无心机,甚至于超出了一切利害关系之上。随着年龄的增长,她喜欢看扑粉满脸的新嫁娘;喜欢听新嫁娘的故事;喜欢把野花戴在头上。"有时过渡的是从川东过茶峒的小牛,是羊群,是新娘子的花轿,翠翠必争着作渡船夫,站在船头,懒懒的攀引缆索,让船缓缓的过去。牛、羊、花轿上岸后,翠翠必跟着走,送队伍上山,站到小山头,目送这些东西走去很远了,方回转船上,把船牵靠近家的岸边……有时采把野花缚在头上,独自装扮新娘子。"她喜欢听人唱歌,能领会歌声的缠绵处。睡梦中,她的灵魂为一种美妙的歌声浮起来,仿佛轻轻地在各处飘着,上了白塔,下了菜园,到了船上,又复飞窜过对山悬崖半腰去摘虎耳草。可是,当二少爷把船老大的酒葫芦送来时,翠翠被他望着,翠翠有点不好意思,溪边有人喊过渡,翠翠却借故走开了。随着她一天一天地长大,她热切地希望着幸福,盼望着爱情的来临,但是当爱情悄然来临时,她又似一只受惊的小兔,她不知道该如何面对。作品中,翠翠对二少爷的爱情是在无言中默默相许。大少爷请媒人到老船夫家做媒,老船夫让翠翠自己作决定,"翠翠不作声,心中只想哭,可是也无理由可哭";"回头又同翠翠谈了一次,也依然得不到结果"。对大少爷,翠翠是无言的拒绝,而对二少爷呢,则是无言地相许。翠翠的美,不需要说话,一切都在她的行动细节、微妙心理的表现中得到了充分体现。

《边城》用人性描绘了一个瑰丽而温馨的"边城"世界,这里人性皆真、皆善、皆美,由每个人身上所焕生的人性美、人情美营造了这个世界,这里看不到邪恶、奸诈和贪欲;这里有贫富区分和社会地位高低的差别,但他们都互相亲善着、扶持着;这里也有矛盾,但那决不是善与恶的冲突;小说结局是悲剧性的,但也绝非是奸邪之徒所致。

正如批评家刘西渭所说:"这些可爱的人物,各自有一个厚道然而简单的灵魂,生息在田野晨阳的空气。他们心口相应,行为思想一致。他们是壮实的,冲动的,然而有的是向上的情感,挣扎而且克服了私欲的情感。对于生活没有过分的奢望,他们的心力全用在别人身上:成人之美。"

《边城》在一首清澈、美丽但又有些哀婉的田园牧歌中,为人类的爱做了恰如其分的说明。在这样一篇美丽的文字之中,我们更能感受到一种似乎已为我们所陌生的自然、优美、健康的人性,那种如大自然本身一样凝重、明慧而又本色真实的人生形式。因此,读这样的作品,我们获得的不只是文学艺术的美的享受,更有着对我们心灵人性的滋养与疗补。

《边城》在《国闻周报》刊完最后一节的第二天,沈从文根据当时文坛时尚,预感到这部小说将会招致"逃避现实"、"没有思想"、"落伍"之类的批评。所以,他为《边城》写题记时,就先声明,"我这本书只预备给一些'本身已离开学校,或始终就无从接近学校,还认识些中国文字,置身于文学理论文学批评以及说谎造谣消息所达不到的那种职务上,在那个社会里生活,而且极关心全个民族在空间与时间下所有的好处与坏处'的人去看。"

1999年6月,《亚洲周刊》推出了"二十世纪中文小说一百强排行榜",对过去一百年里全世界范围内用中文写作的小说进行了排名,遴选出前100部作品。参与这一排行榜投票的均是海内外著名的学者、作家。在这一排行榜中,鲁迅的小说集《呐喊》位列第一,沈从文的小说《边城》名列第二。但若以单篇小说计,《边城》则属第一,毕竟《呐喊》属于短篇小说集。如今,《边城》早已被译成日本、美国、英国、俄罗斯等四十多个国家的文字出版,并被美国、日本、韩国、英国等十多个国家或地区选进大学课本。可以说,《边城》已经成为外国人打开中国文学这扇大门的钥匙,更重要的,是《边城》经受了历史的淘汰。

四、被迫离开文坛

1946年夏天,沈从文一家离开了云南。之后,沈从文回到北平继续留在北京大学任教。这时他的工作较忙,除授课外,还担任四家大报——即《益世报》《经世报》《平明日报》《大公报》文学副刊的编辑。这几个报刊影响很大,也成为文学青年发表作品的阵地。例如,原来西南联大的青年诗人郑敏、杜运燮、袁可嘉(后来"九叶派"的主要成员)等,就经常在这里发表诗歌作品。

但随着内战的爆发,文化思想领域内的硝烟也随之而起,枪弹最终落在了沈从文头上。

1947年因为一篇回忆熊希龄的文章,沈从文被指认为是延续"清客文丐的传统"的"奴才主义者"和"地主阶级的弄臣。"其实,就算没有这篇文章,沈从文这几年来关于政治、时局的许多文章已经引起"左翼文坛"的"严重注意和尖锐批评"。1948年春,原国统区一批左翼文化人聚集香港,待机投奔解放区。他们以《大众文艺丛刊》为阵地,对许多他们认为不利于革命发展的资产阶级自由主义思想展开批判。1948年3月1日《大众文艺丛刊》第一辑上刊登了郭沫若的《斥反动文艺》一文。沈从文首当其冲,被界定为"桃红色文艺"的作家。郭沫若断然指出:"特别是沈从文,他一直是有意识的作为反动派而活动着。"——当时郭沫若文章的分量之重,是不言而喻的。

1948年年底,北平成了真正的"围城"。虽然沈从文对未来有种不祥的预感,但他对那个形将崩溃的政权也无好感,对它"撤离大陆,退守孤岛"的前途更无信心。他与朱光潜及常来家串门的杨振声三人商定,坚守北平,哪儿也不去。因此,当老熟人、北大教务长陈雪屏亲自拿了飞机票动员沈从文携带家属乘飞机直飞台湾时,他毅然谢绝。然而,这时北大"民主墙"贴出了"打倒新月派、现代评论派、第三条路线的沈从文"的标语。有一份壁报,甚至用大字全文抄录了郭沫若那篇要沈从文命的《斥反动文艺》。他甚至收到一封匿名信,信纸上画了一颗枪弹,写着"算账的日子近了"。

沈从文完全绝望,在给在上海的表侄黄永玉的信中写道:"北京傅作义部已成瓮中之鳖。长安街大树均已锯去以利飞机起飞。城,三数日可下,根据以往恩怨,我准备含笑上绞架……"

在巨大的压力下,沈从文一度自杀。被抢救出院后,沈从文的健康状况并不见好。一天,他对前来看望自己的学生难过地说:"叫我怎么弄得懂?那些自幼养尊处优,在温室中长大,并且有钱出国留学的作家们,从前他们活动在社会的上层,今天为这个大官做寿,明天去参加那一个要人的宴会。现在共产党来了,他们仍活动在社会的上层,毫无问题。我这个当过多年小兵的乡下人,就算是过去认识不清,落在队伍后面了吧,现在为什么连个归队的机会也没有?我究竟犯了什么罪过?共产党竟要想怎样处置我?只要他们明白地告诉我,我一定遵命,死无怨言,为什么老是不明不白地让手下人对我冷嘲热讽,谩骂恫吓?共产党里面,有不少我的老朋友,比如丁玲,也有不少我的学生,比如何其芳,要他们来告诉我共产党对我的意见也好呀,——到现在都不让他们和我见面。"

1949年6月,丁玲和何其芳倒是都看望了沈从文,但他们能说什么呢?7月2日开全国第一次文代会,像沈从文这样驰名文坛二十余年的多产作家居然不是代表。老友巴金、李健吾、靳以都是代表,从上海来北京开会。巴金回忆说,"首届文代会期间,我们几个去从文家不止一次,表面上看不出他有情绪,他脸上仍然露出微笑。他向我们打听文艺界朋友的近况,他关心每个熟人,然而文艺界似乎忘记了他。"北大中文系更绝,把他教了一二十年的文学和写作课从课程表中取消了。后来,他去了华北革命大学学习政治。这时他的工作编制仍在北大。学习"毕业"后,经国家文物局局长郑振铎及北大副教授兼历史博物馆代馆长韩寿萱介绍,正式调往历史博物馆。具体工作是管理文物,抄写目录和标签。

沈从文就这样离开了北大。

1953年沈从文被安排当上全国政协委员。9月,全国第二次文代会召开。不过由于沈从文已在历史博物馆工作,他是以美术组成员的身份参加会议的。会议期间,毛泽东、周恩来接见沈从文时还表示希望他再写小说。然而,此时沈从文很冷静,他清楚高级领导人的话与下面具体政策的执行往往并不完全一致。果然,就在这一年,曾出过多种沈从文作品的上海开明书店,告诉沈从文:他的作品已经过时,凡在开明印行或尚未印行的纸型或原稿,已全部代为销毁。巧合的是,随后台湾也公布一道法令,明言沈从文一切已印未印作品,除全部焚毁外,还永远禁止再发表任何作品。沈从文就这样彻底离开了文坛。

1981年,沈从文撰写的《中国古代服饰研究》一书出版,引起了很大轰动。此后,学术界对他的研究逐步深入,对他作品的评价也越来越高。长期被冷落的沈从文重新热络起来。但一位钟爱他的学者不无悲愤地说:"想想从文先生在死亡线上挣扎以及之后几十年含垢忍辱的折磨,我们宁可不要他考古学上的成绩!"

五、与诺贝尔文学奖擦肩而过

发起推荐沈从文先生为诺贝尔文学奖候选人的是美国斯坦福大学的钟开莱教授,美国另一位著名汉学家金介甫先生也是重要的推荐人。1999年8月,金介甫先生在写给中国学者余凤高先生的一封信中说:"至于沈从文和诺贝尔奖,就是钟教授先'动员'美国的作家和一些瑞典人推荐沈从文。"

钟开莱,浙江杭州人,1917年生于上海。1936年入清华大学物理系,1940年毕业于西南联合大学数学系,之后任昆明西南联合大学数学系助教。1944年考取第六届庚子赔款公费留美奖学金。1945年底赴美国留学,1947年获普林斯顿大学博士学位。五十年代任教于美国纽约州塞纳克斯大学,六十年代以后任斯坦福大学数学系教授、系主任、荣休教授。钟开莱是世界著名概率学家,著有十余部专著。他与沈从文相识当在1938年11月西南联大正式开学之后。当时沈从文在中文系先后开设《现代文学》、《各体文习作》等课程。他的课选修的人很多,一间大教室经常座无虚席,并常有外系学生来旁听。其中就有数学系的"沈从文迷"钟开莱。不过钟开莱可不"迷信"。有一天,沈从文一天与钟开莱会面,钟开莱指正说:"你在《从文自传》中写杀人,让犯人掷爻决定生死,说犯人活下来的机会占三分之二(阳爻、顺爻：开释；阴爻：杀头。)，那不对，应该是四分之三（阳爻一，顺爻二：一阴一阳与一阳一阴；阴爻一）。"要知道，钟开莱比沈从文小十五岁，又是学生兼"沈迷"，但眼里还是不容沙子，竟毫不客气地用概率知识纠正自己喜欢的著名作家的疏漏。

沈老若知当年那个钟开莱如今还记得沈从文，并且认为沈从文应当获得诺贝尔文学奖，一定大为意外。要知道，沈从文在1949年之后，就被中国文坛放逐了啊！

金介甫在信中一开始谈到自己推荐沈从文的尴尬，"以前，我不好意思组织人写信，因为我根本不知道要用什么方法才能影响瑞典学院，而且我以为如果我推荐沈老，别人会以为这是为我自己的利益，因为我正在写一本沈从文传。……最后，因为没有一个'客观'的'第三种人'，所以我以钟教授的心意开始自己的推荐沈老的工作。1981年末，我写信给欧美一些汉学家，请他们都写推荐信：夏志清（哥伦比亚大学）、许芥昱（在旧金山的加州州立大学）、德国的马汉茂（在Bochum的Ruhr大学）。1982年1月20日我寄一封信给瑞典学院院长：我自己的正式推荐信；一个沈从文小传（3页）；夏、许、马的推荐信；沈从文著作的一些英译本。1981年我也曾写信给法国汉学家Rober Ruhlmann和马悦然。"

但是，那一年沈从文先生并没有获得这一奖项。1982年10月，金介甫先生收到了瑞典文学院的一封印刷的信，在信中，他们请金介甫先生"正式地"提名"一个人"为1983年秋的诺贝尔文学奖的候选人。在这之后，金先生又连续写了两次推荐沈从文为诺贝尔文学奖候选人的信件和相关资料。

1987年，沈从文被几个地区的汉学家和文学专家提名为这一年的诺贝尔文学奖的候选人。经过激烈的角逐，沈从文最后进入了诺贝尔文学奖的最终的五人决选名单。但那一年，诺贝尔文学奖颁发给了俄裔美籍作家布罗茨基。

也许那一年的诺贝尔文学奖注定要授予被放逐者。

沈从文与布罗茨基有许多共同点：出身于军人家庭；学历都不高——沈从文顶多算小学毕业，布罗茨基只读到八年级；均在社会底层生活和工作过，屡遭磨难；作为文学青年，在困难无助时均得到过名师的指点，前者是郁达夫，后者是阿赫玛托娃；均靠个人奋斗，自学成才，走上了文学之路，并成为文学大师、大学教授和学者；均受到过不公正的对待，区别仅在于前者是被逐出文坛，后者是被驱逐出国。

不过相比于布罗茨基，沈从文当年最缺少的便是在西方的知名度。虽然沈从文是享誉国内的高产作家，但是建国之后的长期埋没，导致沈从文的作品在国外影响不大，毕竟他的大多数作品是在上个世纪八十年代才开始被陆续翻译出来。布罗茨基则受益于冷战时期西方媒体对他的炒作，使其名声传遍了整个西方世界。这为布罗茨基后来获得诺贝尔文学奖奠定了基础。同时，布罗茨基还有另一大优势便是俄英双语写作，这个有利于他的作品容易被西方读者直接阅读。对沈从文而言，原汁原味、散文诗般的中国汉语是他的一大特点，哪怕是被翻译得再好，相比原著也会大打折扣。

1988年，沈从文再次被提名为诺贝尔文学奖的候选人。这一次，沈从文的优势相比上一次更大了。毕竟，每过一段时间，沈从文便会征服一大批读者，便会有更多的人投入到对沈从文的研究中去。沈从文绝对配得上诺贝尔文学奖，一切只是时间问题。然而，偏偏在这一刻，造化弄人，不幸的事情发生了：沈从文于这一年的5月10日与世长辞。

马悦然最初是从台湾作家龙应台那里得到的消息。听闻沈从文逝世，他的心里既难过，也着急。他立即打电话给中国驻瑞典大使馆，想确认沈从文的死讯，可是大使馆的工作人员回答说不知道沈从文这个人。于是他又找到《人民日报》驻瑞典的记者。记者跟北京联系上以后，告诉他：沈从文确实逝世了。

沈从文的逝世，再一次使中国与诺贝尔文学奖失之交臂。沈从文作品的另一位译者、原瑞典驻华使馆文化参赞倪尔思在悼念沈从文的文章中也说道："很多瑞典人认为，如果他在世，肯定是1988年诺贝尔文学奖金的最有力的候选人。"

第九章

巴金的箴言

题图：巴金像

巴金从异国他乡走上文坛，一生都在以其不朽作品践行"真情论"。"爱那需要爱的，憎那摧残爱的"，这是巴金一贯的文学主张。虽然巴金的真诚与热情在"文革"中受到沉重的打击，但在《随想录》中，他却怀着博爱而忏悔之心，对自己曾经被迫于淫威、违心批判过的朋友表示诚挚的歉疚，以"真情"还复历史，以大无畏英雄气概与殉道精神无情地控诉了"文革"中的种种令人发指的罪行。巴金用心地追寻着"真情"丰富的内涵，终生都在探索表现"真情"的各种文学手段。

巴金用真情书写生活。《家》《寒夜》《随想录》等不朽著作感染了一代又一代热血青年，报效祖国，建功立业。他谦逊地说："我不是作家，我无非是把自己的心里话说出来。"人贵诚，情贵真。艺术的生命是真实，只有"真情"才能打动人心。

巴金与女儿李小林（左）同冰心、夏衍等合影

"真情"铸就一代作品，"真情"也铸就一个幸福的家。巴金的夫人在少女时代是巴金作品热情的崇拜者，主动向年轻的巴金求教各种问题，因为《家》穿针引线，萧珊与巴金相隔十几岁，经过八年恋爱的"抗战"，最后在抗日的炮火声中组建一个美满的家庭。巴金的家充满了真情，成为文坛好友常聚的佳处。

巴金晚年创作《随想录》，依然在呼吁他年轻时代的文学主张，写作《把心交给读者》："我的确是把读者的期望当作对我的鞭策。如果不是想对我生活在其中的社会贡献一点力量，如果不是想对和我同时代的人表示一点友好的感情，如果不是想尽我作为一个中国人所尽的一份责任，我为什么要写作？但愿望是一回事，认识又是一回事；实践是一回事，效果又是一回事。绝不能由我一个人说了算。离开了读者，我能够做什么呢？我怎么知道我做对了或者做错了呢？我的作品是不是和读者的期望符合呢？是不是对我们社会的进步有贡献呢？只有读者才有发言权。我自己也必须尊重他们的意见。倘使我的作品对读者起了毒害作用，读者就会把它们扔进垃圾箱。我自己也只好停止写作。"

一、云水巴山雨

巴金，原名李尧棠，字芾甘，取自《诗经》中《召南·甘棠》首句"蔽芾甘棠"。从1928年写完《灭亡》时起，始用笔名巴金，终以笔名行。

清光绪三十年十月十九日（1904年11月25日），巴金出生于四川成都一个世代做官、数世同堂的官僚地主家庭。这个家庭就是成都城的北门正通顺街上的李家，祖籍浙江嘉兴。正通顺街是一条石板路，有几家店铺，多半却是官宦人家的高门豪宅。李家在这条街上，占地面积最广，名声也很响亮。李家大门上红底黑字的门联是"国恩家庆，人寿年丰"八个大字。门前平时肃静无声，巍巍的高墙把深院大宅内的声音都围隔起来了。它的西邻是清末驻藏钦差大臣凤荃的住宅，后来租给英国作为领事馆；东面是赵姓公馆，再过去则是一个大仙祠。西面转弯街角，则有一家茶馆，是三教九流人物逗留的一个热闹场所。

巴金的父亲李道河曾任四川广元县县令，为官清正，辛亥革命后辞官归隐。对于儿时的李公馆，巴金这样回忆："我出身于四川成都一个官僚地主的大家庭，在二三十个所谓'上等人'和二三十个所谓'下等人'中间度过了我的童年。在富裕的环境里我接触了听差、轿夫们的悲惨生活，在伪善、自私的长辈们的压力下，我听到年轻生命的痛苦呻吟。"

在文学史上，有很多作家的启蒙老师都是自己的母亲。巴金也是如此。巴金的母亲叫陈淑芬。她出生在山明水秀的浙江省的一个县城里，曾伴着她兄弟进私塾读了几年书，从十岁起就跟着做官的父亲来四川定居。她凭着聪明的天资和良好的素质，居然很早就与诗词结下不解之缘，熟读了不少唐诗宋词，让这些诗词艺术陶冶了自己的性情。她为人谦和，品性善良，同情下人，而又豁达大方，深得翁姑亲朋的好评。她虽是知县夫人，却没有官太太的恶习，聪慧、有见识、富有同情心，待人十分宽厚。耳濡目染下，巴金幼小的心灵早早被播下了爱和善的种子。在这个大家庭里，巴金喜欢和下人们在一起。他常说："我是在仆人、轿夫中长大的。""在鸦片烟灯旁边，我曾帮过轿夫们烧火煮饭。在这一群没有知识、缺乏教养的人中间，我得到了我的生活态度，我得到了那个近于原始的正义的信仰，我得到了直爽的性格。"他把那个告诉他"人要忠心、火要空心"的轿夫老周，称做是除母亲之外的"第二位先生"。"我说我不是做一个少爷，我要做一个站在他们一边、帮助他们的人。"其实这些都是经过母亲陈淑芬同意的。在巴金的心灵深处，对仆人、轿夫的同情渐渐转化为一种赎罪的心理。在《灭亡》中，巴金借李静淑之口说出自己的誓言："我们宣誓我们这一家的罪恶应该由我来救赎。从今后我们就应该牺牲一切幸福和享乐，来为我们这一家，为我们自己向人民赎罪，来帮助人民。"

1914年到1917年，对巴金而言是多灾多难的三年。先是母亲在一个夏夜去世，随后两个堂兄突患白喉病死去。随后巴金和三哥也患了白喉病。病还未除，巴金的父亲又病亡了。再加上当时川军和滇军在成都进行了一场巷战，巴金感受到了死亡，更感受到了命运之河的曲折流向。

1920年旧历年底，祖父去世，家里再也没有人可以支配他的行动了。巴金先是在成都外语专门学校攻读英语，参加进步刊物《半月》的工作，参与组织"均社"，进行反封建的宣传活动。以后巴金又跟随哥哥尧林离开四川老家，乘船顺江而下，到达上海不久又到南京东南大学附中读书。

走出四川与出国是巴金人生的两大转折。

在"五四"运动中，中国的仁人志士们为摧毁封建专制统治，从西方引进各种各样的理论、学说。无政府主义思潮的影响与后来他到法国留学时所接受的法国伟大思想家卢梭民主主义的思想交织起来，奠定了他的思想基础和人生理想。他再将这种思想拿到现实生活中去进行验证，经过他自己的思考、认识和筛选，从而形成了他的带有个人印记的独特理解。那就是以反抗专制为目标的人道主义和爱国主义。

1927年初，巴金到法国巴黎求学。他立即为卢梭的民主精神所倾倒。被称作"十八世纪全世界良心"的思想家卢梭所写的《忏悔录》，对他更是产生了难以估量的影响。在他的早期作品中所呈现的那种向读者赤裸裸地坦露自己思想感情的风格和晚年在《随想录》中所表现出来的那种几近严酷的自审精神,似乎都源自《忏悔录》。在他经常徘徊于卢梭铜像前的同时,隔洋的美国所发生的两起诬陷工人的惨案又吸引了他的注意力。那就是芝加哥八名工人罢工领袖和意大利工人领袖樊塞蒂被美国当局判处死刑案。前者不过是为了要求实行八小时工作制度而举行了罢工,后者则仅仅是在工人集会上宣传了自己的主张。他醒悟到,原来号称民主、平等、博爱的国家并不民主,并不平等,也并不博爱。巴金感到极度的悲哀和绝望。

巴金就是在这种思想状态下正式开始文学创作的。因此,他满怀激动地表现那些寻求改变不合理的社会制度的途径的理想主义者,表现他们的狂热、真诚、幼稚,表现他们在寻求真理过程中的颠踬甚至献出自己生命的曲折历程。他饱含痛苦地表现那些被专制制度压迫得喘不过气来的可怜人、畸零人,写他们被欺凌被宰割的惨状。

巴金后来回忆:"每夜回到旅馆里,我稍微休息了一下疲倦的身子,就点燃了煤气炉,煮茶来喝。于是巴黎圣母院的钟声响了,沉重地打在我的心上。在这样的环境里过去的回忆继续来折磨我了。我想到那过去的爱和恨、悲哀和欢乐、受苦和同情、希望和挣扎,我想到那过去的一切,心就像被刀割着痛,那不能熄灭的烈焰又猛烈地燃烧起来了。为了安慰这一颗寂寞的年轻的心,我便开始把我从生活里得到的一点东西写下来。每晚上一面听着圣母院的钟声,我一面在练习簿上写一点类似小说的东西,这样在三月里我写成了《灭亡》前四章。"

从他最早写于法国的小说《灭亡》《新生》以及一批短篇小说,直到后来回国之后所写的《家》,莫不如此。也就是从那时起,巴金开始了自己第一个创作高峰期,并吸引了鲁迅的注意,被鲁迅称为"一个有热情的有进步思想的作家,在屈指可数的好作家之列的作家"。

二、文章金石声

1928年底,巴金回国,把自己创作一部长篇小说的念头告诉大哥李尧枚,并得到他的支持。当时,李尧枚的精神和身体状况都很差,且有每况愈下的趋势。巴金想用《春梦》为书名来唤醒大哥。

1931年初,上海《时报》邀请巴金写连载作品。动笔时,巴金忽然觉得《春梦》这个名字不是很合适，因为他的笔下是"一股由爱与恨、欢乐与痛苦所交织成的生活之激流"。巴金决定将小说的名字改为《激流》（后改为《激流三部曲》）。《激流》于1931年4月18日起在《时报》上正式连载与读者见面。这部作品在《时报》上共登了二百四十六期，共计三十九章。1933年5月，开明书店为《激流》出了单行本，这就是巴金著名的长篇小说《家》。但是，就在小说正式连载的当天，小说中主人公的原型、巴金的大哥李尧枚不堪忍受身心的痛苦，在成都的家中服毒自杀了。巴金得到大哥自杀的电报时刚刚写完小说的第六章，这章的题目就叫《做大哥的人》。大哥的离开让巴金悲痛欲绝，更坚定了写作决心——"为自己，为同时代的年轻人控诉、申冤"。

"激流三部曲"由《家》（1933）、《春》（1938）、《秋》（1940）三部长篇小说组成，其中，以《家》影响最大，成就最高。据初步统计，《家》从1933年5月发行初版本开始，至1951年4月的十八年间，共印行了三十二版（次）。1953年至1985年11月，修改后的《家》又印了二十版次。这还不包括香港及国外发行的版本版次。

长篇小说《家》从新文化思潮与封建家族制度剧烈冲突的角度，描写青年反抗家庭，控诉封建大家庭的罪恶，多侧面地暴露宗法家庭统治者的顽固与专制，及"长子继承制"的内在矛盾；揭露封建家庭父辈人物伦理道德的虚伪和沦丧；歌颂受新文化思想激荡的子辈人物的叛逆行动；表现青年女性的悲惨命运，以及她们的觉醒与抗争。

巴金二十多岁便成功地创作了传世之作《家》，成就了不朽的著作，秘诀就在于他"真情"地描绘出了一个专制的"家"扼杀了一条条鲜活的生命，引起了青年们感情的强烈共鸣，震撼了热血儿女的心灵。评论家刘再复说，巴金作为一个精神整体，他是丰富与辉煌的。他的作品与真实的生命紧紧相连，他的一生都高举着生命的火炬热烈地追求着和抗争着。他的热情点燃了好几代人。正如许多亲历者回忆的，上一个世纪中期许多热血青年走向延安投身革命，并非全是受马克思主义宣传的结果，有很多人就因为读了巴金的书而走出封建家庭，"把火扔到父亲的家里。"读了巴金的《家》，难免要产生这种造反的念头。巴金的代表作《家》实际上就是一个时代的革命号角。《家》这部小说导引无数有志青年走向反抗腐朽的国民党政权,从四面八方奔赴革命战线,点燃革命的火种,经过浴血奋战,迎来新中国的诞生。由此可见,"真情"的力量是何等巨大。

《家》是巴金创作的《激流三部曲》中的第一部。故事发生在辛亥革命后,长江上游某大城市官僚地主家庭高公馆。一家之主的高老太爷,封建专制,顽固不化。长房长孙觉新,为人厚道,却很软弱,原与梅表姐相爱,后屈从于老太爷之命而与李瑞珏结婚。觉新的胞弟觉民、觉慧积极参加爱国运动,从而和冯公馆的冯乐山成了死对头。觉慧爱上聪明伶俐的婢女鸣凤,但冯乐山却指名要娶鸣凤为妾。鸣凤坚决不从,投湖自尽。至此,觉新有所觉醒,而觉慧则毅然脱离家庭,投身革命……巴金通过对这个大家庭的没落与分化的描写,表现了封建宗法制度的崩溃和革命潮流在青年一代中的激荡。这部作品奠定了巴金在中国文坛中的巨匠地位。

觉新是这部小说里塑造得最成功的一个人物。由于他处在长房长孙的位置,因此,为维护这个四世同堂大家庭的"和睦相处",他凡事都采取"不抵抗主义"。他与他的梅表妹有一段美好的恋情。但是在这个封建大家庭里,婚姻大事是由不得年轻人自己作主的。他的父亲为他做了亲,他没有反抗,只是默默地接受父亲为他安排的一切。虽然他的内心十分痛苦,但他不敢说一个"不"字,"违心"与瑞钰成了亲。祖父死后,恰临瑞珏生产。祖父的妾陈姨太以"血光之灾"为由,不许瑞钰在家生孩子,叫觉新送她到城外去。这事对觉新来说犹如晴天霹雳,但他还是接受了,结果封建迷信吞噬了瑞钰的生命。而在这之前,他的梅表妹也因为他,郁郁寡欢而死。然而对于这一切悲剧的发生,他无力反抗,甘愿继续痛苦地过着"旧式"的生活。

小说中的另一个典型角色觉慧,是觉新的弟弟,却有着与他哥哥完全不同的性格。小说成功地塑造出觉慧这个大胆幼稚的叛逆者的人物形象。他积极参加了学生联合会组织的的反帝反封建活动,猛烈抨击封建家庭。在婚姻问题上,他敢于冲破封建等级观念,毅然和丫头鸣凤相爱。对于长辈们装神弄鬼等迷信行为,他也敢于大胆反抗。最后,他义无返顾地走出了封建家庭。

《家》还重点描写了几个有着不幸遭遇的女子形象——梅、鸣凤和瑞珏。这三个女子虽然性格不同、社会地位不同,但她们的悲剧结局却是相同的。作品通过对这几位女子悲剧遭际的描写，进一步控诉了封建礼教以及封建道德对弱小、无辜、善良的人们的迫害，强化了全书主旨。

鸣凤之死的片段是全书最感人的情节，也是巴金写得最出彩的地方：

《家》连环画本书影

忽然她又站住了。她想她不能够就这样地死去，她至少应该再见他一面，把自己的心事告诉他，他也许还有挽救的办法。她觉得他的接吻还在她的唇上燃烧，他的面颜还在她的眼前荡漾。她太爱他了，她不能够失掉他。在生活中她所得到的就只有他的爱。难道这一点她也没有权利享受？为什么所有的人都还活着，她在这样轻的年纪就应该离开这个世界？这些问题一个一个在她的脑子里盘旋。同时在她的眼前又模糊地现出了一幅乐园的图画，许多跟她同年纪的有钱人家的少女在那里嬉戏、笑谈、享乐。她知道这不是幻象，在那个无穷大的世界中到处都有这样的幸福的女子，到处都有这样的乐园，然而现在她却不得不在这里断送她的年轻的生命。就在这个时候也没有一个人为她流一滴同情的眼泪，或者给她送来一两句安慰的话。她死了，对这个世界，对这个公馆并不是什么损失，人们很快地就忘记了她，好像她不曾存在过一般。'我的生存就是这样地孤寂吗？'她想着，她的心里充满着无处倾诉的哀怨。泪珠又一次迷糊了她的眼睛。她觉得自己没有力量支持了，便坐下去，坐在地上。耳边仿佛有人接连地叫'鸣凤'，她知道这是他的声音，便止了泪注意地听。周围是那样地静寂，一切人间的声音都死灭了。她静静地倾听着，她希望再听见同样的叫声，可是许久，许久，都没有一点儿动静。她完全明白了。他是不能够到她这里来的。永远有一堵墙隔开他们两个人。他是属于另一个环境的。他有他的前途，他有他的事业。她不能够拉住他，她不能够妨碍他，她不能够把他永远拉在她的身边。她应该放弃他。他的存在比她的更重要。她不能让他牺牲他的一切来救她。她应该去了，在他的生活里她应该永久地去了。她这样想着，就定下了最后的决心。她又感到一阵心痛。她紧紧地按住了胸膛。她依旧坐在那里，她用留恋的眼光看着黑暗中的一切。她还在想。她所想的只是他一个人。她想着，脸上时时浮出凄凉的微笑，但是眼睛里还有泪珠。

最后她懒洋洋地站起来，用极其温柔而凄楚的声音叫了两声：'三少爷，觉慧，'便纵身往湖里一跳。

平静的水面被扰乱了，湖里起了大的响声，荡漾在静夜的空气中许久不散。接着水面上又发出了两三声哀叫，这叫声虽然很低，但是它的凄惨的余音已经渗透了整个黑夜。不久，水面在经过剧烈的骚动之后又恢复了平静。只是空气里还弥漫着哀叫的余音，好像整个的花园都在低声哭了。

鸣凤用她的死，保持了自身的清白，换来了觉慧的觉醒，更为人们拉开了封建大幕的一角，让人们看到了封建社会血淋淋的残酷内幕。

巴金出身自封建大家族，但是他却远离了原本属于自己的阶层利益，反而将自己博大的胸怀和爱心投向了普通民众的海洋。巴金一直都在以含泪带血的心声为他们唤醒一个纯净美丽的平等世界，这种呼唤，表现出了巴金作为一名作家的良心和良知。

1934年，巴金在北京任《文学季刊》编委。同年秋天东渡日本。次年回国，在上海任文化生活出版社总编辑，出版"文学丛刊"、"文化生活丛刊"、"文学小丛刊"。1936年与靳以创办《文学月刊》，同年与鲁迅等人先后联名发表《中国文艺工作者宣言》和《文艺界同人为团结御侮与言论自由宣言》。1938年，巴金的小说《春》问世了。当时这本书在出版时，书页上刊登了一则小广告，写明"激流"共有四部，分别叫做《家》《春》《秋》和《群》。1940年春夏之交，巴金完成了第三部《秋》，其时正逢战乱。因为《家》《春》《秋》已经基本勾画出了巴金那"过去十多年生活的一幅图画"，他未能完成《群》的写作计划。从此，《家》《春》《秋》便被称为"激流三部曲"了。

　　1941年初，巴金回成都过春节，再一次听到了久违的乡音。他大约住了五十多天，知道了不少老家的故事，也引起了他不小的感触。看到依旧高悬在老家照壁上的"长宜子孙"四个大字，他想想了新近去世的五叔的故事：这个纨绔子弟终于在卖尽了祖传的田产和房产后，被家人赶了出去，沦落为烟鬼、小偷、乞丐，最后屈死在监狱里。巴金觉得有很多话要说，这时他的脑中出现了关于《冬》的最初构想。这部小说多少能反映巴金十八年后返回老家时的心境。这部小说到三年后才完成，正式出版时定名为《憩园》。

　　抗战胜利后，巴金主要从事翻译、编辑和出版工作。1949年全国解放后，巴金出席第一次全国文代会，当选文联常委。1950年担任上海市文联副主席。他曾两次赴朝鲜前线访问，写出四个短篇小说和一部中篇小说。著名电影《英雄儿女》就是根据他的小说《团圆》改编的。可人们普遍认为，这些作品未能超越巴金三十年代的艺术水平。

　　1960年，巴金当选中国文联副主席和中国作协副主席。

　　"文化大革命"中巴金遭到迫害，以致失去爱妻。1973年起他悄悄翻译俄国民主革命家赫尔岑的回忆录《往事与随想》。

　　1978年起，香港《大公报》连载他的散文《随想录》。

　　巴金自上个世纪八十年代初被确诊患上帕金森氏症后，仍然在病魔的折磨下坚持创作。他写作时连笔都拿不稳，有时刚写几个字，手指就动不了了，要横横不出来，要撇撇不出去，老人只能用左手去推右手。二十六卷本的《巴金全集》、十卷本《巴金译作集》、《怀念曹禺》、《告别读者》等著作和文章，都是他在九十岁以后校对完和写成的。

1984年，巴金出席在东京召开的第四十七届国际笔会。会上，这位八十一岁的老作家深情地说："在我还是一个孩子的时候，我就从文学作品中汲取大量的养料……前辈作家把热爱生活的火种传给我，我也把火传给别人……"正是在这种高尚的精神支配下，巴金将一部又一部作品"燃烧"给读者，影响一代又一代读者。钱正英同志在巴金九十岁生日时，代表全国政协前来祝寿。在巴金寓所，她诚恳地说："巴老，我是在您文学作品影响下，走向革命的。"

巴老于2005年11月17日离开了人世，享年一百零一岁。他创作几十年，为中国文化事业做出了杰出的贡献。他的写作共计五百多万字，连译作达七八百万字。他是二十世纪中国杰出的文学大师、中国当代文坛的巨匠。

三、《随想录》：深刻的反省精神

1978年，七十五岁的巴金，从重新握起笔的那天起，就出人意料地一反纯文学创作模式，用实实在在的大白话，宣称今后所有的写作都只为一个目的——讲真话！他说："我就是最后要用行动来证明，我所写的、所说的这一生，到底我是真是假。""那些时候，那些年我就是在谎言中过日子，听假话，说假话，——今天我回头看自己在那段日子的所作所为和别人的所作所为，实在不能理解。这是一笔心灵上的欠债，我必须早日还清。我明明记得我曾经由人变兽，我不会忘记自己是一个人，也下定决心不再变成兽，无论谁拿着鞭在我背上鞭打。"从1978年到1986年，巴金写出《随想录》《探索集》《真话集》《病中集》和《无题集》，统称《随想录》五集，历时八年，四十二万字。写作《随想录》花去了巴老七个春秋，动笔的时七十五岁，搁笔之际已八十二岁。《随想录》的每一篇，每一章，几乎都流淌着巴金的灵与肉和心血。他无情地拷问、责问自己，揭开自己身上最痛苦的伤疤。这本书里，巴金老人详细记下了"文革"期间，自己十年牛棚生活的经历，其中最大篇幅是他对那段岁月所经世事的忏悔和反思，对自身心灵和人格的剖析与大胆揭示，可谓巴金老人晚年最重要的精神遗产。

随着《随想录》的陆续问世,"讲真话"也成了当时知识界一个重要精神命题。有人说,对于年届八旬的巴金来说,这不单是一次艰难的写作,更是一次对自己心灵的无情拷问,是一次痛定思痛的自我忏悔。

一个善良的人,身处逆境时,对灵魂与人生进行一些思索和拷问,是可能的;有过恶行者,当遭受命运的惩罚时,对自己所作所为进行一些反省与诘问,也是可能的;而巴金先生,年届八旬,地位显赫,又是一个浩劫中的被迫害者,且身处一种全民族的控诉氛围中——在这氛围里,几乎人人都说自己是一个冤屈者、受难者——他却出来拷问灵魂,反省自己,这不仅表现为思想和情感境界的超越,也体现了他对那场浩劫认知的深度。巴金老是期待自己"生命开花",而《随想录》等,正是他在晚年盛开的生命之花。人到晚年,人到显赫,还有思想之花盛开,这是一个人的幸运,也是一个民族的幸运。

巴金的《随想录》再造了一个辉煌。它的文学价值,特别是社会影响,不逊于他早年的《家》《春》《秋》,甚至超越了这些作品。《随想录》中抒发的感受、理解和建议,得到了经过那段历史的人的共鸣。巴金动笔写《随想录》时已经七十多岁,完成时就八十多岁了。从这部巨著中,也看出巴金对人民、对历史的负责,也为他的创作生涯的连贯画上完美的句号。应当说,无论中外,晚年有重大作品的作家不多,而巴金的《随想录》,就是重大作品。有人认为,《随想录》是一部思想史,而不能简单地作为文学来看,因为这是对思想建设的贡献,是关心祖国命运前途的思考、建议、期望。巴金是用作家的语言,表述了这些思想。

《随想录》是巴金对于"新时期"文化的重要贡献。他在这一阶段的作品表现了一个老人的强烈的

《随想录》线装本书影

人道主义精神和对于社会改革开放的渴望。巴金的作品始终贯穿的是"人"的精神解放的主题。在这个阶段他的作品则对于"文革"和历次政治运动造成的伤害做了深入的反思,重新提出了人的解放的观念。这种不间断地探索和表现"人"对于美好世界的追求的努力,正是巴金的写作最让人感动的一面,也正是"现代性"文化的启蒙精神的最好的表征。对自我生命历程的反思也体现了一个老人真率坦诚和天真的性格。

《随想录》的发表,在二十世纪八十年代后期的中国文坛引发了一场历史回顾与反思的热潮,一时间,"讲真话"成了全社会呼唤的人格品质。

和"讲真话"的感慨同时做的,是巴金先生痛切的灵魂反省。他首先回顾了自己在政治高压下灵魂深处的隐秘和对尊严与人格的放弃。其实,对一个知识分子来说,承受肉体的羞辱都不及精神的阉割更为残酷。比如他在《怀念胡风》中,就对自己做了最为痛切的解剖。他的情感之所以能达到这个深度,应该归结于他一生对人格正直的追求。

巴金可能没有鲁迅的忧愤深广,也没有茅盾的鞭辟入里,但他的强烈的激情,却让他成为"五四"的青春精神的象征。而他对于"人"的持续的探索也使得一代代青年不断为之震撼。

巴金在文章中无情地解剖自己,他说:"爱真理,忠实地生活,这是至上的生活态度。没有一点虚伪,没有一点宽恕,对自己忠实,对别人也忠实,你就可以做你自己的行为的裁判官。"

巴金最大的特点,是当作家之前,首先做人。他善良,真诚,对朋友宽容,对自己很严格,勤奋写作。他对妻子、儿女充满亲情。对前辈,如郭沫若、茅盾、叶圣陶、冰心非常尊重。对同辈关心理解,如对沈从文、傅雷都是这样。对晚辈,他热情、鼓励,对于中青年一代寄予很大希望。他的思想和人格魅力深深地感召着我们,激励着我们。

"讲真话"——平平实实的一句话,竟引起如此波澜,竟荣获这么高的思想荣誉,这也许是我们今天这些生活中人所难以置信的。巴金,这位与鲁迅、郭沫若、茅盾、老舍、曹禺齐名的文学大师,究竟说了些什么?想了些什么?又曾经做过些什么?乃至要从七十五岁开始,发誓要不顾一切地讲真话出来呢?巴金老人的理由是:因为,我讲过很多的假话。我要还债!良心的债!

1986年，巴金给《随想录》写下最后一篇文章：《怀念胡风》。

就是在当时批判胡风的情况下，中国文坛的人是个个要表态，个个要过关，巴金作为文坛一个有影响力的人物，更需要表态，因为他的表态才能够说明问题，所以上级就要巴金表态。

据巴金老人回忆，他和胡风虽没有过深的交情，但聚一起也喝杯咖啡聊聊天，谈些文艺界的事，算得上朋友了。但面对这个朋友，在当年的那场运动中，巴金说自己还是写文章批判胡风了。后来他在忏悔时，还专程去查出了自己当年的那篇文章，当时发表在上海的《文艺月报》上，叫《关于胡风的两件事情》，文中写到自己对胡风的作为——"鲁迅先生明明说他不相信胡风是特务，我却解释说先生受了骗。"

"为了写这篇"怀念"，我翻看过当时的《文艺月报》，又找到编辑部承认错误的那句话。我好像挨了当头一棒！印在白纸上的黑字是永远揩不掉的。子孙后代是我们真正的裁判官。究竟对什么错误我们应该负责，他们知道，他们不会原谅我们。五十年代我常说做一个中国作家是我的骄傲。可是想到那些'斗争'，那些'运动'，我对自己的表演（即使是不得已而为之吧），也感到恶心，感到羞耻。今天翻看三十年前写的那些话，我还是不能原谅自己，也不想要求后人原谅我。我想，胡风作为一个文艺工作者要是没有受到冤屈、受到迫害，要是没有长期坐牢，无罪判刑，他不仅会活到今天，而且一定有不小的成就。但是现在什么也没有了。我还有什么话可说呢？"

巴金谈真话问题的最后一篇"随想"，是讲他与一个来访客人的两种不同看法。客人主张把不愉快的过去忘掉，多谈谈未来，甚至不妨仍讲些豪言壮语，至少可以鼓舞士气。巴金不认为这样。他说："看见人们受苦，就会感到助人为乐。生活的安排不合理，就要改变它。看够了人间的苦难，我更加热爱生活，热爱光明。从伤痕滴下来的血一直是给我点燃希望的火种。通过我长期的生活经验和创作实践，我认为即使不写满园春色的美景，也能鼓舞人心；反过来说，纵然成天大做一切都好的美梦，也产生不了良好的效果。"因此，他下的结论是："据我看，最好的是讲真话。有病治病，无病就不要吃药。"

至于客人所谓"多讲些豪言壮语有什么不好？至少可以鼓舞士气嘛"，

巴金现身说法，那么多人讲那么多豪言壮语，绘了那么多的美丽图画，却迎来了十年的浩劫，一夜之间那么多人由人变成兽，抓住自己的同胞"食肉寝皮"。"不弄清楚它的来龙去脉，不把它的来路堵死……谁也保证不了已经发生过的事不再发生。"因此，他说："不忘记浩劫，不是为了折磨人，而是为了保护自己，为了保护我们的下一代。……保护自己并非所谓明哲保身，见风转舵。保护自己应当是严格要求自己，面对现实，认真思考。不要把真话藏起来，随风向变来变去。"

巴金与客人争论的焦点在于：究竟要不要，是否彻底否定"文化大革命"。巴金的一系列有关探索问题的文章，有关讲真话问题的"随想"，归根结蒂也是在于向现实发问："你究竟彻底不彻底否定'文化大革命'？"这几乎对每个人，对每一桩事的决定，都是个考验。

巴金在一百五十篇"随想"中，极大部分篇章都直接或间接向人们提出这样一个问题，或提出了与这个问题有密切关系的疑虑。在谈"骗子"的时候，他问："有了封建特权，怎么能要求不产生骗子？"在谈"人言可畏"的时候，他说："文明社会应当爱惜它的人才，应该爱护它的作家。……建设社会主义的精神文明，必须跟一切封建性的东西划清界限。"在谈"紧箍咒"的时候，他说："我总觉得什么地方有一双猛兽的眼睛在草丛中偷偷地望着我们；什么地方有一个响亮的声音在说：'人啊，你们要警惕！'"甚至在第四本"随想录"《病中集》，连续五篇写自己的"病中"生活时，他也记载了在医院中听到几个老朋友去世讯息时的心情，说"黄金般的心是不会从人间消失的"。他呼唤友爱，呼唤人与人之间的同情，呼唤在黑夜中不灭的灯光！他毫不留情地要大家注意有人用封建主义冒充社会主义。

他以他正直的灵魂和真挚的感情，抒写了一万字的长文《怀念胡风》之后，结束了第五本"随想录"即《无题集》的写作，也就结束了全部《随想录》的写作。这一百五十篇作品，很快受到二十世纪八十年代中期知识界、文化界的普遍重视和尊敬。

《随想录》在海外影响也很大。目前在国际上已经有英、法、日、德、俄五种语言的译本。其中以日译本发行最早。译者是日本的新闻界前辈石上韶。他早年曾毕业于东京大学文学系，长期担任共同通讯社记者，曾于二十世纪五十年代中期访问过中国。1980年春季，巴金作为中国作家代表团团长访日时，石上韶曾到朝日讲堂去听过巴金《文学生活五十年》的演讲。随后他就连续翻译了《随想录》的五本分册，使早已熟读了巴金《激流》三部曲和《寒夜》的日本作家和广大读者，又很快阅读到巴金在晚年的这部杰作。后来井上靖、水上勉、宫川寅雄、西园寺公一等日本友人在访问中国时，在谈话中都曾把《随想录》作为他们近年来所读书中最受感动的作品之一。日本著名的戏剧家木下顺二，有一次在与巴金谈话时，还带来他在书页上加了许多批注的《随想录》《探索集》《真话集》日译本，对巴金说："我知道你对自己的尖锐批评和自我解剖，是很痛苦的。但这也由此可见，你对未来、对现在有强烈的历史责任感。你在《春蚕》一文中说'我是春蚕，吃了桑叶就要吐丝，哪怕放在锅里煮，死了丝还不断，为了给人间添一点温暖。'这对我是一种批评，也是一种鼓励，因为我本想退休隐居了。"

　　日本的作家和文化界人士坂井洋史、代田智明、山口守、藤井省三等四人，还在1984年6月，日本平凡出版社出版的由《新青年》读书会编辑的《猫头鹰》期刊"巴金文学专辑"上，发表他们关于中国现代文学和巴金《随想录》的座谈会记录。在谈到《随想录》的自我批评时，山口说："巴金确实不断深刻地剖析自己，在《随想录》中就有他的自我反省……巴金似乎正处在三十年代鲁迅的位置。"藤井说："确实如此，别的作家在经历了'文革'复出之后，都说自己是被害者，而巴金却说自己也曾是害人者，这样的文学家非常少。"山口说："可以说是独一无二的。从这种意义上讲，我认为他是位非常优秀的作家，很好的文学家。"代田说："是的，他已是八十高龄的老人了，还要重新修正建立自己的文学，这真不简单，确有类似鲁迅的性格……"

　　在联邦德国，科隆的迪纳尔希出版社出版了德译本《随想录》。有一位名叫赫尔姆特·马丁的作家，他"为独持己见的作家巴金诞辰八十周年而作"的《中国知识分子的良知：说不折不扣的实话》，发表在1984年11月24日出版的联邦德国《时代》杂志上。他说："巴金的《随想录》清楚地阐述了'文化大革命'及其后果，指出它在知识分子心理上造成的损害。……由于诚恳的自我剖析和毫不妥协的态度，人民中国的青年一代热爱他，年轻的作家崇敬他，而在他们身上，正肩负着思考过去的悲剧、评判有改革愿望的今天的责任。"

在法国，在香港，都出现过"巴金热"。特别是在1984年10月，巴金为接受香港中文大学颁授的荣誉博士学位莅临香港的时候，不论在机场，还是在颁授学位典礼现场，他都受到记者和读者群众的欢迎和包围。在这期间，香港许多书店的巴金著作，从《家》《春》《秋》到《寒夜》《憩园》，特别是新出的《随想录》《探索集》《真话集》和《病中集》，都成了读者争购的对象。香港各报刊都以显著地位大量报道巴金在香港半个多月的活动。

巴金在接受记者访问时，强调作家必须独立思考，要按照自己对于生活的认识和理解来进行创作。作家要充分运用文学作品潜移默化的作用，把心交给读者。他说自己在创作上，要写到生命的最后一息。有记者问他如果一个人有第二次生命，让他回到年轻时代，他是不是仍愿意从事创作。巴金毫不犹豫地回答，他愿意继续写作。巴金在与记者谈话时，谈到新时期中国的文坛，他说年轻一代人才辈出，"希望在中青年作家身上"，如果按目前的情况发展，中国文坛产生震惊世界的作品，看来很有指望。

四、巴金与诺贝尔文学奖

直到巴金去世，几乎每年诺贝尔文学奖颁奖前后，都会有人将巴金与诺贝尔文学奖联系在一起。

1966年，"文化大革命"的狂潮席卷上海。在那无法无天、荒谬绝伦的年代，谁也不知道什么时候，自己也会成为红卫兵"专政"的对象。一天，上海文艺界的当权者突然宣布，巴金也被列入文艺队伍的黑名单中，并说他与海外有勾结。本来就长期与外界信息不通的他，对此摸不着头脑，更不知道自己什么时候又和"国外"扯上边了。对此，巴金一直保持沉默。

为什么巴金会遭到"四人帮"的迫害，精神和肉体一直受到折磨？这个谜团直到"文化大革命"结束的1977年才解开。巴金先生从凌叔华女士的一封来信中得知，原来是由于在这一时期国外有人要推荐他作为诺贝尔文学奖的候选人。诺贝尔文学奖在那些造反派眼里、在"四人帮"的心目中全是资产阶级腐朽的东西，均属排斥之列，巴金当然会受到迫害。

凌叔华女士抗日战争的前一年，在作家萧乾的陪同下，拜访过巴金先生，从此与巴金先生相识。抗战结束后，凌叔华女士旅居国外，经常来往于欧美讲学。正当国内"文化大革命"处于高潮之时，在巴黎的一些文艺团体想推荐巴金和茅盾去竞争诺贝尔文学奖，英国广播电台请凌叔华女士在电台中介绍中国文坛的情况，并着重介绍了巴金，这个节目持续播放了较长的时间。为此，那些造反派借此在巴金先生身上大作文章。"文化大革命"使巴金失去了诺贝尔文学奖，又因为诺贝尔文学奖，使巴金在"文化大革命"中饱受磨难。

1975年香港《明报》月刊11月号上刊登一篇署名文章说，在这一年"巴金和茅盾同被提名为诺贝尔文学奖候选人。提名者和英法作家们认为，在1949年共产党取得胜利之前，巴金和茅盾是把中国的社会和政治生活表现得最为出色的两个作家"。

1980年法国作家内洛普·布尔齐亚在他的《复仇集》法文译本"后记"中这样写道："1978年，巴金当选为第五届全国人民代表大会代表，并任人大常委会委员。也是在此期间，一些西方文学家将他提名为诺贝尔文学奖候选人。"对于这次提名，张立慧著的《巴金研究在国外》一书也同样提及。

据说巴金不止一次被提名为诺贝尔文学奖的候选人。但他为什么没有获取诺贝尔文学奖？原因应该是多方面的，而"文化大革命"的出现，是他无缘诺贝尔文学奖的最重要的原因。张立慧在她的《巴金研究在国外》一书中说："就是这样一个人，那些操纵着所谓'文化大革命'的流氓恶棍，都把他当作是牛鬼蛇神。作为本世纪最伟大的四五位作家之一，瑞典学院（即瑞典文学院）本来可能授予他诺贝尔文学奖，就此，或许会使他在新制度下为自己的祖国继续争得荣光，可惜他被打入了冷宫，原因就是他以前不是，将来他永远不是唯唯诺诺的应声虫。"

刘再复在《百年诺贝尔文学奖和中国作家的缺席》一文中说："尽管中国现代文学发展很难，但是它在瑞典和西方还是找到不少知音。这些知音们的热情是很让人感动的。1988年我随中国作家代表团第一次到巴黎，1989年和这之后我又到巴黎五次。在与汉学家们的接触中，我知道他们不少人喜欢巴金，而且竭力推荐巴金，这固然与巴金曾到法国留学过有关，但更重要的是巴金确有成就,在幸存的产生于上半叶的一代作家中,巴金是一个当之无愧的代表。如果诺贝尔文学奖能授予他,倒是较为自然,至少中国作家群会比较服气。"

的确,法国没有忘记巴金。1983年5月7日下午在上海展览馆宴会厅,法国总统弗朗索瓦·密特朗在这里举行隆重的仪式,授予巴金法兰西共和国荣誉军团勋章。密特朗总统首先致词说:"我很荣幸地以法国政府的名义向您颁发荣誉军团勋章。"总统说巴金的作品是世界著名的,他不只是中国的一个很伟大的作家,而且还是一个伟大的思想家。巴金通过自己的作品,表达了对所有被压迫者的深切的同情,巴金为人类的精神作出了很大的贡献。巴金致答词说:"作为一个中国作家,我的作品被译成法文,受到读者的喜爱,这就是对我的很大荣誉了。我的第一部作品是在法国写成的,从此我走上了文学的道路。五十几年过去了,今天,总统阁下光临上海,在我病中给我授勋,我认为,并不是我个人有什么成就,这是您对我们社会主义中国的尊重,对历史悠久的中国文化的尊重,这是法国人民对中国人民友好的象征。"在热烈的掌声中,密特朗总统将一枚闪闪发光的系着红缎带的法国荣誉军团勋章佩在巴金的胸前。这枚勋章的正面中央,交叉着两面法兰西三色国旗。接着巴金女儿李小林代表巴金将新近出版的《巴金选集》精装本十册和一套《家》《春》《秋》的签名本赠送给密特朗总统,总统愉快地接受了这份珍贵的礼品。

简短而庄重的授勋仪式结束后,密特朗总统说:"巴金先生,您知道关于法国大革命有很多的讨论与戏剧。您曾经写过丹东和罗伯斯庇尔,您对这些有非常深刻的了解。我很高兴能够认识您。作为法国的代表,我有机会作为授勋者为您授勋,我为这感到高兴。这也是法国的荣誉,因为您是当代世界伟大的作家之一,法国为此也感到骄傲,因为您的灵感在法国受到了很多的启发。"

然而,诺贝尔文学奖硬是拒绝了巴金这个"荣誉"!巴金至死在也未获得诺贝尔文学奖,这不能不说是一个历史的遗憾。

第十章

艾青的荣誉

题图：艾青像

在素有"诗的国度"之称的中国，古往今来诗人辈出，屈原、李白、杜甫、白居易、苏轼、陆游等人皆青史有名，郭沫若、徐志摩、戴望舒、闻一多等人更享誉诗坛。及至当代，诗人艾青继往开来，成为现代诗歌创作的杰出

艾青夫妇

代表，是继郭沫若之后中国新诗的又一面旗帜。同时，艾青的诗作传播海外，又是具有广泛影响的世界诗坛巨匠之一，被称为"现代中国诗坛泰斗"，在国内外享有崇高的荣誉。

就是这样一位诗坛大家，艾青也与诺贝尔文学奖有缘——他曾被国内外数十位作家、学者联合提名，吁请诺贝尔文学奖评委会考虑授予艾青诺贝尔文学奖。

能被众多海内外人士提名诺贝尔文学奖，这不仅是艾青的骄傲和荣誉，更是对他半个多世纪诗歌创作成就的肯定与褒扬。

一、从"大堰河"走出的反抗者

艾青原名蒋海澄，是浙江金华人，1910年3月27日出生在畈田蒋村一个中等地主家庭。他祖父是太学生，父亲蒋忠樽毕业于浙江省立第七学堂第三届，是个中庸、保守、自满却又受新潮影响较为开明的农村地主的典型人物。艾青出生时，家中有房十余间，地几百亩，佃户几十家，还在镇上与他人合股开办商号，在当时可算殷实人家。

艾青出生时难产，四十八小时才脱胎出世。讲迷信的父亲请来算命先生，测定艾青"克父母"。于是，他一生下就被送出去，交给本村的一位贫苦妇女去哺养。这位乳母原住在大叶荷村，因为没有名字，就被人称作"大

叶荷"。而金华当地土音,"大叶荷"即"大堰河",所以她又叫"大堰河"。乳母是自幼被卖到坂田蒋村做童养媳的,生了两个孩子后丈夫去世,她又改嫁他人。乳母待人厚道,干活勤快,对艾青更是恩爱有加。就这样,艾青在大叶荷的怀里膝下,度过了五个春秋时光。艾青后来在他的成名诗作《大堰河——我的褓姆》中怀念、赞美的就是乳母:

> 大堰河,是我的褓姆。
> 她的名字就是生她的村庄的名字,
> 她是童养媳,
> 大堰河,是我的褓姆。
> 我是地主的儿子,
> 也是吃了大堰河的奶而长大了的
> 大堰河的儿子。
> 大堰河以养育我而养育她的家,
> 而我,是吃了你的奶而被养育了的,
> 大堰河啊,我的褓姆。

他回忆这段童年生活时说:"在'大堰河'家里的五年,使我感染了农民的那种忧郁和伤感,使我对中国农民有了一种朦胧的初步印象。"

五岁时艾青回到自己家中入私塾读书,一年多后转入新式小学念书,接受正规教育。

艾青从小喜欢雕塑和手工艺,在第一次未能考取,经一年复读补习再次考上省立七中后,他的功课仍以绘画为最好。他在平时和寒暑假都常去学校外面写生,画作已在校内外小有名气。

1928年7月,艾青从金华七中初中毕业,考取国立西湖艺术院(即浙江美术学院)绘画系,成为第一届第二期学生。当时这里是全国最高艺术学府,有建筑、音乐、绘画、装饰几个系,二十八岁的画家林风眠担任院长,主张东西方艺术沟通,取长补短,故除聘请法国画家为教授外,还请了潘天寿、孙福熙、王月芝等人执教。

艾青初入校时,在各系统考中名列全院第六,他的画作在学生中成就最高。但学了一个学期后，林风眠以自己赴法学习绘画艺术的经历感受劝艾青也去法国求学。于是1929年初春，十九岁的艾青踏上了漂泊流浪的人生道路——赴法国留学。

初到巴黎，艾青沉醉在艺术世界和革命圣地的氛围中。很快他花光了父亲供给的旅费，不得不半天在一家工艺作坊中干活，半天在一家画室学习画画。

旅法三年，由于学习了法语，艾青开始接触外国文学作品，尤其大量阅读欧洲爱国诗人的作品，比利时大诗人凡尔哈伦的诗歌对他的影响最大。

1931年"九·一八"事变后，在法国的中国人也受到歧视，这使艾青十分痛心，基于反抗意识，艾青参加了"反帝大同盟"东方支部的集会。会后，他写下了一首诗《会合》，用诗的语言记录了开会的场景：

> 他们——来自那东方，
> 日本，安南，中国，
> 他们——虔爱着自由，恨战争，
> 为了这苦恼着，
> 为了这绞着心，
> 流着汗
> 闪出泪光……
> 紧握着拳头，
> 摇着桌面，
> 嘶叫，
> 狂喊！
> 窗紧闭着，
> 窗外是夜的黑暗包围着，
> 雨滴在窗的玻璃上痛苦的流着……
> 房子里，充满着温热，
> 这温热在每个脸上流着，
> 这温热灌进每个人的心里，
> 每个人呼吸着一样的空气，

> 每个人的心都为同一的火焰燃烧着,
>
> 燃烧着,
>
> 燃烧着……

这首1932年1月16日作于巴黎的诗,同年7月20日以"莪伽"的笔名,刊登在上海中国左联机关刊物《北斗》杂志第二卷第三、四期合刊上。这是艾青人生第一首正式发表的诗作。

由于民族歧视和经济绝源的压迫,艾青终于选择了回国,1932年1月28日从马赛启程离法,于4月上旬到达香港,四天后又驶往上海。

回国的艾青,在家里短暂停留后来到了上海,参加了左翼文艺运动。他在田汉、鲁迅的支持下,开办艺术社和画展,向大众普及现代美术和左翼文艺。就在那时,他有幸见到了前来参观画展的鲁迅先生——先生捐款五元,艾青写了一张收条给先生,并陪同鲁迅、许广平参观画展,还在自己的画作前对话。

1932年7月的一天,艾青在艺术社授课教世界语时,被法租界巡捕房逮捕,后又移送上海市政府,以"危害民国罪"被江苏省高等法院第三分院判处有期徒刑六年。

二、由画家转行的诗人

在法租界监狱中服刑的艾青,利用斗争争取到的一点读书的权利,陆续翻译出凡尔哈仑的诗作,取名为《原野与城市》,送出狱外印刷出版。这是中国迄今为止唯一的比利时诗人凡尔哈仑诗作的译本。

艾青的笔,由于监狱的特殊环境,也就从画画转到诗歌创作上来,从此同缪斯结下了不解之缘。

在回忆这段生活时,艾青曾说:"决定我从绘画转变到诗的关键,是监狱生活。我借诗思考、回忆、控诉、抗议……诗成了我的寄托,也成了我的信念、我的世界观的直率的回声。"

他还在一篇文章中这样写道:"我过的是囚徒的生活。我和绘画几乎完全断了关系。我自然而然地接近了诗。只要有纸和笔就随时可以留下自

己的思想感情。我思考得更多、回忆得更多、议论得更多。诗比起绘画，是它的容量更大。绘画只能描画一个固定了的东西；诗却可以写一些流动的、变化着的事物。"

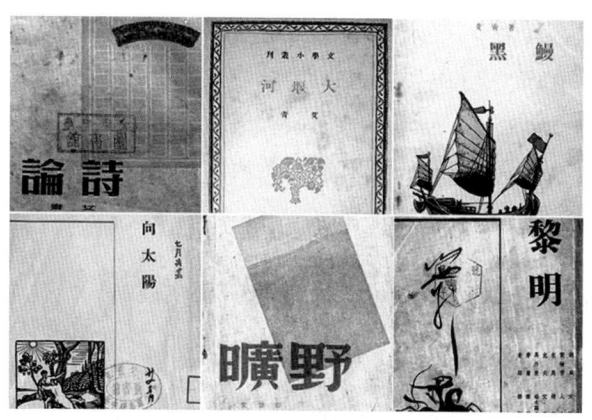

艾青作品书影

1933年1月14日，外面下着雪，艾青在狱中靠雪光映照，头抵着墙，写出了他的成名作《大堰河——我的褓姆》，并第一次署名"艾青"。

在狱中，艾青创作了《芦笛》《马赛》《巴黎》《九百个》（长诗）等优秀诗作。后来，这些狱中诗以《大堰河》为名，出版了艾青的第一部诗集。

1935年11月，迫于社会舆论压力，遭受病痛折磨的艾青被保释出狱。艾青先回家并与远房表妹张竹如结婚，后进入常州女子师范担任国文教师。由于他的进步思想为校方所不容，他只教了一个学期即遭解聘。失业后的艾青回到上海，开始以卖文为生。他和江丰两人同住亭子间，一个写诗，一个作画。从1936年下半年至1937年上半年，艾青以自己的笔加入斗争行列，写下不少为民族命运歌唱的诗篇。这时的他，与胡风联系密切，诗作多发表在胡风编辑的刊物上。

1937年"七·七"事变爆发，中国进入全面抗战。艾青先从上海回到家乡，劝父亲离家逃亡未果，又转到杭州一私立教会中学教授国文。这时的杭州也处于风雨飘摇之中，艾青则经金华西行武汉，与胡风、萧军、萧红、田间等人会合。在那里，胡风正在编辑《七月》杂志，宣传抗日救亡。12月28日夜，艾青写下了《雪落在中国的土地上》这首著名的诗篇：

雪落在中国的土地上，
寒冷在封锁着中国呀……
透过雪夜的草原

那些被烽火所啮啃着的地域，
无数的，土地的垦殖者
失去了他们所饲养的家畜
失去了他们肥沃的田地
拥挤在
生活的绝望的污巷里：
饥馑的大地
朝着阴暗的天
伸出乞援的
颤抖着的两臂。
中国的苦痛与灾难
像这雪夜一样广阔而又漫长呀！
雪落的中国的土地上，
寒冷在封锁着中国呀……
中国，
我的在没有灯光的晚上
所写的无力的诗句
能给你些许的温暖么？

1938年初，艾青与萧军、萧红等人转移至山西民族革命大学任教，晋南失守后经西安折回武汉。两个多月的北方之行，艾青写下了诸多诗篇，其中的《北方》一诗是代表作：

北方是悲哀的
而万里的黄河
汹涌着混浊的波涛
给广大的北方
倾泻着灾难和不幸；
而年代的风霜
刻划着

广大的北方的
贫穷与饥饿啊。
……
我们踏着的
古老的松软的黄土层里
埋有我们祖先的骸骨啊,
——这土地是他们所开垦
几千年了
他们曾在这里
和带给他们以打击的自然相搏斗,
他们为保卫土地
从不曾屈辱过一次……

后来,这首诗和《雪落在中国的土地上》等诗作一起,合集为《北方》在桂林出版,这是艾青的第二本诗集。

1938年3月27日,艾青参加了由茅盾、田汉、老舍、胡风等人发起的"中华全国文艺界抗敌协会",并担任会刊《文艺阵地》编委,负责编审诗作。这时的他,写下了著名长诗《向太阳》:

看我们
我们
笑得像太阳!
太阳在我的头上
用不能再比这更强烈的光芒
燃灼着我的肉体
由于它的热力的鼓舞
我用嘶哑的声音
歌唱了:
"于是,我的心胸
被火焰之手撕开

第十章 艾青的荣誉

陈腐的灵魂
　　搁弃在河畔……"
　　这时候
　　我对我所看见　所听见
　　感到了从未有过的宽怀与热爱
　　我甚至想在这光明的际会中死去……

　　1938年底，武汉沦陷，艾青沿湘桂路南下来到桂林。他先在1939年初春到《广西日报》副刊《南方》任编辑，后因与当局政见不合辞职。这时的他，写下了著名的《吹号者》《他死在第二次》等诗篇，还完成了《诗论》《诗人论》两部著作的写作，为新诗美学探索作出了贡献。这年夏天，艾青与他在常州女子师范的学生韦英结合成亲。

　　1939年秋，艾青来到湖南新宁，在衡山乡村师范学校任教国文课。在此半年，他写下了《旷野》《冬天的池沼》《矮小的松木林》《青色的池沼》《水牛群》《小马》《灌木林》《山毛榉》《桥》《独木桥》《鹈》《树》《秋》《水牛》《斜坡》《兵车》《解冻》《初夏》《没有弥撒》《街》《愿春天早点来》《太阳》《山城》《沙》《马雅柯夫斯基》等等一批作品。后来经过编选，在重庆出版了诗集《旷野》。

　　1940年春，艾青离开新宁去重庆，途中写下了优秀的长诗《火把》：

　　在我们火光的监视下
　　让犹大抬不起头来
　　让我们每个都做了帕罗美修斯
　　从天上取了火逃向人间
　　让我们的火把的烈焰
　　把黑夜摇坍下来
　　把高高的黑夜摇坍下来
　　把黑夜一块一块地摇坍下来
　　把火把举起来……
　　一起来排成队　看排起来有多么长

一起来呼喊　看叫起来有多么响
我们整齐地走着　整齐地喊
每人一个火把　举在自己的前面
融融的火光啊　一直冲到天上
把全世界的仇恨都燃烧起来
我们是火的队伍
我们是光的队伍
软弱的滚开　卑怯的滚开
让出路　让我们中国人走来
昏睡的滚开　打呵欠的滚开
当心我们的脚踏上你们的背
滚开去——垂死者　苍白者
当心你们的耳膜　不要让它们震破
我们来了　举着火把　高呼着
用霹雳的巨响　惊醒沉睡的世界

在重庆，艾青在陶行知先生创办的育才学校任新文学系主任，同事中有老舍（古文系主任）、贺绿汀（音乐系主任）、陈烟桥（美术系主任）等人。这时他经郭沫若介绍，见到了周恩来。在重庆的半年多的时间，他仍然以很高的热情写下大量诗篇。

在重庆曾家岩八路军重庆办事处，艾青接受了周恩来的意见，决定去延安工作。1941年2月，周恩来给了艾青一千元路费，艾青同画家张汀、作家罗峰一起踏上了去延安的路程。

经过路途中的千辛万苦和四十七道岗哨检查的阻碍磨难，3月8日那天，他们到达了延安。

三、从诗人向革命诗人的进化

到达延安后，中共中央总书记张闻天和中央宣传部部长凯丰设宴欢迎艾青等人。不久，周恩来回到延安，始终关心着艾青。

艾青被安排在边区文化协会任理事,还被选为边区参议员。他在边区参议会上,第一次见到了毛泽东,被他的讲演和气慨感染,写下了诗篇《毛泽东》:

> 他生根于古老而庞大的中国,
> 把历史的重载驮在自己的身上;
> 他的脸常覆盖着忧愁,
> 眼瞳里映着人民的苦难;
> ……………
> 他不断地思考,不断地概括,
> 一手推开仇敌,一手包进更多的朋友;
> "集中"是他的天才的战略——
> 把最大的力量压向最大的敌人……

1941年11月,艾青担任《诗刊》主编,除了编刊选诗之外,他还以欣喜的心情,歌唱边区明朗的天,写下了不少诗作。

1942年,中国抗战处于艰难期,延安也处于艰难中,中共中央决定开展整风运动。4月间,艾青收到毛泽东的信,要求见面叙谈。艾青随即与萧军、罗峰等人到毛泽东住处与之见面。谈话中艾青提议,开个会,由毛泽东出面同文艺界讲话。几天后,毛泽东要求艾青搜集有关文艺方针的反面意见。艾青遂交上自己的论文《我对于目前文艺上几个问题的意见》复命。随后,毛泽东第三次来信约艾青第二次见面晤谈。艾青骑上毛泽东派来接他的马,涉过延河深水再次到毛的住处。毛泽东口述了对艾青论文的意见,艾青回来后根据毛的意见认真修改,发表在5月15日《解放日报》上。这是当时有相当影响的文艺论文。

5月间,著名的延安文艺座谈会召开,毛泽东亲临讲话,艾青带着自己的意见参会。人们当时还不知道,艾青正是这次会议的首倡者。

1942年秋,艾青要求去晋西北工作,毛泽东不同意,建议他在延安学习马列理论。于是艾青继续留在中央党校三部,边整风边学习,读了不少马克思、恩格斯、列宁的经典著作,思想更为成熟,学会了用历史唯物论观察社会、现实和问题。

这时的艾青,仍在坚持诗歌创作,写下长诗《吴满有》。

1943年春,艾青先在三边采风民俗文化,又率边区文化界慰问团去南泥湾慰问三五九旅,由此结识了王震将军。这一年,艾青加入了中国共产党,并被选为边区劳模,参加了边区劳动模范代表大会,获得了奖状和荣誉。

1945年8月9日,日本宣布无条件投降,中国人民抗日战争取得完全胜利。艾青同延安军民彻夜狂欢,写下了《人民的狂欢节》一诗:

> 这是人民和自由解放的婚礼!
> 男的个个是新郎,
> 女的个个是新娘!
> 告诉我:
> 什么夜晚
> 能比今天
> 更动人?
> 更美丽?
> 告诉我:
> 什么欢乐
> 能像今天夜晚
> 这样激荡万人的心呢?

抗战胜利后,艾青担任华北文艺工作团团长,奉命向张家口进发。经过五十天行军,走了二千多里路,艾青率领六十余人经过根据地、游击区、新解放区,于11月8日晚进入张家口。

不久,华北文艺工作团归入华北联合大学,恢复了文艺学院,下设文学、戏剧、美术、音乐、新闻五个系,艾青任副院长。在学校,艾青讲授文艺理论课,还编辑《北方文化》杂志。这一年之中,他的主要诗作是《人民的城》和《欢呼》。

1946年夏秋之交,国共内战开始,华北联合大学撤离张家口来到冀中束鹿县,艾青继续担负文学院的领导工作。1948年初,石家庄解放,晋察冀和晋冀鲁豫两个边区合并成立华北解放区，北方大学与华北联大合并成华北大学，两校的文艺学院合并成华大三部，由艾青等人主持工作。

1947年底到1948年春，艾青在获鹿县农村参加土地改革工作，写了组诗《布谷鸟》，内有《耙地》《送粪》《浇地》《掏土》《春雨》《喜鹊》《布谷鸟》《送参军》七首诗。

四、从歌唱者到受难者

1949年1月，北平和平解放，艾青在军管会文化接管委员会工作，担任中央美术学院的军代表，他代表共产党去慰问齐白石、徐悲鸿这些著名画家。

不久，艾青参加了中华全国文学艺术界联合会和第一次全国文学艺术工作者代表大会的筹备工作。7月大会召开，艾青当选为全国文联委员。他还同时参加了第一届政治协商会议的筹备工作，担任国旗、国歌、国徽图案评选组组长。在他的组织下，五星红旗的国旗方案被确定，他为此写下《国旗》一诗。

中华人民共和国于10月1日成立后，《人民文学》杂志创刊，艾青任副主编，并兼任文学工作者协会（后称作家协会）创作委员会诗歌组组长，多次主持诗歌创作问题的讨论。

1950年春，艾青参加了各人民团体组织的"宣传保卫世界和平旅行讲演"，前往上海、杭州、广州、武汉、西安。除讲演之外，还同当地文艺界负责人会见了解情况。

1950年7月，艾青参加中央宣传部工作代表团赴苏联访问四个月，写下了诗集《宝石的红星》。归国后，艾青又写过一些国际题材的诗，如《给希克梅特》《献给亚非会议》《母亲和女儿》《给乌兰诺娃》等。

这时艾青在北京会见了智利著名诗人、后来1971年诺贝尔文学奖获得者聂鲁达和苏联著名作家爱伦堡。

1951年春，艾青随全国政协工作团在南方参加土改。

1952年3月，艾青辞去《人民文学》副主编职务，留任编委，以便自己有更多的创作时间。

这时，艾青回到阔别十六年的家乡，为乳母大叶荷扫墓，还资助乳母的儿子治病。故乡之行归来的次年，他写下回忆自己童年生活的《双尖山》一诗。这一年艾青还到舟山群岛海军部队深入生活一个月，写下叙事长诗《黑鳗》。

1955年，艾青与韦英离婚。1956年艾青与高瑛结婚。

1956年中国作家协会召开一次诗歌创作座谈会，对艾青提出批评，提出："艾青能不能为社会主义唱歌？"在随后召开的作协第二次理事会上，艾青作了自我批评，表示："没有理由可以怀疑，我能为社会主义歌唱，参加革命就是为了实现社会主义。"

1954年7月，艾青受智利众议院议长和诗人聂鲁达邀请，前往智利访问，为期二个月。他是经莫斯科、布拉格、维也纳、日内瓦、达喀尔、里约热内卢、蒙得维的亚、布宜诺斯艾利斯前往智利的，途中还去了瑞士苏黎世和伯尔尼，在日内瓦见到了参加国际会议的周恩来。漫漫二十多天的旅途中，艾青也写下了记录所见所闻和感受的诗篇。

到达智利首都圣地亚哥，参加了聂鲁达五十寿辰纪念会，艾青创作了《给巴勃罗·聂鲁达》一诗：

> 你生长在太平洋
> 和安第斯山之间的
> 窄长的地带里，
> ——你是山岳与海洋的儿子。
> 安第斯山有7035公尺高，
> 你比安第斯山高得多，
> 看见安第斯山的人很少，
> 看见你的人却很多；
> 太平洋的波浪，
> 千万年来都一样，
> 而你的歌声，
> 是我们这时代的波浪。
> 你生活在人群里，

> 行走在大街上，
> 和劳动者打着招呼，
> 你笑着像农民一样……
> 风浪与阳光的朋友，
> 歌唱斗争，歌唱自由，
> 你的诗篇像无数花束，
> 散遍了整个地球。

聂鲁达全程陪同艾青在智利的活动——讲演会、朗诵会，处处受到人们热烈欢迎。

回国仍取道欧洲，他在莫斯科停留十余天，于9月9日回到北京。这次南美之行六十多天，艾青写下近二十首诗，包括像《大西洋》《在智利的海岬上》《办签证的故事》等较长的诗篇。

对此，评论家杨匡汉等人评论说："这两个月，是艾青漫长的诗歌创作史上闪光的一瞬，是他几年来痛苦地探索与彷徨之中的欢乐的一跃，是他从抗战胜利之后直至七十年代末第二次获得"解放"之前的一个高潮，甚至可以说是这段时间里唯一的高潮。人们说：'这才是艾青的声音。'艾青也感到，好久没有这样顺手了。艾青用他熟悉的技法与色彩描绘异国异乡的风情，用他熟稔的笛子吹奏牧歌，而不是用他陌生的唢呐去直捷地歌唱周围某些司空见惯的生活。"

1957年盛夏，聂鲁达再次访问中国，艾青陪同他从昆明经重庆、顺长江到武汉后抵达北京。这时的中国，反右运动已经开始，艾青受到了批判，他的主要罪状，是公开批评文艺界有宗派主义，"一批人专门整人，另一批人专门挨整"。

聂鲁达含泪离开中国，艾青没有去为他送行，他被剥夺了这个权利。这时，对艾青的批判已见诸报刊；随后，他被开除党籍，定为"右派分子"。

1958年早春，艾青在时任农垦部长王震的安排下来到北大荒，名义是下放劳改，实际是被王震保护起来生活、写作。在艾青到达王震所在的密山时，在密山县的一片大广场上，几千名转业军人正待命向荒原出发。王震站在一辆卡车上，完全是以战争时期那种战前动员的姿态作着昂奋的演说。

王震问道:"有个大诗人,艾青,你们知道不知道?"

下边的人群喊着:"知道!"

王震说:"他也来了。他是我的朋友!他要歌颂你们,欢迎不欢迎?"

人群喊着:"欢迎!"

从这天开始,在长达十几年里,诗人艾青的命运就同这些农垦将士连在了一起。

艾青生活在852农场,在那里写了两部长诗:《踏破荒原千里雪》和《蛤蟆通河上的朝霞》。

1959年秋,艾青在王震的安排下,回到北京,准备转到新疆垦区体验生活,准备写作。1959年秋到1975年,艾青在新疆生活了十五年。1960年11月中旬,《人民日报》刊登了为艾青等一批知名人士摘掉"右派"帽子的消息。不久,《人民日报》和中国作协转来了二三百封向艾青致意的群众来信。

1962年夏,王震来新疆视察工作,艾青陪同他前往各垦区。在塔里木农垦大学,王震这样向师生介绍艾青:"这位就是大右派、大诗人艾青同志。"

艾青在新疆写了二十三首诗,大多表现军垦战士的创业生活,发表在新疆和兵团的报刊上。

1966年,"文革"开始,王震在北京受到冲击,艾青在新疆被抄家。1967年,艾青被送到被称为"小西伯利亚"的荒凉垦区生活,备受艰辛,极度困难。直至1971年以后,生存环境稍有好转。1973年,艾青右眼失明,经兵团批准回北京治疗。原来,艾青因在地窝子中住了五年,没有阳光和电灯,只能在煤油灯下看书,加之营养不良,心情忧郁,患下白内障不能及时医治,以致右眼失明。

从1973年夏至1977年,艾青隐居北京治病,生活全靠亲友、邻居接济。而1976年清明节的天安门广场上,艾青也同众人一起,流泪祭奠周恩来。

五、复活的归来者

1976年,中国的命运发生天翻地覆变化,艾青也被恢复名誉,开始了艺术生命的"复活"。

　　1978年4月30日，艾青以"归来者"身份，在沉默二十年后第一次公开在《文汇报》上发表了《红旗》一诗，当时引起了广大读者的惊喜。这年夏天，他又有《伞》《电》《东山魁夷》《小泽征尔》等诗作问世。

　　秋天来临，艾青随中国作协组织的作家代表团赴黑龙江和鞍山访问。东北之行，他写下了《钢都赞》《静悄悄的战线》《波斯菊》《钢都夜》《鸭子的故事》《请到这边来》等诗作。

　　1979年2月1日，中国作家协会党组织作出了"关于艾青同志'右派'问题的复查结论"。"结论"宣布当年艾青被定为"右派"纯属"错划"，纠正了所有不实之词。"结论"决定："恢复艾青同志的党籍，恢复原级别待遇，安排适当工作。其家属、子女、亲友为此而受牵连者，应予消除影响。"

　　对此，艾青不无感叹："'搞错了'，三个字，一个字就是七年。"

　　获得了新生的艾青，虽已进入老年，但仍以极大热情投入诗歌创作。当"天安门事件"平反时，艾青用一天时间写出二百四十七行长诗《在浪尖上》：

"天安门事件"
是最辉煌的诗篇；
是革命与反革命的分水岭；
是中国历史的转折点！

1979年《人民文学》1月号上，艾青发表了抒情长诗《光的赞歌》：

世界要是没有光
等于你没有眼睛
……
要是我们什么也看不见
我们对世界还有什么留恋
……

然而我们的信念
像光一样坚强——
经过了多少浩劫之后
穿过了漫长的黑夜
人类的前途无限光明、永远光明

艾青以过人的精力从事文学活动。1月，在全国诗歌创作座谈会上发言，为艺术民主呼吁。2月，参加诗人访问团任团长，沿大海岸线旅行采风——广州、湛江、海南、上海，一路走来，一路诗歌。夏天，随一个代表团出访西欧。秋天，在哈尔滨的"艾青诗作朗诵会"上，献上歌颂张志新的抒情诗《听，有一个声音……》。冬天，长诗《清明时节雨纷纷》问世，是献给周恩来的赞歌。

艾青归来了，他担任中国作家协会副主席、中国笔会中心副会长，恢复了《诗刊》编委职务，可以安心自由地写作了。

艾青重新走向了世界，开始了频繁的国际文化交流活动。1979年5月，中国人民友好访问团应邀出访联邦德国、奥地利、意大利三国。艾青是其中唯一的作家、诗人。柏林墙、马克思墓、达豪集中营、多瑙河、罗马竞技场等，给艾青留下深刻印象，他写下了记叙旅行的诗篇。1980年6月，艾青历来到阔别五十七年的巴黎，参加中国抗战文学国际座谈会。"向艾青致敬"，竟成为这次会议的又一主题。这年的8月，艾青受美国爱荷华国际写作中心主持人聂华苓邀请，前来美国参加"国际写作计划"活动，进行为期四个月的写作、交流、讲演与参观访问。同行的是作家王蒙，艾青夫人也陪同前往。在爱荷华，艾青受到了美国及旅美华人学者、作家的热烈欢迎，他自己也得以安静地在大学城从事写作。1982年4月，联合国教科文组织在日本召开"亚洲作家讨论会"，艾青又作为中国作家的代表，来到东京和京都参加八天会议，并在会上发言，回顾了中国民族文化的发展和两千年来中外文化交流的历史，介绍了中国自"五四"新文学运动以来的基本经验。

同二十六年前的南美之行一样，这几年艾青的欧美之行，带来了他创作上的又一次丰收和创新，在诗作内容、思想意义上有新的探索和突破。

1980年代以后，进入古稀之年的艾青还活跃在文坛上。他发表《从"朦胧诗"说起》的文章（《文汇报》1981年5月12日），引起部分朦胧诗人与之论战。1982年5月，艾青参加家乡浙江为纪念他从事创作五十周年的活动，关于艾青的研究学术报告会、诗歌朗诵演唱会、返回母校的师生见面会、浙江师院的诗歌座谈会，艾青无不出席讲话。他还返回坂田蒋村，与亲朋相聚。1983年1月，艾青与萧军、萧乾一起赴新加坡参加"国际华文文艺营"活动。

1984年，中央领导读过艾青《我的创作生涯》后，提议向国际文坛着重推荐艾青，并按此下达文件。1985年3月，法国政府授予艾青法国文化艺术最高勋章。1989年艾青八十大寿（虚岁），时任中央主要领导亲往祝贺，称他是"我们国家最伟大的诗人"。1990年3月，艾青在出席一次会议时不幸摔伤，造成骨折，从此右手不能写字且行动不便，依靠轮椅活动。

1991年8月，三百余万字的《艾青全集》出版（花山文艺出版社）。在北京召开的"艾青作品国际研讨会"上，国家领导人亲往人民大会堂出席。1992年1月，艾青最后一次回到故乡，参加艾青诗歌创作六十周年纪念活动，并回坂田蒋村为"大堰河诗碑"揭幕。

1993年以后，艾青身体每况愈下，很少参加社会活动。1996年5月1日凌晨4时，艾青因病逝世。

六、来自中国的诗坛泰斗

在中国现代诗歌发展史上，艾青是继郭沫若、闻一多之后推动一代诗风的重要诗人。

艾青为中国现代文学宝库留下了《大堰河》《北方》《他死在第二次》《火把》《向太阳》《黎明的通知》《宝石的红星》《春天》《海岬上》《归来的歌》《雪莲》《彩色的诗》等诗集，还创作了《艾青诗论》《诗论》《诗人论》《新文艺论集》《艾青论创作》等文艺评论著作。

艾青的诗有着鲜明而独特艺术风格。解放前，艾青以深沉、激越、奔放的笔触诅咒黑暗，讴歌光明，号召反抗；解放后，他一如既往地歌颂人民，礼赞光明，思索人生；他重获新生的《归来之歌》，内容更为广泛，思想更为深厚，情感更为深沉，手法更为多样，艺术更为纯熟。朴素、凝练、想像丰富、意象独特、富于哲理，是艾青诗歌的突出特征。艾青以其充满艺术个性和思想内涵的歌诗卓然成家，实践着他"朴素、集中、单纯、明快"的诗歌美学主张。

在艾青的不少作品之中，像《大堰河——我的褓姆》、《煤的对话》、《雪落在中国的土地上》、《乞丐》、《向太阳》、《我爱这土地》、《吹号者》、《黎明的通知》等等，还被选入国内外的中小学语文课本之中，或经常在电视或电台配乐播放。

艾青的诗作在现代中国人民的精神生活中产生影响，许多抗战以来和建国前后成长起来的中国诗人，都不同程度地受到过艾青诗歌的影响和启示，尤其是"七月"诗派的众多年轻诗人。

中国人民对艾青的诗歌欣赏备至。他被打成右派后，创作不能继续，作品禁止发行，甚至被焚毁。但不少读者冒着生命危险，偷偷将艾青诗歌作品保存起来，直至他重新复出。

艾青是"五四"以来中国最优秀的作家之一，也是中国新诗发展史上创作时间最长、作品最多、经验最丰富而又影响最为深远的诗人之一。他被台湾诗坛公认为"中国当代第一大师（大诗人）"。

也因此，艾青的诗歌及其名字享誉全世界。他的诗"成功地表现在既能走向现代大众，又能走向全世界"。他的诗被译成三十多种文字在全世界传播。美国、英国、法国、俄罗斯、瑞典、意大利、西班牙、葡萄牙、巴西、日本、泰国、马来西亚、尼泊尔、韩国等国，都出版过艾青的诗集。

周恩来曾经把艾青介绍给越南领导人胡志明，胡志明说："我读过你很多诗呀！"

智利著名诗人、1971年诺贝尔文学奖获得者聂鲁达，称艾青是"中国诗坛的泰斗"。

美国著名学者罗伯特.C.费兰德在论文中言及艾青的创作，把他和希克梅特、聂鲁达并称为现代世界三位最伟大的"人民诗人"。

在1979年5月的巴黎诗会上，艾青的名字和法国人民最喜爱的两位诗人艾吕雅和普列维尔的名字，和世界著名的诗人舍甫琴柯、希克梅特、洛尔迦、聂鲁达、里尔克等人的名字，并列在法兰西歌剧院诗歌朗诵会的节目单上。

法国学者苏珊娜·贝尔纳，称艾青是最宜于对外介绍的诗人。"那是因为，这跟他内心的声音，跟他诗歌的真实和纯朴有关。诗歌达到了这种内在的程度，就有可能融化在任何一种语言里，只要译文基本上做到了表情达意就可以取得成功"。

意大利两位青年写信给艾青说："罗马的青年感谢你。真正的罗马感谢你。"

一些美籍华人也从海外来信向艾青致敬。有一封来信写道："我是小小的医生，在治病救人；您是伟大的诗人，以诗的语言，在更广阔的视野里'治病救人'，鼓舞人，震动人，更好地在开创新的世界……"

美国的《新闻周刊》曾称艾青为"中国诗坛的王子"。日本学者、艾青诗作《芦笛》的译者稻田孝说："艾青的诗不仅属于中国，也属于全世界。"

诗人黎焕颐等人在艾青八十周岁贺电中评价说："您的诗是爱，是和平，是友谊，是抗争。征服了我们，也征服了全世界。您是我们民族的骄傲，知识分子的良心。"

七、面对诺贝尔文学奖

艾青复出之后，从二十世纪八十年代初开始，国际上不断有众多学者、作家以各种方式表达，并直接致信给瑞典诺贝尔文学奖评委会，要求授予艾青诺贝尔文学奖。

西班牙著名学者、汉学家戈麦斯，从1980年代初起，除了在多种场合多次向诺贝尔文学奖评委会推荐提名艾青参评外，还亲自给艾青写信指出："凭良心和公正地说，没有人比您更配得到它（指诺贝尔文学奖），如果您能获取这项大奖，对于我无限热爱的了不起的中国人民来说，也是一个极高的荣誉。"

他还直接写信给当时的中共中央主要领导，提议由中国官方支持艾青角逐诺贝尔文学奖。

葡萄牙著名诗人、在澳门的官龙耀在澳门文化学会主办的《文化杂志》（1987年2期）上发表题为《提名中国大诗人艾青为诺贝尔文学奖候选人》

的文章，高度评价艾青说："艾青是世界性的人物，他使古老的文化能与全世界亲切地汇合——为了他的诗篇，他的工作，他的人品，为了所有这一切——我们认为艾青适合作为诺贝尔文文学奖的候选人。"

1987年8月，巴西文学巨匠亚马多访问中国，他在中国文化部举行的欢迎宴会上讲话，谈及艾青时激动地说："诺贝尔文文学奖应当颁发给伟大的诗人艾青。"

其实，早在1984年前后，中国领导层就考虑提名艾青申请诺贝尔文学奖。据有关资料表明，当时中央确定推荐巴金和艾青两人为诺贝尔文学奖候选人。

至于当年（1984年前后）西班牙汉学家戈麦斯致信给中央领导一事，情况大概是：中央领导将此信转给了中国作家协会，由时任作协书记处书记的著名作家邓友梅回信给戈麦斯，表明中国方面对艾青提名诺贝尔文学奖的态度和情况。他在信中说："诺贝尔文学委员会曾数次来函征求意见，要我们提名诺贝尔文学奖候选人。我们也曾认真地向诺贝尔奖评委会提名著名作家巴金和著名诗人艾青为候选人，并将他们的一些著作（已译成法文和英文）寄去供他们研究。因此，你所从事的工作同我们是不谋而合的。"

这说明，早在1985年前后，中国作家协会就已正式推荐艾青和巴金一起，作为诺贝尔文学奖的中国候选人。

1988年初，冰心、冯至等中外作家、诗人、学者共五十四人，曾联名致信诺贝尔文学奖评委会，信的标题即是："艾青应获诺贝尔文学奖"。

对于此事，当年曾参与其中的周红兴教授（《艾青传》《艾青的跋涉》等书作者，著名学者）曾回忆说，1987年末，他和邹荻帆、张志民等六位诗人和学者协商共同发起并联合致信瑞典诺贝尔文学奖评委会，吁请将1988年诺贝尔文学奖授予中国杰出诗人艾青。周教授首先代表六人写了给中外同仁的信函和回函表格，又执笔撰写了中外同仁《致瑞典诺贝尔奖评委会的信》。这封信得到中外五十四位同仁的热情呼应，在他们签名之后以中英两种文字于1988年2月下旬寄出，当时在海内外引起巨大反响。

在这封著名的提名信的开头说："马悦然先生并转诺贝尔文学奖评委会全体院士：艾青是中国现代最杰出的诗人，他的诗不仅属于中国，属于东方，也属于世界。"

信中在谈到艾青的人生坎坷经历、崇高思想和人格时说:"作为一个诗人,艾青从走上诗坛的第一天起,就把自己的命运和时代、和民族与人类的命运紧密结合在一起。诚如他自己所说:'个人的痛苦与欢乐,必须融合在时代的痛苦与欢乐里,时代的痛苦与欢乐也必须糅合在个人的痛苦与欢乐里。'"

"艾青的人生格言是:'做一个正直的人'。"

"艾青的写作格言是:'诗人必须说真话 '。"

"他把'生活'与'创作'看成是生命的两个'轮子',把全部精力、才华和热情投入诗歌活动之中。"

在信的结尾写道:"为了表彰一位献身于时代、献身于正义与自由、献身于人类的进步与友谊的诗人,为了表彰扎根于十亿中国人民中间而又胸怀五湖四海的诗人,我们联名向你们郑重倡议:诺贝尔文学奖应该发给杰出的诗人——艾青。"

信后均附了这五十四个人的姓名,还附有这五十四个人推荐艾青为诺贝尔文学奖候选人的理由。如:中国著名作家冰心说:"艾青应得1988年诺贝尔文学奖金。"诗歌评论家李远洛说:"如果不存在偏见,艾青获诺贝尔文学奖当之无愧。"

法国汉学家、艾青诗集《礁石》的译者,在附言中说:"在五十年的诗歌创作中,艾青对中国和世界诗歌的发展作出了巨大的贡献。他发自内心的歌声,超尘脱俗,在千百万读者心中回响,并向我们揭示了他的伟大人格和他的人道主义。"

苏联《外国文学》主编、著名汉学家尼古拉·弗德林在附言中说:"坚决支持提名中国天才诗人艾青获1988年诺贝尔文学奖。"

此前,他曾表示:苏联文学界推荐艾青为诺贝尔文学奖候选人,并为此作出自己的努力。

马来西亚诗人、《南洋商报》编辑部主任在附言中说:"诗人艾青的创作,在中日战争以至第二次世界大战期间是人类良知、正义与英雄主义的体现。他的诗作鼓舞与带动了那贫苦、落后的千千万万的人民为了人类的尊严——自由与平等而光荣地斗争与生存。"

6月30日,《南洋商报》副刊《南洋文艺》以整版篇幅介绍"中外作家提名艾青角逐诺贝尔文学奖"的情况。

而对待诺贝尔文学奖,艾青是什么态度,国内媒体一直没有披露过。直到 2002 年年底,《江南晚报》报道了一则消息:艾青的儿子、著名艺术家艾未未说:"上个世纪八十年代初,瑞典文学院汉学家、诺贝尔文学奖评委马悦然曾经给艾青写来一封信,表示很想把艾青的诗歌翻译成瑞典文,并表示愿意极力推荐艾青角逐诺贝尔文学奖。"据艾未未回忆,父亲接到这封信后,一直没有给马悦然回信。他不回信,表明他不愿意去角逐诺贝尔文学奖。平时,当父亲谈到这件事时,总是这样说:"得个诺贝尔文学奖不如来一盘红烧肉实在。"艾青为什么这么说,其真实意思是什么,艾未未对此作了解释:"这主要是父亲从不为得奖而写作,他创作诗歌只看重情感的真实流露。"

可以说,面对诺贝尔文学奖的荣誉,艾青是淡然处之,他着重的是自己诗歌创作能否为时代、社会、人民所接受,那才是真正的荣誉。

艾青离开我们已经十七年了。当他走完自己八十六年人生之路时,口中曾默念着孙中山先生的遗嘱:"革命尚未成功,同志仍须努力……"

没有什么能比艾青在智利海岸边写的《礁石》一诗更能成为他自己的写照了:

> 一个浪,一个浪,无休止地扑过来,
> 每一个浪都在它脚下,被打成碎末,散开……
> 它的脸上和身上 像刀砍过的一样,
> 但它依然站在那里 含着微笑,看着海洋……

这就是诗人艾青,走出大堰河的艾青。他高举火把,向着太阳,高唱光的赞歌,以自己的曲折人生和正直灵魂,为我们谱写了足以载入青史的伟大诗篇。他的诗篇是中国的,也是世界的宝贵精神财富和文化遗产,可以流芳百世。

第十一章

王蒙的骄傲

题图：王蒙像

如果说为官是中国古代文人的常态，那么，在现代中国尤其是当今社会，以作家身份担任高官者则屈指可数。王蒙就是这为数不多的担任过高级领导职务的当代著名作家。因此，他的人生道路和创作经历有着不同常人的地方，而他的小说等文学作品则有着他人所无的独特风格。所以说，从王蒙身上可以看到从古代到现代中国文人（作家）传统延续的一个缩影。从某种意义上讲，这是王蒙的骄傲，也是他结缘于诺贝尔文学奖的原因所在。

一、曲折的人生之路

王蒙祖籍河北南皮，与清末洋务派中坚人物、湖广总督张之洞是同乡。他1934年生于北京，他的祖父是清末举人，参加过公车上书，是康有为、梁启超组织的维新派成员。他的父亲王锦第，早年毕业于北京大学哲学系，与著名文艺评论家何其芳、李长之是同学共居一室，王蒙的名字就是何其芳所起，因何喜读法国小仲马的小说《茶花女》，就以书中男主人公"亚芒"——当时译作"阿蒙"——为之命名，叫"王阿蒙"，王父认为"阿"乃南方人名中惯用，则去"阿"存"蒙"，定名王蒙。王蒙父亲从北大毕业后，到日本东京帝国大学读了三年教育系，毕业回国后曾任北平市立高级商业学

王蒙夫妇

校校长，后任北大和北师大讲师，以后又在山东等地任教，并担任过师范学校校长。王蒙母亲年轻时上过大学预科，是知识女性。解放前做家庭主妇，解放后参加工作，长期做小学教师，名字由董毓兰改名董敏。从王蒙的家庭历史看来，他出身于书香门第的知识分子家庭，这也许是他很小年纪即

开始文学创作的环境影响因素。

王蒙上学较早，从小就是一个好学生，显示出与众不同的聪慧和文字特长。王蒙上的小学是北京师范学校附属小学。从二年级起，王蒙各门功课每次考试皆是全班第一。三年级时老师布置作文题为《假使》，王蒙竟作新诗一首交卷，起句是："假使我是一只老虎，我要把富人吃掉。"诗称新颖，句涉"革命"，显露出他的左倾思想萌芽。那时他还参加演讲比赛，题目是"怎样做一个好学生"，王蒙上台就大声宣读讲稿，顺利过关，这也表现出他在公共场合讲话从不怵头的素质。

王蒙小学上了五年，就越级报考初中，进入私立"平民中学"（今天的北京第四十一中学），以后的他仍是年年考试第一名。1948年王蒙初中毕业，拿到了平生唯一的学历文凭。这时他报考高中同时考中北京第四中学和河北高中，最终他进入后者就读。之所以选择河北高中是因为该校具有革命传统，"一二·九"学生运动中的北平中学生就以河北高中为主。

这时的王蒙，已经融入了中国共产党领导的革命斗争。早在初中时，他就在父亲的朋友也就是后来著名的党史专家李新同志（当时在"军事调处执行部"叶剑英同志身边工作）指导下，在学校的一次演讲比赛中，以"三民主义"和"四大自由"为题，抨击当时的国民党政府根本没有实行三民主义，也无四大自由。那时的王蒙，读巴金、茅盾、老舍、曹禺等左翼作家的作品，外国的则读苏联和西方批判现实主义作家的作品。当时的思想，用他自己的话讲，就是"左倾"。于是，他很自然地在中共党员同学何平的带领下，走上了革命斗争道路。

考入河北高中后，地下党员刘枫给他提供了党章，并提出发展他入党。于是在1948年12月12日，王蒙向刘枫表示坚决入党，把一生献给共产主义事业。刘枫宣布即日起王蒙入党，候补期至年满十八岁为止。就这样，十四岁的王蒙在北京什刹海边加入了中国共产党。

王蒙入党后，和四名同学组成一个支部，开展秘密活动——宣传党的纲领和革命斗争形势，扩大党的思想和组织基础等等。这时的北京已临解放前夕，解放大军围城，傅作义将军正与共产党谈判，城中国民党势力仍然占统治地位。王蒙所在支部接受任务——保护北京免受破坏——具体是保卫地安门至鼓楼一带的商铺住户不受不法分子伤害。天津解放后，大军进城前，王蒙带队散发中国人民解放军北平军事管制委员会主任叶剑英的《告北平市民书》等文件的传单，为北平和平解放做出了自己的贡献。

解放后的王蒙又在河北高中上了半年多高中二年级，于1950年5月不满十六岁时调入共青团北京市东四区委工作，先后任干事、中学部部长、区委副书记。那时的王蒙处于新中国成立后的兴奋期，对所有工作都具有火一般的热情，他在那里一直工作到1956年底。在区团委工作的日子里，他不仅写出了成名作也是后来引来政治祸害的《组织部来了个年轻人》，还收获了自己的爱情，与当时从北京第二女子中学调入区委搞"三反五反"运动的学生党员崔瑞芳相恋，最终二人在1957年结婚。

1956年底，王蒙调入国营七三八厂任团委副书记，直至1957年11月被错划成"右派"。对于自己被错划成"右派"的情形，王蒙在其自传里有如下记述：

1957年5月，在"鸣放"的关键时刻，我在工厂接到通知，说是市委将派车来接我去机关看一个文件。我等了几个小时，又通知我不去了。

后来我明白了，这是我的命运的一个关键情节。毛主席在当年五月十五日写了"事情正在起变化"一文，提出了反右派问题、批判修正主义的问题，给高级干部看，先在高级干部中做好从反对官僚主义、宗派主义、主观主义的整风运动到反对右派分子猖狂进攻的指导思想的转变。当时有一种说法，就是对于那些要重点保护的党内外人士，可以提前给他们打招呼，给他们看这篇文章。我是怎样从可能被重点保护，经过一个下午，最多两个小时，改为不再保护了呢？详情不是我所能知道的，是福是祸也不是我能说得清的。但是我可以认定，这不是市委的事。

时过境迁后，人们透露，是在中宣部周扬主持的一次会议上决定了命运的。北京市委杨述副书记坚持不同意戴帽子，单位负责人W坚持一定要划，争了很久，W提出一系列王自己检查交代出来的错误思想为根据，如：被启发后想了想，觉得海德公园的办法也不赖。最后周扬拍板：划。

1957年8月到1962年9月，王蒙被下放到北京郊区的门头沟斋堂公社从事农业劳动，接受劳动改造。他和北京大学中文系的女教师、被划为"极右派"的乐黛云（即现在著名的比较文学研究家）同在斋堂公社，因为那里是最艰苦的地区，"罪行"严重的人往往被发配那里。艰苦的农活儿和体力劳动，磨练了王蒙的筋骨，也锤炼了他的思想观念。

1962年，王蒙经历了五年改造之后，调入北京师范学院中文系担任助教。在那儿仅仅一年，王蒙在一次全国性的"西山读书会"上结识了新疆文联的负责人刘萧芜和新疆作家协会秘书长、《新疆文学》主编王谷林，听他们讲了新疆民族风情和地大物博的人文风光，竟决定调到新疆工作。而这动因，是王蒙"渴望生活"，想到"广阔天地去大有作为"（毛泽东语）。王蒙妻子同意随他一同去新疆，北京文学界的新老作家、评论界朋友也大都支持王蒙去新疆。在短暂准备和朋友请客送行后，王蒙和妻子带着一个五岁、一个三岁的儿子，于1963年12月下旬出发赴乌鲁木齐，开始在新疆十六年的生活。

到达新疆以后，王蒙在新疆自治区文联做编辑工作。一年多以后，"四清"运动开始，王蒙被下放到伊犁地区伊宁县农村（"文革"中间转到自治区文教"五七"干校）劳动，担任生产队副队长。在那里，他与维吾尔族、汉族农民同吃、同住、同劳动，收获了丰收的喜悦，也分担政治运动带来的困扰。王蒙在伊宁农村一呆就是八年，不仅经受住艰苦体力劳动的考验，而且，思想上经受了磨炼。更重要的是，他在那里学会了维吾尔语，深刻了解了新疆少数民族特别是维吾尔族人民的风俗、文化和生活。正应了孟子那句话："天降大任于斯人也，必先苦其心志，劳其筋骨，饿其体肤……"

1973年3月，王蒙从伊宁调回乌鲁木齐，进入自治区文联创作研究室工作。在那里他有机会和时间充分学习、了解新疆多民族的文化和多元的社会风俗，为创作积累了大量的生活素材。

1979年3月，在改正了自己被错划成"右派"的问题后，王蒙调回北京，到北京市文联做专业作家，随后担任了中国作家协会北京分会副主席、分党组成员、副秘书长等职，从此真正走上专业创作道路。

1983年7月，王蒙担任中国作家协会副主席、党组副书记，并兼任《人民文学》主编。这期间，他作为中国改革开放新时期的文学事业领导者之一，做了大量实事、好事，为促进中国文学的繁荣发展做出了重要贡献。

1986年3月，王蒙被全国人大任命为中华人民共和国文化部部长、党组书记。他是新中国历史上第八位文化部长，前面几位包括著名作家茅盾和陆定一、黄镇、周巍峙、朱穆之等人。王蒙同时还兼任着中国作家协会副主席的职务。在文化部长任上，王蒙解放思想，开拓前进，为祖国文化事业贡献出智慧和力量。对此，王蒙在他的《自传》中有如下表述：

从1986年4月初，到1989年9月初，我担任文化部主要领导三年零五个月。我得到了领导的关心与部里的工作人员的支持。我身蒙厚爱、错爱，我力所能及地做了一些工作，努力起一些健康作用。其中我十分高兴的有：国家图书馆新址的完工与投入使用，歌唱家帕瓦罗蒂与多明戈的访华演出，营业性歌舞厅的合法化，中国艺术节的开始举办，元宵节晚会的开始举办，一批文物保护措施的开始实施，文化市场工作的纳入工作议程与文化部市场司的建立。有一些工作虽然开了头，但争议仍然不少，经验远未成熟，例如一些剧团的改革。我深感愧疚的还有对于文艺家的国家奖励制度与荣誉称号系统的设立，只处在研究阶段，远未完成。还有一些小事，虽然不大，也还起了一点保护作用与助人为乐的作用。如某西藏作家回原籍东北某城市的工作职位，如某风格独特的女作家的被主流文学所基本接纳，某音乐家的党籍处分事，包括一些作家、歌唱家的出国深造或定居等等。可见，这时的全国文化系统，可谓"百花齐放，百家争鸣"，呈现出一片繁荣昌盛景象，成为有史以来最好的"文化发展期"。

1989年9月，王蒙辞去文化部长职务，还担任中国作家协会副主席。2006年11月起，王蒙转任中国作家协会名誉副主席至今。其实，王蒙当年担任文化部长，也是"坚辞不就"的。在少有的"辞官"活动不成后，他才勉强服从组织安排去了文化部。然而，在中国现有体制下担任文化部长领导全国文化事业去发展、去改革，其中掣肘之处、为难之处、难为之处接踵而至，王蒙自感力不从心，乃在上任不久即要求辞职，拖宕数年，直至1989年9月，李鹏总理在全国人大常委会会议上提出，为了尊重本人早已提出的专心从事文学创作与文艺评论的意愿，免去王蒙的文化部长职务。

二、多元的创作经历

王蒙从小就显露出在文字和语言上的与众不同，他在上小学时写了一首《题画马》的七绝旧体诗："千里追风夙可匹，长途跋涉不觉劳。只因伯乐无从觅,化作神龙上九霄。"他还在上初中时,写出一篇题为《春天》的散文,刊登在就读的北平平民中学的校刊上。由此,这两篇作品可视为王蒙创作的"发轫"之作。

王蒙最早公开发表的作品是两篇儿童文学,分别是《礼貌的故事》(载于1952年2月4日《中国少年报》)和短篇小说《小豆儿》(载于1955年11月号《人民文学》)。

这时和此前的王蒙,可称是"小试牛刀",创作正处于"萌发期"。

1956年,王蒙在发表了文艺杂谈《栽培》(载《北京日报》1956年3月15日)和短篇小说《春节》(载《文艺学习》1956年总第24期)后,又创作出短篇小说《组织部来了个年轻人》,发表在《人民文学》1956年9月号上。这应是王蒙最重要的一篇小说,因为它影响了王蒙的前半生。小说发表后在社会上和文学界产生了较大反响,读者包括专业作家、评论家纷纷写出评论,赞扬者有之,批评者更多。批评和赞扬的焦点,一是该不该真实揭露官僚主义并否定之,二是人物形象(正面林震、反面刘世吾)塑造的角度、层次、定位问题。赞扬者中,有与王蒙可称同道的邵燕祥、刘绍棠、丛维熙、邓友梅等人,批评者中的李希凡的文章最具杀伤力,提出了"做什么人,写什么作品"的问题。围绕《组织部来了个年轻人》的争论在当时影响很大,以至毛泽东都知晓此事,并多次指示关注此事和王蒙本人。林默涵的文章《一篇引起争论的小说》就是按照毛泽东的意思写出,对王蒙的作品一分为二,即批评又肯定,尚称公允。然而,这一切,都没有改变以后王蒙因这篇小说而被划为"右派"的命运。

1957年,王蒙创作的长篇小说《青春万岁》部分片段,先在《北京日报》,

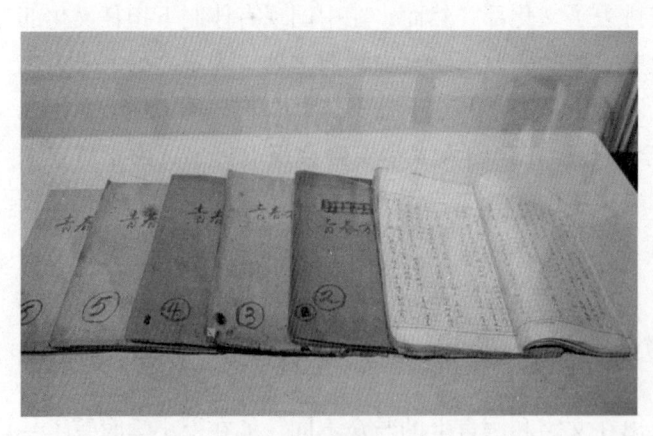

《青春万岁》书影

后在上海《文汇报》上连载。这时和前一年底，王蒙还发表了散文诗、诗歌、文艺杂谈和短篇小说《冬雨》（载《人民文学》1957年1月号），还围绕对《组织部来了个年轻人》的讨论，发表了几篇说明、回应和自我批评文章。这时的王蒙，还出版了作品集单行本《小豆儿》，由天津人民出版社出版。这时的王蒙正处于"初出茅庐"的阶段。

1957年，王蒙被错划为"右派"，1958年以后直至1962年的四年时间，王蒙被"封杀"，没有创作文学作品。

1962年和1964年，在离京前后和到新疆后，王蒙发表了两篇短篇小说《眼睛》《夜雨》分别载于《北京文艺》（1962年第10期）和《人民文学》（1962年12月号）。还发表了散文《春满吐鲁番》和创作评论（载于《新疆文学》1964年5月号）。

从1964年到1977年，王蒙处于人生最艰苦的时期，加上"文化大革命"十年浩劫，他没有发表任何文学作品，但仍在偷偷地从事写作，现在出版的长篇小说《这边风景》就是那个时期王蒙生活的真实写照和创作成果。

这一时期，可称作王蒙创作的"休眠期"或"蛰伏期"。

1977年，全国的政治社会形势发生了重大变化，"文革"结束，王蒙复苏。可能是受徐迟的报告文学《哥德巴赫猜想》的感召、启发，王蒙创作了散文《诗、数理化》，发表在《新疆日报》12月4日这期上。

1978年，王蒙鼓足干劲，创作了一批短篇小说如《向春晖》《队长、书记、夜猫和半截筷子的故事》《光明》等，发表在《新疆文艺》《作品》《上海文学》《人民文学》等刊物上，其中《作品》上刊登的短篇小说《最宝贵的》获当年全国优秀短篇小说奖。这年，王蒙还创作有散文、微型小说、报告文学等发表，最近出版的长篇小说《这边风景》也在那年的《新疆文学》上发表了其中的几章。

1979年，王蒙从新疆调回北京成为专业作家，并在北京市作家协会任领导职务。这时的他，发挥出更大的光和热，以极大的热情投入创作，奋笔疾书，埋首稿纸，佳作迭出，成就斐然。这时的王蒙厚积薄发，在利用原有丰厚生活积累与创作素材的基础上，除了运用传统的现实主义创作手法，还有意识地借鉴运用了一些西方现代创作手法如"意识流"、"多焦点叙述"等来丰富自己的创作路径，先后创作出一大批具有代表性和独特

第十一章　王蒙的骄傲

价值与风格的作品，短篇小说有《悠悠寸草心》（获1979年全国优秀短篇小说奖）《歌神》《夜的眼》《说客盈门》《买买提处长轶事》《春之声》（获1980年全国优秀短篇小说奖）《风筝飘带》（获《北京文学》短篇小说奖）《深的湖》《温暖》《心的光》《最后的陶》《惶惑》《春夜》《听海》等，中篇小说有《布礼》《蝴蝶》（获全国第一届1979——1980年优秀中篇小说奖）《杂色》《如歌的行板》《湖光》《相见时难》（获全国第二届1981——1982年全国优秀中篇小说奖）《莫须有事件——荒唐的游戏》。

1981年，王蒙出版了创作于五十年代、被封杀二十多年的长篇小说《青春万岁》，对此，个中的辛酸苦辣只有作者王蒙本人能够说清。从1979年到1981年间，王蒙还创作有散文、杂文等作品，特别是写出了大量的创作谈和文学评论，最值得一提的是，他在《一个值得探讨的问题——谈我国作家的非学者化》一文中，提出了"作家学者化，学者作家化"的著名观点，在社会上和文学、学术界产生较大反响。

1983年，王蒙调入中国作家协会担任领导职务。这时的他在文学组织工作之余，还全力倾心于创作，发表了一批中短篇小说，如《青龙潭》《黄杨树根之死》《木箱深处的紫绸花服》《哦，穆哈默德·阿麦德》《葡萄的精灵》（获第一届1983——1984年短篇小说百花奖）《爱弥拉姑娘的爱情》《高原的风》《无言的树》《冬天的话题》《临街的窗》《灰鸽》《苦恼》等，中篇小说有《风息浪止》《淡灰色的眼珠》《虚掩的土屋小院》《逍遥游》《鹰谷》《深渊》等；还创作有微型小说、报告文学、散文、杂文、评论等作品，其中《访苏心潮》获全国第三届1984——1985年优秀报告文学奖。1985年，王蒙的第二部长篇小说《活动变人形》发表。这时的王蒙，还写出大量的创作谈、文学随笔等理论性文章，显示出他在担任中国作家协会领导职务后对创作的宏观把握和文学理论修养的提高。

1986年4月起，王蒙担任国家文化部部长，在更加繁忙且繁重的公务之余，他仍然坚持创作，保持作家的本色不变。这期间发表的作品有短篇小说《小说二题》《铃的闪》《风马牛小说二题》《Z城小站的经历》《致爱丽丝》《失去又找到了月光园的故事》《来劲》《没情况》《夏天的肖像》《"吃"三题》《选择的历程》《十字架上》《组接》《夏之波》等，中篇小说《名医梁有志传奇》（获全国传奇文学奖）、《要字8679号——推理小说新作》《选择的历程》《虫影》《一噱千金》《星球奇遇记》等,还有"新大陆人"系列小说——《轮下》《海鸥》《卡普琴诺》《画家"沙特"诗话》《温柔》等。此外,有散文、杂文、文学评论、创作谈、文艺随笔等发表出版。这时王蒙的创作还有一个特点,就是发表出版一批诗歌作品(包括旧体诗)。

1989年王蒙卸任文化部长职务,但仍然担任中国作家协会的领导职务。这时的他,又回归到专业作家行列(中国作家协会副主席分常驻会和非常驻会,王蒙即属后一种),以更专业的手法、更倾心的态度从事创作。这时的作品,除短篇小说《坚硬的稀粥》获1989——1990年短篇小说百花奖)、《初春回旋曲》《神鸟》《纸海勾沉——尹薇薇》《我又梦见了你》《现场直播》《阿眯的故事》《室内三乐章》《满涨的靓汤》《奥地利粥店》《灵芝与五粮液》《名壶》《调试》《白衣服与黑衣服》《冬季》《玫瑰大师及其他》《枫叶》等,中篇小说《蜘蛛》《春堤六桥》《歌声好像明媚的阳光》等,还不断有微型小说、散文、杂文、文学随笔、文艺评论、创作谈、文学理论等作品问世。这时王蒙的创作有三个特点:一是长篇小说频频出版,如"季节系列"长篇小说《恋爱的季节》《失态的季节》《踌躇的季节》《狂欢的季节》《暗杀——3322》《青狐》等。二是开始出版包括现有作品在内的文集,如:《王蒙文集》《王蒙旧体诗集》等。三是把部分精力放在专业文学研究上,他关注和研究的对象与课题是《红楼梦》与唐代诗人李商隐的创作,如《读书文丛——红楼梦启示录》《读书文丛——双飞翼》《心有灵犀》等。

2006年,王蒙担任中国作家协会名誉副主席,处于退休状态。但他的创作并未停止,而是老当益壮,笔耕不辍。这时的作品除了一些散文、杂文、随笔、创作谈、讲演录外,主要是《王蒙自传》三部(《半生多事》《大块文章》《九命七羊》)的出版堪称大事。在总结平生经历与创作之后,王蒙把眼光投向古代圣贤老子、庄子,在阅读研究的基础上,创作出《老子的帮助》《老子十八讲》《庄子的享受》等著作。2012年,王蒙出版了《中国天机》一书,这是王蒙对中国社会和历史进行的政治性思考的成果著作。2013年4月,王蒙尘封四十多年的、长达70余万字的长篇小说《这边风景》出版,了结了当年王蒙的心愿。可以说,这部作品并非王蒙的封笔之作,相信在他的有生之年,还会不断有新的、更好的、更深刻的、更具影响力的作品问世。

三、王蒙作品的独特风格与文学价值

　　王蒙作为当代中国文坛最著名、最引人注目的作家，他的文学创作和作品是一个复杂的存在。他的创作、作品和文学思想，既具有独特风格又对当代文坛产生了普遍意义的深远影响。当然，王蒙首先是杰出的现代小说家，"在作品的思想和艺术内容以及形式的各个方面，王蒙都是一位勤于探索又善于创新的作家，因此格外受到当代文坛和读者的注目。"（《中国大百科全书·中国文学卷·王蒙》）

　　王蒙的小说创作始于二十世纪五十年代初，那时他的作品无论是短篇小说《组织部来了个年轻人》，还是长篇小说《青春万岁》"都表现了青年的敏锐和热情。尽管作品反映生活深度不足，基调却是纯真、热烈，充满了幻想和对新社会的爱。"（《中国大百科全书·中国文学卷·王蒙》）王蒙这一创作发韧期的小说，以《组织部来了个年轻人》为代表，虽然写作技巧与表现手法不甚圆熟，但以其过人的勇气和探索，给当代小说带来了新变化，其意义和价值在于使小说艺术摆脱了僵硬政治的束缚，写出了人物的个性与变化，从而恢复了"五四"新文学的传统："文学即人学"，写人的感情世界。具体来说，《组织部来了个年轻人》中写的人和事，在当时既是真实生活的典型，又是前所未有的刻画对象。正如王蒙当时所言："最初写《组织部来了个年轻人》时，想到了两个目的：一是写几个有缺点的人物，揭露我们工作、生活中的一些消极现象，一是提出一个问题，像林震这样的积极反对官僚主义却又常在"斗争"中碰得焦头烂额的青年到何处去。"所以说这篇小说本质上不是写政治或反官僚主义，而是表现年轻人思想的探索和变化，描写人物性格的丰富与复杂。对此，王蒙在二十多年后总结道："即使以政治反响大大超过了预期的《组织部来了个年轻人》为例，小说中我对于两个年轻人走向生活、走向社会、走向机关工作以后的心灵的变化，他们的幻想、追求、真诚、失望、苦恼和自责的描写，远超过了对于官僚主义的揭露和剖析。"

　　至于《青春万岁》，是早于《组织部来了个年轻人》创作的，可算是王蒙的开山之作。而起手即写长篇，足见他的创作冲动与激情。的确，在《青春万岁》中，王蒙表现的是那个特定的革命年代中，一群年轻的中学生以青春和热情投入火热的生活和时代的经历故事，展现出丰富多彩又错综复杂的生动图画。当时的老作家萧殷评论说："作者以大胆的、奔放的、抒情诗的笔触，描写着一群高中三年级学生的生活与斗争。这样的题材，应当承认是不太容易驾驭的，尤其是写作经验不足的青年写作者会感到困难重重。因为在这里既缺少轰轰烈烈的事件，也没有多少惊险的场面；如果从表面看起来，学校里的生活似乎"像一池死水那样平静"（有年轻同志这样说过）。……《青春万岁》里面，作者笔下的中学生的生活，却是丰富多彩的，动人的；……在这部小说里，我们不仅仅看见了中学生的生活与斗争以及她们单纯而又丰富的精神世界，同时也由于她们来自不同的环境以及各不相同的出身，作者还引导我们走进了许许多多的家庭，让我们看见了多种多样的生活与人物：有阴森森的天主教堂，有没落的、弥漫着伤感情调的有产者的庭院；有充满了民主气氛的教师家庭，也有普通劳动人民的家庭……总之，作品不仅引导我们接触了多种多样的生活，而且有时候，还引导我们走得很深，一直走进他们的心灵深处。"

二十世纪七十年代末到八十年代初，中国的政治形势发生根本变化，王蒙在中断创作二十三年后重新复出文坛。那时，"伤痕文学"、"反思文学"作品流行，作家们都在以自己的亲身经历和感受，反映并思索着"文革"乃至之前"极左"的危害与痛苦。王蒙亦不例外，加入了这一文学的时代潮流。但是他的小说却是反思文学的"另类"。这时的代表作有《布礼》《春之声》《海的梦》《杂色》《蝴蝶》《风筝飘带》《夜的眼》《相见时难》《如歌的行板》等，表现出极左年代遭受迫害的"归来者"，对经历痛苦和理想追求的回顾，对特定年代环境生活的反思与刻画，从理想的层次对"文革"乃至"反右"等政治运动对中国造成的危害进行社会、历史乃至人性根源的反思，超越了一般"伤痕"、"反思"文学的高度。具体来说，这是王蒙对小说艺术的又一次探索和贡献。首先，是故事的心理化，从时间和空间的变化表现出人物经历感情与思想的发展，以及人物心灵的现实；其次，是语言的感情化，即小说情感或称情调，即通过多种表现和描写手法，表现出一种作品独有的意境；另外，是小说的理性思辨性，

第十一章 王蒙的骄傲

这是王蒙的不同于他人的独到之处。由于他自身的特殊经历，他的小说呈现出强烈的历史与沧桑感。对待曾经的痛苦历史，他采取一种宽容态度，从灾难中总结经验教训，不把它归结为个人或运动而做出道德评判，而是着重揭示历史灾难背后的深刻哲理命题和时代历史教训。其对理想信念的追求与反思，超越了对现实的反映，具有革命理想主义和历史理性主义的色彩。

总之，这时王蒙的小说，给中国文学带来的意义和价值在于，"使中国小说艺术走向现代，走向开放，走向自由，走向多元。"（童庆炳语）

王蒙创作超越一般的可贵之处在于，他能将对生活的思考与艺术的探索结合起来，同时积极借鉴外来艺术的表现手法，使自己的创作常作常新，永葆生机和活力。这一点最直接表现在他在小说中的创作性艺术实验。他在西方现代派的基础上，率先借鉴西方意识流方法，对旧有的小说形式进行改造；他尝试以现实主义为主题，以意识流辅助技巧为手段，创造出一种心流现实主义的小说；小说的主题仍是人物和故事，但侧重于人物的心理描写，在注重实践逻辑联系的主题上，有限地使用空间的自由组合；在叙述方式上，他将传统的第三人称全文叙述与意识流的内心分析感觉、分析感情的独白相结合，不同的手法之间转换自然，显示了作者运用意识流的圆熟；他还多方面的借鉴现代派的各种方法和技巧，比如西方表现主义、超现实主义和黑色幽默等。

王蒙这类作品以《杂色》《坚硬的稀粥》《蝴蝶》《布礼》等为代表作。这些作品往往以意识流为主要表现手法，以隐喻、象征等为结构元素，用表层意义暗示深层内涵，具有对文化与哲学意味的追求，成为王蒙小说创作中的特殊贡献。

所谓"意识流"，是指十九世纪末出现的，盛行于二十世纪二十至四十年代的英、法、美等国的现代小说表现手法，它重在表现人物的内心意识活动，常常通过人物的内心独白、自由联想、意识跳跃来展示人物的内心世界，以意识的自然流动来结构全篇，在文本结构上显得腾挪跌宕、时空倒置、叙写自由。

因此，王蒙的这些创作性艺术探索小说，被评论者称为"东方意识流"小说。而东方与西方"意识流"的差别，在于王蒙对西方"意识流"的借鉴、运用，只是基于方法、技巧层面上的接受，是为着内容表现的需要服务，没有将它用来指导自己的创作。因为很明显，现代西方的"意识流"是一种非理性主义的小说创作方法，以无中心、无主题、无意义为特色，而王蒙的创作，则是在明确的思想指导下的艺术创造过程，表现既定的主题和特定的思想意义。正因为这种区别，王蒙的这些作品才被称为"东方意识流"小说。

所以说，对小说艺术的创作性探索和实验，成为王蒙小说创作的鲜明特色，也是他对中国小说艺术的最大贡献，具有历史性的文学史价值。

王蒙虽然以长篇小说《青春万岁》的创作起步（创作于1957年前，部分章节发表于1957年，全书出版于1981年），但他的中短篇小说却是最为文坛熟知且在社会上脍炙人口的，同时，许多奖项，也是王蒙的中短篇小说获得的。然而，在经历了上世纪五十年代和七十年代末至八十年代的中短篇小说创作高峰之后，从九十年代起，王蒙重新开始长篇小说的创作。至今为止，王蒙已经创作长篇小说九部。其中，以"季节系列"的四部长篇小说《恋爱的季节》《狂欢的季节》《失态的季节》《踌躇的季节》最具代表性。

从1993年到2000年，王蒙用七年时间创作出版了四部长篇小说，即"季节系列"。所谓"季节系列"是借用四个不同季节形象的定义作隐喻或象征，将二十世纪下半叶起，中国知识分子从充满理想的"热恋"状态到五十年代中遭受打击的"失态"境地，再由六十年代初的"踌躇"言行到六十年代末至七十年代初的"狂欢"下的复杂生活，相当生动、深刻地描绘了新中国半个多世纪的社会变迁，相当完整、本质地构建了中国当代知识分子的心灵发展史。具体说来，"季节系列"既有作者个人经历的烙印，又有"革命"和"知识分子"两个关键词贯穿始终，读者可以一窥由一个人或一个家庭乃至一代人所经历的历史沧桑。尤其是《狂欢的季节》对于"文革"历史的书写，达到了前所未有的社会价值与文化反思高度，令世人瞩目。

王蒙的其他几部长篇小说亦是风格独特、异彩纷呈。《活动变人形》是从中西文化对比高度反思中国人的文化人格，这是以自己家庭为背景的创作，被称为"审父"之作的小说，具有经典作品的诸多要素。《青狐》则以二十世纪七十年代末八十年代初的首都文坛为时间和空间背景，通过一个初涉文坛女子的描写对当时众多文艺家生活的现实环境进行了深度刻画，具有写实与虚幻的双重文学意义。《暗杀——3322》的书名貌似惊险侦探小说，其实是以现实与过去交织的形式，描绘出主人公经历的特定年代故事。

有评论家论及王蒙小说创作时提出四个阶段论，即"干预生活"（五十年代）、"反思历史"（八十年代）、"文化批判"（九十年代）、"回首往事"（新世纪以来）。确实，从2006年到2008年，王蒙密集地创作出版了三部集《王蒙自传》（《半生多事》《大块文章》《九命七羊》）。这是一部"革命"作家、"非凡"人士的成长史，也是一部研究中国当代文学和社会思想史的不可或缺的重要文本。王蒙的自传历经个人生命的近八十年，涉及新中国成立前后直至改革开放与新世纪的社会人生；从个人遭遇到历史变迁，从底层民众到高层领导，接触到社会多个阶层；更为重要的是，通过作家本人与社会尤其是文艺界人士的交往描述，展现出当今中国文坛的生动场景。因此，王蒙的自传具有独特的认识和记录价值。

在王蒙半个世纪的创作中，有一种浓重的"新疆情结"。他在新疆生活十六年的经历，成为王蒙创作的又一主题和资源库。王蒙二十世纪八十年代创作的《在伊犁》系列小说，就真实反映了他在新疆的生活和当地的历史、文化与风俗，具有珍贵的文献价值。由于王蒙在新疆与维吾尔族劳动人民长期共同生活，使他不仅熟悉了少数民族风情，也学习了各民族文化，尤为重要的是学会了维吾尔语。在当代作家中，王蒙是唯一能用维吾尔语的思维方式构思作品的作家。更为重要的是，王蒙在新疆的生活经历和文化熏陶，在较大程度上影响了他的创作，这主要表现在：开拓了小说的表现领域，并成为文学创作的不竭资源，产生了不断地创作动力；形成了王蒙积极健康、成熟圆通的人生意识和处世态度，丰富了知识结构和创作思维与文化参照，奠定了艺术支撑的基石，为以后的创作打下牢固基础。可以说，没有新疆的经历，就可能没有今天的王蒙。2013年4月，《这边风景》的出版，既填补了王蒙创作链条上空缺的十六年，又是他对新疆生活经历的全面且全景式总结的文学作品，了却了王蒙的心愿：让一部尘封四十年的、长达七十万字的"新疆小说"与读者见面。

王蒙除了是位优秀的作家外，还是一个杰出的学者。他的学术成果主要表现在两个领域，一是文学理论与批评，二是古典文学研究。长期以来，人们对王蒙的文学作品尤其是小说的关注，超过了对他作为当代重要文学批评家的关注。在当代文学批评和理论研究中，王蒙形成了自己独特的风格，即"大师评论名作"。从对王朔的批评，对郭敬明的评论，对一些作家作品的评论，对当代文坛现状的关注和对一些文学理论热点的探讨，都表明王蒙是独具特色的文学批评家，而王蒙的文学批评来自他本身的内在认识和价值。王蒙这方面的代表作有：《王蒙谈创作》《文学的诱惑》《当你拿起笔》《漫谈小说创作》《创作是一种燃烧》等。

对于古典文学研究，王蒙相对集中在两方面：一是《红楼梦》，二是李商隐诗。在这两方面，他都有专著出版。

可以说，他在这两方面研究的成就是公认具有开创性的，他的贡献在于在全新意义上开辟了《红楼梦》和李商隐研究的新领域、新视野、新时代。对此，著名红学家冯其庸先生和其他学者有肯定评价：王蒙是有"双翼的：一是研究《红楼梦》，一是研究李商隐，在这两个古典文学拥挤的学术领域当中，王蒙研究出了自己的特点，提出了自己的见解；在《红楼梦》研究实际上已经碰了壁、走进死胡同的情况下，王蒙《红楼梦启示录》出现了，不仅对读者是启示录，对整个中国的红学研究也是个启示录，感觉确实在红学研究当中开了新局面。王蒙是博大的，王蒙对中国的传统是熟悉的，他碰到的很多问题都有自己独立的见解，王蒙对《红楼梦》的点评是当代红学研究最卓越的成果之一，王蒙也被读者和红学界誉为当代最著名的红学家，他的"评"，是一个大才子的评，是一个大作家的评，是一个有大智慧、大文化人的评。冯其庸并认为，王蒙点评本《红楼梦》的出版，被公认为是红学界的一件"大事"和"盛事"，王蒙无疑是《红楼梦》的"大评家"。就王蒙的李商隐研究，黄世中（温州师范学院）认为，王蒙对李商隐研究的突出贡献主要表现在三个方面，一是研究的当代性，二是对李商隐"无题"诗提出了"五层次研究说"，三是特别重视对李商隐诗歌所反映的心象的探求，提出了"混沌的心灵场"的见解。他认为，王蒙在李商隐研究上，以其诗人的特殊敏锐力，在研究方法论上给予学界许多有益的启示，那就是历史与逻辑的统一，感悟与理性的统一，摒弃学院式的考证又不离传统，引进新方法论又自出机杼，纵谈直论，意趣横生，使人有会心如悟之妙。

王蒙的文学创作主要是小说，有着自己鲜明而独特的语言风格和文体本色。这主要表现在：

1. 意识流手法的开创性运用，同时多方面借鉴西方现代派各种写作手法和创作技巧，如：象征、隐喻的表达叙事、超现实主义的黑色幽默流派等。这在王蒙二十世纪八十年代的小说中有突出的表现。

2. 王蒙是中国作家中最注重小说修辞的一个，重视语言表达的气势美与文字的经典化，尤其是排比句式的大量运用，已成为王蒙作品的鲜明特色。

3. 王蒙小说中语言的幽默、机智已成为其作品创作的鲜明特征。用幽默的笔法直面严酷的人生与社会现实，使人在渗透幽默情调的作品中回味、反思、批判、升华，达至文学创作的哲学高度。

4. 王蒙小说的表现语言具有多样化特点，不追求完美对称的表达，而常出现大幅度跳跃、断裂和悖反；有时还借鉴相声的表现方式，语言俏皮夸张且充满机智；其他的杂文语体、文言辞句、民歌民谣亦常出现在王蒙小说中，形成兼收并蓄的语言风格和文体特点。

5. 王蒙在"季节系列"小说中，出现了被评论家定性的"狂欢体"（在《狂欢的季节》中表现得尤为突出）——一种新的小说文体。所谓"狂欢体"，其实质是在创作中遵循"无法之法"等原则——即怎么痛快怎么来——调动一切能调动的语言、文化、生活、思想资源，为自己的"狂欢化"写作服务。具体讲，就是运用反讽、悖论、荒诞、对比、隐喻、夸张、象征、喜剧、幽默、调侃、戏说等等诸多艺术手段，来表现作品独特的严肃的内容。于是，由各种文体、语言、风格随心所欲拼接、杂交、戏作而成的，导致一种强烈戏说成分的诙谐文体产生了，这是王蒙的独创，也是与此前、此后王蒙其他作品的显著区别，可谓别具一格。

6. 王蒙的小说创作中，有一种对语言的情致化境界的追求。在王蒙看来，小说有三个要素：故事、人物和内在情致。情致在小说中表现为语言，就是要表达出文字的优美与语言的鲜活；情致在小说的构造中，则成为一种意境，即用语言和文字描绘出生动、美丽的画面与氛围。当然，情致的产生与意境的达至，则要求小说的语言和文字必须新颖与灵动，成为一种不断变幻的艺术氛围与固定的艺术风格。

四、王蒙创作的思想高度与时代特色

毫无疑问，王蒙是中国当代最富思想智慧的作家之一，他的文学理念和创作实践达到思想深度和历史高度在当代文学中具有标志性意义。

诚然，王蒙创作的思想高度并非与生俱来的，他二十世纪五十年代的小说就表现出反映生活深度的不足。但随着王蒙人生经历的丰富、思想认识的升华以及创作实践的历练，从二十世纪八十年代起，他的创作日益显示出与众不同的思想高度与时代特色。

王蒙的小说无论忧伤反思还是谐谑反讽，无论初始的"青春创作"还是新世纪的"季节系列"，都始终描绘着当代中国政治的种种色彩，政治始终是王蒙关注与思考的核心问题，而对政治解析已构成王蒙小说最突出的特征。因此，王蒙创作的小说，在反映中国当代社会的深度与广度上是当代作家作品中最为突出且相当成功的。这方面的代表作就是"季节系列"四部长篇小说，通过对二十世纪五十年代以来历次政治运动的真实描述，展示出当代中国六十多年的社会历史进程和中国人（主要是知识分子）遭受的苦难和经历的曲折心路，从根本上探索并反映出如"文革"这种政治灾难何以发生的历史、社会及人类自身原因所在。正由于王蒙的人生经历、政治经验以及深入社会底层与身处政治中心高位的巨大反差造成的穿越政治的认识思维能力，使他的创作能够比他人在反映历史变迁、表现政治事件、描绘人们心路历程上具有深邃的目光和犀利的笔触，具有无可比拟的深度与广度。

读王蒙的小说是一次对人生哲理和人生情绪的思考与体验，是通过描绘生活场景反思社会人生的文学实践。因此，王蒙的小说《蝴蝶》《风筝飘带》《杂色》《布礼》等，在二十世纪七十年代末八十年代初"伤痕文学"、"反思文学"流行的时刻就显得格外与众不同，王蒙的这些小说所表现的社会内容和人物生活同样入木三分、鞭辟入里，但不仅仅停留在单纯的对"文革"苦难的揭露、控诉上，而是引发进一步的理性思考，形成对当时"伤痕文学"的超越，直接进入到对造成如"文革"那样政治灾难的社会、历史与人性

根源的深刻反思。可以说，王蒙的小说中表现出的文化、哲学上的思辨性，正反映出他创作的又一思想高度，是当代作家中独树一帜的。

在王蒙身上汇集了传统文人、社会主义新文学开创者、现代主义文学家的综合品质。因此，他的创作特别关注知识分子的时代命运及其生活变迁。从早期《青春万岁》的高中学生，到后来《青狐》中的文艺家，王蒙沉浸在个人和历史的环境中，又超出、胜过他面对的现实，描绘出各类知识分子在不同年代的心灵史。这在长篇小说《活动变人形》中表现得尤为充分。小说通过人物刻画对我国传统文化的心理进行了深刻反思和无情批判，对众多知识分子的生活命运作出触及灵魂的"布局"与追究。可以说，超越自我的灵魂写作，是王蒙小说常见的表现方式，也是他创作中具有深刻思想内涵的文本依托，反映出王蒙人生价值观与认识论上的高人一等。他的小说淡化历史创伤记忆，更多地关注历史灾难过程中人物的心灵现实，刻意展示人物在特定境遇中内心情感波动。

有评论家认为，宽容，已经成为王蒙小说的一种突出品性，一种涵盖力极强的精神内核（宋炳辉语）。对此，王蒙自述云："是的，四十六岁（1980年）的作者已经比二十一岁的作者复杂多了，虽然对于那些消极的东西，我也表现了尖酸刻薄，冷嘲热讽。但是，我已经懂得了'凡存在的都是合理的'道理，懂得要讲'费厄泼赖'，讲恕道，讲宽容和耐心，讲安定团结。"可以说，在王蒙的小说创作中，无论"反思文学"还是"季节系列"，无论长篇还是短作，"宽容"的主题用多种形式表现着，他没有把历史灾难的责任简单地归结为某个人或某场政治运动，而是从历史的主客体双方寻找原因，找到彼此可以谅解的地方。这种宽容的历史态度，使他对历史不进行简单的道德评判，而是着意于揭示历史灾难背后所蕴含的深刻哲理和教训，因而站到了作品的思想高度上。是的，王蒙在小说中以宽容的目光注视着现实人生。但王蒙的小说世界，有对理想的憧憬与反思，也有对现实、历史的理性把握；有政治家的高度社会责任感，也有艺术家的自由自如的创造表现气质；有理智对情感的批判，也有直感对理性的怀疑与思索；有自我寻找与构建，也有自我蜕变与超越……这里充满了一个正直而敏感的艺术家对社会政治、对现实人生的不懈的感受与认识，和对艺术的执着追求。

王蒙作为中国新时期文学的代表作家，在他身上浸润着革命理想和历史传统的双重影响，应该说，王蒙是一个具有儒家文人气质的现代革命知识分子，因而革命理想主义和历史理性主义就存在于他的文学创作中。他既执着于对自己青年时代革命理想信仰的坚定追求，又不断地对这种理想主义及其实践过程进行反思，指出它在实现上的艰难和前途光明，表现出对历史理性主义的认同。出于对革命的信念，他既认识到现实的力量，又表现出对现实问题的超越，避免了当时那种普遍性的感伤。

进入新世纪以来，王蒙的创作在呈现多元化的同时，更显示出哲学思考的新高度。这主要体现在他的几部研究老子的著作和《王蒙自述：我的人生哲学》《中国天机》等几部书中。因此，王蒙在几部著作中，对儒家精神的批判继承，对老庄哲学的另类解说，对中国社会的历史、文化、政治的深刻思考，显示出他作为思想家的一个鲜活形象。

综上所述，王蒙的文学创作有着鲜明的时代特色，代表了中国新时期文学的标志和走向。首先，他的文学创作特别是小说反映了新中国成立之后六十年的社会生活现实，具有较高的认识价值。其次，他的文学创作尤其是小说中，表现了中国当代知识分子曲折复杂的生活际遇和历经磨难的心路历程，具有深刻的反思价值。再次，王蒙文学创作和作品中，显示出的思想观念与文学理念，在当代文学中具有相当高度，可称为新时期的一面旗帜；另外，王蒙在小说艺术形式上的探索与开拓，以及他在创作中对包括传统和现代表现手法的纯熟运用，使他成为一位特色独具的杰出作家；最后，王蒙文学创作显示出的多文体创作、多领域研究、多题材写作的综合实力，在各个领域取得了不可多得的艺术成就，成为一个时代的创作与研究的范本。

王蒙作为二十世纪下半叶以来中国文学界的翘楚，他以杰出作家、思想家、学者的身份面对中国，面向世界，成为一个世纪的骄傲。

五、被推入诺贝尔文学奖候选人名单的人

作为中国当代主流文学的领军人物，王蒙及其创作成为中国文学的时代标志，受到国际社会普遍关注。他的作品被译成多种文字在美国、英国、俄罗斯（包括前苏联）、日本、荷兰、挪威、罗马尼亚、墨西哥等国家出版，

成为走向世界的中国作家。诺贝尔文学奖评委、瑞典汉学家马悦然也认为，王蒙和莫言、李锐、残雪等一批中国作家的创作水平，已经能与欧美国家最有名的作家相比肩，王蒙等人作品已在海外产生了相当影响。

正是由于王蒙在文学创作上的杰出成就和在海外的影响，不仅将他推入了诺贝尔奖文学候选人的行列，还使他成为诺贝尔文学奖候选作家的推荐人。这两件事的来龙去脉，我们还得从二十世纪九十年代说起。

1994年，已卸任文化部长五年的王蒙接到瑞典文学院院士、诺贝尔文学奖评委马悦然的邀请，希望王蒙能赴瑞典访问，在瑞典文学院作一次有关中国文学的演讲；同时，还请王蒙提供一份英语的推荐材料，推荐若干位中国作家作为诺贝尔文学奖的候选人。这份推荐材料不少于十五页，将列入瑞典文学院的正式档案。为此，王蒙可获得二千美元酬金。马悦然还强调，王蒙推荐的作家可以包括他自己。

这就是说，诺贝尔文学奖评委会或者瑞典文学院向王蒙抛出了橄榄枝，一是邀请他作为中国作家的代表去瑞典文学院演讲，二是确定他为诺贝尔文学奖候选人的推荐专家。这是对王蒙的信任，也是王蒙的荣誉。

为此，王蒙作了认真准备，并推荐了四位中国作家：韩少功、铁凝、王安忆、张炜为诺贝尔文学奖候选人，并按要求写下了详实的推荐材料，还请当时的国家外文出版社副社长黄友义翻译成英文。

至于是否自我推荐，王蒙始终犹豫不定。用他后来的说法，如果出访瑞典的准备顺利，他会考虑自荐的。

但后来事情的发展并不顺遂人愿。首先是由于王蒙原任国家文化部部长的身份，他的出访需经国务院批准，这就先要通过文化部和外交部的审核会签同意。对于王蒙出访瑞典，文化部方面自然没有异议，但外交部有关方面却认为王蒙此时接受马悦然邀请出访瑞典是不适宜的。对此，文化部专函给外交部，建议同意王蒙出访瑞典，但外交都仍坚持原议，还是不同意放行。

由于王蒙迟迟未能答复并确定出访，瑞典方面改由萨斯航空公司总裁出面邀请，并由瑞典驻华大使馆具函相约以示郑重。但外交部依然持否定态度，并指出实际邀请王蒙的仍是马悦然。

这时马悦然委托一位瑞典汉学家、曾任斯德哥尔摩大学中文系主任的罗德弼前来北京打探情况，直接找到王蒙询问。王蒙自然不能将中国政府有关部门内部运作的细节和对此访的异议向他详述，只说手续尚未办好，可能无法成行。

谁知这位罗德弼先生回到瑞典，竟想当然地回报马悦然称：王蒙不想来瑞典访问。

马悦然闻讯颇感意外，又大为光火，认为王蒙不识抬举，就公开发表声明称：既然王蒙对于与瑞典文学院的文学交流不感兴趣，他也只好放弃他与中国的交流计划。

王蒙得知马悦然此言后也大为震惊，认为马悦然的声明"包含着"某种警示性解读的可能：从此中国本土作家将与诺贝尔文学奖无缘，这"后果自负"，或"后果由王蒙负"。

这样一来，事情更加复杂化了。对此，了解实际情况的瑞典驻华大使馆也很关注，就让使馆文化专员特地在香港媒体上发表声明，指出马悦然对王蒙的指责完全没有事实根据，实际情况并非一些人所想像的那样。

就这样，中国失去了一个改善与加强跟瑞典文学院和诺贝尔文学奖评委会沟通交流的机会。此后，中国有关方面与马悦然的关系日益恶化，以至有段时间不同意他入境。尽管后来王蒙与马悦然在香港和瑞典见了面，二人捐弃前嫌，握手言欢，但过去的一段毕竟是一次不愉快的经历。

至于后来事情的发展，王蒙本人有如是说：

> 这里还有一个后续插曲，更是阴差阳错，哭笑不得。说是瑞典的一位女副总理（本书作者按：应为副首相）访华时会见我国一位外交方面的高层领导，谈到了邀请王某到访事，我高层领导乃指示此事可行。外交部为此商文化部，此时文化部下边负责有关具体工作的同志反而火了，我部以如此罕见的郑重的方式提出王某访瑞，你们竟不予注意，现在剩了不多天了，又说行了，让我们来一个赶三关，你想说行就行？算了，我们不办了，王某人不去啦。这个情况我同样是事后很久才知道。

从王蒙与诺贝尔文学奖的首次接触可以看出：首先，王蒙作为中国文学的重要代表作家，他的作品和成就已被诺贝尔文学奖评委会所看重，否则就不会邀请他出访瑞典作演讲，并授权他推荐中国作家作为诺贝尔文学奖候选人。其次，尽管出访演讲与推荐作家最终没有如愿，但责任不在王蒙本人，而在于当时环境条件所限和某种制度缺陷。这些都从一个侧面说明，中国文学与世界文学的交流是多么需要相互沟通。可以说，从王蒙身上就见证了中国文学界与诺贝尔文学奖以及评委会的交流历程。

至于王蒙如何被推入诺贝尔文学奖候选人行列的，吴东平所著《华人的诺贝尔奖》一书是这样记述的：

二十世纪末期，即从1998年开始，全美中国作家联谊会就开始筹备诺贝尔文学奖中国作家的提名工作。大约到了1999年初，提名小组曾对中国当代的有关作家作了调查，其中王蒙、巴金以90%以上的得票率名列前茅。又经过一系列规范、有序而细致的工作，美国诺贝尔文学奖中国作家提名委员会于2000年1月28日，将提名王蒙参加当年的诺贝尔文学奖评选的推荐信和美国八十多位各界学者、知名人士以及有关团体支持这一提名的签名，一同寄往瑞典斯德哥尔摩诺贝尔文学奖评审委员会。

到了3月12日，瑞典诺贝尔文学奖评审委员会致函美国诺贝尔文学奖中国作家提名委员会，表示接受对中国作家王蒙的提名。随后，提名委员会主席冰凌举行了记者会，向六十余位记者介绍了这次提名情况，正式将这一消息公布出来。出席这一会议的有提名委员会的顾问林辑光、董鼎山、唐德刚以及全美中国作家联谊会常务副会长杨皓等人。

提名委员会在致瑞典诺贝尔文学奖评审委员会的信中，对王蒙是这样评价的：王蒙先生是中国当代最具代表性的伟大作家、文艺理论家和思想家，也是享有世界声誉的中国作家。他在近五十年的文学创作历程中，创作出六百万字的文学作品，出版近百部小说、散文、诗歌和学术著作，被译成二十多种文字在各国出版，多次荣获中国国家级文学大奖和意大利、日本等国的国际性文学大奖。他的巨大文学成就不仅源于他与生俱来永不停止的创新意识和探索精神，还由于他通过作品所洋溢出来的联系时代、关注社会和人生的人文情怀和生命之火。他个人不平凡的经历、卓越的才华、敏锐的思维、过人的思辨力、洞察力和艺术创造力，加上他惊人的毅力和勤奋，还有宽容大度、善于自我调整的性格，共同造就了他这位文化大家和享誉世界的伟大作家。

对于提名王蒙为2000年诺贝尔文学奖候选人一事，王蒙先生告诉记者说，当初他本人并不

王蒙在讲演中

知道。事实上，提名委员会在提名时，也并没有征得他本人的同意。

对于诺贝尔文学奖，前几年王蒙先生曾对记者说："按照目前诺贝尔文学奖评选委员会对文学的评判标准来看，中国作家很难获此殊荣。"他又说："不获此奖并不代表国内作家没有实力，国内作家应该坚持走自己的文学创作道路，写出有震撼力的、反映出时代特色的力作，没有必要太在乎这个奖。"

王蒙作为当代有影响的权威作家，对中国文学在世界文学中的地位作了中肯的评价："中国当代文学仍处在世界文学的边缘地带，很多作家如张贤亮、张洁的作品，被翻译过，但能在世界文坛引起轰动和强烈关注的至今没有。"这是王蒙先生对当今中国文坛的真实的评价，也道出中国作家不能获取诺贝尔文学奖的重要原因。这里，王蒙先生既是对中国文学的评价，也是对自己的评价，当然也就道出他未获得诺贝尔文学奖的原因。

有评论家认为，王蒙是个复杂的存在。他是中国式的、经过"革命"洗礼的左派个人主义者，在一定程度上部分地接受了二十世纪具有现代精神的个人主义与自由、民主、科学思想，但他本身的革命经历和"革命理性"又使他批判、排斥西方文化观念（董建语）。因此，他创作的注定是中国式的、带有一定"革命"色彩的、反映出当代中国现实的、具有主流价值观的作品，

而这些作品中表现出来的"理想"和价值观,是不大符合诺贝尔文学奖评选的"理想"标准的。因此,王蒙当年未能获得诺贝尔文学奖就不足为怪了。我想,这才是他最终未能获得诺贝尔文学奖的根本原因。

结　语

现在的王蒙是中国作家协会名誉副主席、中央文史研究馆馆员。以作家和学者的双重身份,在中国的多所大学担任教职:中国海洋大学顾问、教授、文新学院院长,中国传媒大学名誉教授,绍兴文理学院名誉教授,武汉大学文学院名誉院长、客座教授,东北师范大学客座教授,伊犁师范学院客座教授。创作、研究、教学、讲演、交流,成为王蒙现在的工作状态,他关注的仍是中国的文学和文化,以及中国社会日新月异的发展变化。

正如一位评论家所言,我们有理由相信,王蒙这样一位具有高度历史使命感和社会责任感的作家,会具有旺盛的艺术生命力和艺术创造的潜力,他在中国文学史上将占有显著的地位,并且他最终会迈进世界文学的殿堂。

第十二章

李敖的狂言

题图：李敖像

李敖是个饱受争议的人物。

李敖自诩为五百年来中国人写白话文之翘楚，曾有"五百年内写作白话文前三名是李敖，李敖，还是李敖"的狂言。其著作甚多，主要以散文和评论文章为主，《李敖大全集》是他大部分著作的合集。有《传统下的独白》《独白下的传统》《胡适评传》《闽变研究与文星讼案》《上下古今谈》《李敖文存》

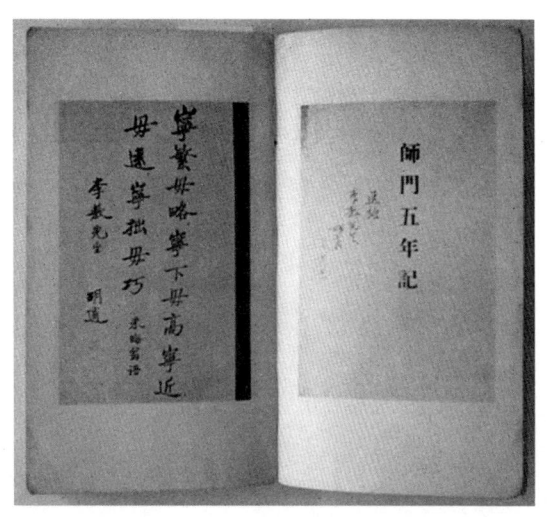

李敖著作书影

等著作传世，近年出版的有《李敖的情话》《蒋介石研究文集》《李敖回忆录》和《李敖快意恩仇录》《李敖议坛哀思录》《李敖有话说》等，总共一百多本著作，而李敖前后共有九十六本书被禁，创下历史记录。

李敖的作品以文字尖锐辛辣、批评不留情面著称。例如他曾评价余光中"文高于学，学高于诗，诗高于品"、"一软骨文人耳，吟风弄月、咏表妹、拉朋党、媚权贵、抢交椅、争职位、无狼心、有狗肺者也"，这些措词严厉的评价在学界和民间都有各种不同的反应，同时也被西方传媒追捧为"中国近代最杰出的批评家"。李敖以嬉笑怒骂为己任，遭他抨击责骂过的形形色色的人超过三千位，在古今中外"骂史"上无人能望其项背。有人说他"独来独往，高兴骂谁，就能骂谁，就敢骂谁，就毫无顾忌地骂谁"。的确，多年来，他与台湾当局一直政见不合，对台湾时政一直进行抨击。他骂过国民党，骂过李登辉，痛斥过台独，也攻击过陈水扁。正是因为"狂言"，他曾坐过两次牢，时间长达六年多。

一、生逢乱世，颠沛流离

李敖1935年4月25日（阴历三月二十三日）生于哈尔滨，祖籍本是山东潍县，后来因为他爷爷闯关东到了吉林，遂改为吉林省扶余县。

据《李敖回忆录》称，他的远籍是云南乌撒，在明太祖洪武年间才自乌撒迁到山东潍县（潍坊）。祖先迁到山东潍县后，累世布衣，在潍县五百年，乏善可陈，无恶可作，绝无"名流"出现，一直安土重迁，直到他爷爷这一辈，才发生了大变化。

李敖的爷爷名叫李凤亭，生在潍县，时间约在清朝同治元年（1862）前后，也就是中华民国前五十年前后。他小时候赶上荒年，与母亲一起讨饭，母亲不幸被恶犬咬死，他流浪一阵，无以维生，替"下关东"的人赶马车，自然也随着"下关东"了。所谓"下关东"，是专指山东、河北等省的穷人，朝山海关外的东北"偷渡"。东北是满洲人的老家，满洲人入关建立清朝后，把东北划为禁区，除了发配罪犯，禁止汉人去东北。但是，东北地大物博，它的富庶，对山东、河北等省的穷人，构成极大诱惑。这种诱惑，使禁区禁令成为废纸，大量的汉人纷纷"下关东"，在白山黑水之间，驰骋犯难，就像美国人"去西部"一样。

李敖的爷爷活了八十三岁，其中有六十年在东北度过的，他的一生，充满了变动与传奇。他做过赶马车的、工人、农民、打更的、看坟的、流氓、土匪、打土匪的、银楼老板等等，名目繁多，经历复杂。他虽然不识字，但是胆大心细，头脑清楚，是有名的厉害角色。最令李敖扬眉吐气的是他爷爷的两个极富传奇色彩的故事。

第一个故事发生在他爷爷做流氓的时代。一天在地里设赌局，做庄家。聚赌的人里，有个赌棍手气不佳，每局都输，现金先输光，接着马输光，接着行囊输光，接着外套输光。最后他火了，拔出刀来，在大腿上割下一块肉——开始"肉赌"。肉赌是一种无赖的赌法，赌徒赌急了，一割肉的时候，庄家若输给他，不能赔钱，只能赔肉。明朝大宦官魏忠贤，年少无赖，做赌徒输了，就表演肉赌，他割的不是大腿，而是他的生殖器！（庄家若输，也得割生殖器）一般说来，赌徒一表演肉赌，庄家必须大量赔钱，破财消灾，免得万一输了，就要以肉赔肉。某赌徒这次表演肉赌，大腿上肉血淋淋往台面上一摆，大家都相顾失色。不料庄家李凤亭却面不改色地说："好小子！你来这一套！割起腿上的肉来了！你有种！可是你给我搞清楚，这一套别人吃你的，我李凤亭不吃！你肉赌，按规矩，不是我输了才赔你肉吗？不是我输了再割都不迟吗？不是我赢了就不割了吗？可是为了不怕你，为了比你小子还有种，我先割给你看！割下来，我赢了，就算白割了！"说着，就拔刀从自己大腿上割下肉来，一下震住了那赌徒。

二是他爷爷七十多岁以后，和大儿子一家住在郊外。一天晚上，来了一伙土匪，把家屋包围，在墙外高叫开门。李敖的大爷大娘已吓得面无人色，但是爷爷却镇定异常。他下令大爷大娘在室内大声吹警笛，自己却拿起一根张飞用的武器——丈八蛇矛，从前门跑到后门，从后门跑到前门，向土匪呼啸叫战。土匪们弄糊涂了，他们绝没想到：居然有这么一个倔强不怕死的老头子，手拿丈八蛇矛，坚持保卫家园，毫无让步之意。大概他们被这种从来想像不到的英勇行动震慑住了，最后他们决定撤退，一个土匪从墙头朝爷爷开了一枪，子弹打穿了窗上玻璃，打碎了窗台上的花盆，最后打到衣柜上。这个衣柜，一直跟着李家入关，最后运到故都。若非不便搬运，也许还会带到台湾去呢。李凤亭虽说比不上独退曹兵的张翼德，但在李敖看来也颇有几分神勇。

到李敖的父亲这代，李家的家风变了。李敖的父亲名叫李鼎彝，字玑衡，生在1899年，1920年进入北京大学国文系。那时正是北大的黄金时代。蔡元培是他的校长，陈独秀、胡适、周树人（鲁迅）、周作人、钱玄同、沈尹默等是他的老师。他的同班同学后来较有成绩的，有搞中国文学史的陆侃如、冯沅君，有搞国语运动的魏建功，同届的同学有周德伟、陈雪屏。李鼎彝1926年毕业，吉林省政府想公费送他留学，他那时已经二十八岁了，急于回家乡养家，所以就拒绝了。因为是"京师大学堂"毕业的，回到家乡，不但做了东北大学讲师，并且被聘为某中学校长，当时的待遇极好。

当时的东北大学副校长李锡恩说他生平佩服的人是李敖的爷爷。而李敖生平在勇敢、强悍、精明、厉害、豪迈上，"有乃祖风"，也是由佩服爷爷而来。看来，有其父必有其子这句话也不一定灵验。

李鼎彝回东北时，东北正处于它的历史黄金期。但"九·一八"事变后，广袤的黑土地尽陷敌手，老百姓尝到了当亡国奴的滋味。为不做亡国奴，李鼎彝决定率全家迁到北平。当时全家计有爷爷、奶奶、姥姥(外婆)、爸爸、妈妈、五叔、三姨、四姑、老姑、老姨、大姊、二姊、三姊、四姊、李敖，再加大爷和大娘一系四位，共达十九口之多。这样一大家子南迁关内，可谓浩浩荡荡，也自然是备尝颠沛流离之苦。可是到北平后不久，又发生"七·七"事变，国民党又弃人民而逃。李敖一家在关内又做了亡国奴。李鼎彝为大家庭所累，再也没能力南迁了。

爸爸人虽不能南下抗日，但他的地下抗日活动却没有停止。当"九·一八"事变之后，马占山将军的东北义勇军，是中国第一个以武装行动抗日的团体。在这个团体以实际军事行动抗日的时候，其他团体还在"伺机"之中，李鼎彝当时就是马占山的秘密盟员，这一身份，他一直保持到抗战胜利。

在北平，李敖一家十几口就住在姥爷的一位亲戚名叫沈铭三的一处住所，在东城灯市口附近的内务部街甲四十四号。从内务部街东口，向左转，是朝阳门南小街，再向右转，是新鲜胡同。这里有座小学，就叫新鲜胡同小学。1942年，七岁的李敖走进了新鲜胡同小学。李敖出身于读书人家，家庭教育自然是不会少的，李敖在学校的成绩自是骄人。1946年7月，李敖念完四年级，就是"初小"毕业，获得一张文凭。这是李敖平生第一次得到文凭。李敖从小爱书。在新鲜胡同小学念书期间，最引起李敖兴趣的，一是史家胡同一家商店的橱窗，窗内有蒸汽火车模型，非常惹人爱；另一是学校音乐教室后面的一个书橱，橱内一排排整齐摆着的，是商务印书馆出版的书。升入五年级以后，李敖课外书读得越来越多，成绩也越来越好。六年级的时候，他被选为班上自治会主席，又当了学校图书馆馆长，被选为"模范儿童"，他还有了私人的理化实验室和藏书室。1948年李敖完成了高级小学的学业，毕业了。他报考了两个中学。李敖的二姐李珣说："他考北京男一中以第四名的成绩被录取，差一点就中榜眼，而考男四中敖弟名列前茅，揭榜那天爸爸回家那个得意呀！爸爸兴高采烈地说，他从榜尾开始找李敖的名字，一直找不到，愈往前愈担心没考中，没想到原来李敖的名字高挂榜首……"过了暑假，李敖进入北平第四中学初一年级。

1948年，随着国民党在北方的统治局面江河日下，北平岌岌可危。李敖的父亲经过一番思量，决定全家分成四批南下。"第一批是爸爸自己，先到上海打前站，安排立脚之处。他在虹口区提篮桥附近上海监狱的对面买了一所房子，是一楼和二楼，三楼是六叔的。接着，妈妈、大妹、小妹、弟弟和一位老佣人第二批乘飞机走。我和三姐和四姐是第三批，为了省钱，改乘轮船。1948年冬天,我们三人由五叔陪同,先去天津,路上第一次看到战乱下苦难的百姓和满目疮痍的大地。大姐上了大学,而且刚刚被选为'系花',正在高兴;二姐在贝满女中念高三,毕业在即。她们两人为第四批,晚一点走。不想,这一'晚',就'晚'到出不去了,以至跟全家人到九十年代才得相见。"李敖如是说。

这时李敖生活的又一个转折,从生活优越的"少爷"一下跌落下来,然而李敖还是坦然面对,他在书里寻找慰藉。虽然到了上海,全家十九口人,没有一个找到职业的,但是父亲还是极力支持他的学习。在上海那段日子里,李敖专心念书,没有任何娱乐。李敖唯一常去的地方就是几家书店,李敖买了不少书。这构成李敖藏书的一大部分。在上海动荡的日子里,战争带给人民的苦难令李敖震惊,心寒。

他们一家于1949年5月11日又不得不搭轮船离开上海,"逃到"台湾。这次仓皇"出逃"时,李敖十四岁,带着个人的藏书五百本。李敖如此的视书如命,确实让人感动,他的思想来源于他读书汲取知识后的一点一滴的积淀、发酵。变迁的经历对李敖以后敢说敢做、疾呼人民的心声,是有很大影响的。

到了台中,李敖一家的生活可以说是艰难了。可是他还是有继续上学的机会,在父亲供职的台中一中读书。在家里,他也是有特殊的待遇,一家九口八个榻榻米大的房子,李敖一人独享两个榻榻米大的空间。

幼年李敖与家人合影

在这小天地里,他一桌一椅四壁书。在这里居住的十三年,李敖勤奋读书,辛苦写作,奠定了他在知识思想上的过人基础。李敖的成绩还是一贯的保持优异,参加各类演讲、辩论、作文比赛屡屡获奖,还将奖金用于买书。除参加各种比赛,李敖高一时写过《李敖札记》四卷,并在杂志上发表各类文章。

1953年他十八岁，念了十几天的高三，就自愿休学在家。北大毕业的父亲，发扬北大精神，支持他休学。于是李敖在那四面是书的两个榻榻米大的书房兼卧室里，痛痛快快地养了一年的浩然之气，也写了不少文章。在回顾成长过程时，李敖深有感慨地说："我有这么好的能力，和我从小就养成了重视读课外书的习惯，也养成了买书藏书的癖好有关。"

李敖提到，他最难忘的老师就是严侨（高中时的数学和生物老师）。引起李敖更大兴趣的是严侨有一位显赫的祖父——严复。在一次专题演讲中，严侨竟然大谈"演化论"而不是他祖父宣传的"天演论"，他说"天演"的"天"字不妥，应译为"演化"。严侨那种不跟祖宗走的气魄，给李敖留下抹不掉的印象。然而，严侨实际上是一名共产党的"特务"，他也曾深深地影响李敖，甚至李敖梦想跟他回大陆参加一个重建中国的大运动。可是在李敖十八岁休学在家时，严侨被捕，梦想也破灭了。在中学时期，李敖结识了另一位重要人物——钱穆。此时，李敖在思想上很接近钱穆。在两人第一次见面时，就相见如故。钱穆还向李敖解答研治国学的方法。但是，有想法、个性强的李敖最终还是反其道而行之了。李敖说："按说以钱穆对我的赏识，以我对他的感念，一般的读书人容易就会朝'变成钱穆的徒弟'路线发展，可是，我的发展反其道。在我思想定型的历程里，我的境界，很快就跑到前面了。对钱穆，我终于定论他是一位反动的学者，他不再引起我的兴趣，我佩服他在古典方面的朴学成就，但对于他在朴学以外的扩张解释，我大都认为水平可疑。钱穆的头脑太迂腐，迂腐得自成一家，这种现象，并无师承，因为钱穆的老师吕思勉却前进得多，老师前进，学生落伍，真是怪事！"

1954年暑假，李敖以高二肄业身份参加大专联招考试，这时他十九岁。虽然李敖各科成绩不错，但是数学一直以来都是他的软肋，每次考试都要拉分数。这次也不例外，致使李敖与他的第一志愿——台湾大学中文系——因几分之差而失之交臂。最终阴差阳错间，李敖进入台大的法律专修科。但是李敖志在学文不在习法，没考入台大文学院心有不甘，于是决定重考。但学校规定台大学生不能重考本校，除非先自动退学。李敖终因兴趣不合，毅然退学，结束了在法律专修科学习的二百八十七天的日子。但是在法律专修科呆了接近三百天，于李敖也不完全是一种损失。读李敖的书，你会感到他在法律方面是很有修养的，不仅熟悉法律条文，而且懂法学理论，论辩起来，不逊色于一名律师。他后来打官司不请律师，都是自我辩护，所写辩护词，理正词严，教人无法驳倒。

退学后，由于台中一中的老同学胡家伦指导有方，为他恶补数学，结果李敖重考大学时数学考到 59 分，如愿以偿考入台大文学院历史系，并且是成绩名列前茅。

二、台大长袍怪

进入台大文学院的拱门，感受到比较自由的气氛，李敖一度感到很满足。可是，很快李敖失望了，觉得学院的空气污浊得不堪忍受。他认为大学的教育带给人们的不该是读死书、死读书甚至读书死，它应该真正培养出一些智慧的才具，培养出一些有骨头、有判断力、有广博知识同时又有影响力的知识分子。他曾在文章里写道："历史系是一个神秘的系，它使狂者愈狂、狷者愈狷、笨者愈笨。在我没进去以前，我听说这系最好；等我混进去了，我才发现它好的原因，原来它是台大那么多个系中，最容易混的一个系：上上课，抄抄笔记，背一背，就是成绩甲等学生；逃逃课，借抄笔记，背两段，就是成绩乙等学生；不上课，不肯背，也不难及格，就是丙等、丁等学生，李敖之流是也！"在当时就对大学的教育有这样的见解和态度，在今天也是很多人都比不上的。李敖始终自喜，始终自信他有学问，只是不屑上课和应付考试而已，以致大学四年的成绩平平。

大学时代的李敖，一袭长袍成了他的"标志性装束"。有人曾列举台大有"四怪三丑"，而怪丑之首就是李敖这个长袍怪。他自己曾骄傲地说过，在台大，要说声名显赫的人物，除了校长钱穆，就是他李敖了。没有人敢说他没见过文学院那位穿长袍的，除非他是瞎子，可是瞎子也得听说过李某人，除非他愿意做聋子。

在台大，当时穿长袍的人不少，但只有李敖独享"长袍怪"的美称。教中国通史的夏教授，也整天一件旧长袍不离身。可一年中最热的那一两个月，他就坚持不下去了，也得破例地"夏威夷"一番。盛夏的一天，夏教授见李敖这小子仍穿着黑大褂，特地绕到李敖面前，一声不响地盯着李敖好一阵，摇摇头，说："你简直比我还顽固。"

还有一次，一位颇有灵性的女孩子，对他说："李敖，我忍不住。我一定要问问你，这么热的天气你还穿这玩意儿，难道你不热吗？"

李敖望着她那一副救世精神的脸蛋，慢吞吞地说："冬天那么凉，你还要穿裙子露小腿，难道你不冷吗？"女孩似有所悟，一句话没说，黯然离去。

李敖之怪由来已久。早在北京的时候，火热的夏季里，姐妹们都穿短短的连衣裙，而李敖却整天穿着长裤，还像大兵似的绑着裹腿。要他穿短裤，他居然说，那会露着大腿，有伤风化。

有时李敖又很"时尚"。1955年4月27日，李敖刚过完二十岁生日，父亲就去世了。李鼎彝的丧事办得很隆重，有两千人参加了公祭。那时李敖受胡适影响，坚持改革丧礼。按照传统，孝子要烧纸、诵经、拿哭丧棒弯下腰来，给前来吊丧的人磕头。李敖把这一套全改了，并且当众一滴泪也不掉。台中市一中的国文老师鄢曾荫先生委婉地劝他："李敖，你读书明礼，按古礼，不能这样干吧？"谁知李敖反唇相讥："按古礼，按《易经》是'丧期无数'；按《墨子》，是我母亲要陪葬；按《礼记》，是我父亲不能火葬……今天我要真行古礼，更不得了了。"鄢先生顿时语塞。

在台大，令李敖一生感恩难忘的是辽金元史专家姚从吾老师。姚从吾（1894～1970），中国历史学家，原名士鳌，字占卿，号从吾，中年以后以号行。他留学德国，做过北大历史系主任、河南大学校长。他拙于口才，讲话时先是张开奇厚的嘴唇，下颚乱动，满口乱牙翻滚，然后发音。他的声音中气十足，道地的河南口音。最可笑的是他讲课时老爱用手揉搓自己的大肚皮，自称兄弟。闹得一班女生下了课乱笑："他怎么跟我们称兄道弟呀？他那么老，被他称兄弟，多倒霉啊！"

姚教授冬天穿两种衣服，一件是灰色西装上衣，衣奇大，是从估衣市场买来的旧货；一件是阴丹士林长袍，长袍下有白衫裤，白衫裤与短袜子间，永远露出一截小腿。配合上他那厚实朴拙的造型，俨然一副中原老农相。据说，他在河南大学校长任上赶上解放军攻打开封，便化装成一老农，从乱军中逃了出来。其实，姚校长根本不用化装，天生本色就是一副农民相。

姚从吾在大陆时本是铁杆国民党，并曾奉命组建中国西南联大国民党党部。但到了台湾,他居然拒绝办理国民党归队登记。李敖对此很表佩服。

姚从吾教授在李敖大二时教《辽金元史》,大三时教《史学方法》。大四时指导李敖写论文。在学问上,姚从吾对李敖的影响有限,但他在学问以外方面,对李敖倒启迪颇多、帮助颇多,令其一生感恩难忘。李敖永远感念姚教授的人品:与人为善,不耻下问,赏识李敖,全心全意地帮助李敖这个学生。

1961年12月13日,李敖给姚从吾老师写了一封长信:

> 长期会(台湾学术机构长期发展科学委员会的简称)的本意在安定学人生活,在长期经援的安抚下,我这个小"学人"也分到一千元(配济、房子、图书费、车马费兼而有之)。这个数目,仅够维持一个学生的最低的生活,而不是一个"学人"的最低生活。
>
> 一个学人的最低生活标准是一间安静的小房(不是十人一间的宿舍),深夜可看书(不是在宿舍偷点蜡烛),每月可以买几百元的书,看两场电影,吃一次老爷饭店(虽然我从来没去过)。……
>
> 我对生活标准的看法是,一个敏感的青年人,他的精神已经痛苦大多,我们没有理由再要求他在肉体上、生活上,再吃更多的苦;没有理由说他租一间小房,逃开城市和俗人的喧嚣,每月花光一万个一毛钱是奢侈!五年的宿舍生活,一年的军中生活……没有人相信我穿的衣服没有一件不是老子的余荫,没有人相信我要筹还大学时代的零星旧债,没有人知道我为买书而存下半年吃早饭的钱。我想起《东轩笔录》中的那个故事。范仲淹奇怪那个孙秀才为什么年轻有为却"汲汲于道路",当他知道孙秀才志在"日得百钱,则甘旨足矣"的时候,他决定助此人"月可得三千",为了使其人能"安于为学"。十五年后听到孙秀才变成一代大儒孙明复了,他忍不住感慨说:"贫之为累大矣,倘索米至老,则才如

第十二章 李敖的狂言

明复，犹将泪没而不见也！"也许我真该后悔我念这个研究所，每月四百元公费。能专心研究什么？如果为生活不得已去"汲汲于道路"，把青春的兴趣浪费在穿衣吃饭上，那倒不如干脆去近史所或"国史馆"来得好！（我不觉得我不够资格，至少"成绩单"不如我的同班同学都在那里受着"高酬"。）因为那些地方至少把我的学力、兴趣与谋生打成一片，学问即在饭碗中，饭碗即在学问中，不必靠偷改作文或乱写稿子来赚外快。

我并不是计划告别学问，可是我知道学问对于我，目前简直是一件奢侈品，做学问需要大量的安定与气质，至少对我这种"内多欲而外好学问"的人是如此。顾翊群是安定的代表，萧启庆是气质的化身，而我却什么也不是。基于这种自觉，我觉得我不能再恋栈了，我觉得我不配做您的助手， 您的研究室里也不该收容这么一个文化浪人。……

姚先生收到信后，立即给他回信，并送给他一千元钱。为此事，姚先生还在一天之内，给李敖的同班好友萧启庆写了三封信，其中一封说：

李敖怕是很苦了……他昨天又写了一长信给我，很引起我的同情。我把款备好了，预备今天（礼拜六有课）给他，他又没有来。只有请您多跑一趟了。我很抱歉的是：一、兼任助理遭受意外的挫折；二、北商分校教书，也须等明年一月内或二月初方可确定；三、李兄个性强，又不随便接受他人的帮助，您又不在，无人劝解；四、我在北平时颇有办法，现在，往往自己陷于困境，一筹莫展。奈何！这一千块，请他收下，以供急用……

姚先生是李敖的老师，又是胡适之先生的学生。一般人可能觉得李敖与胡适的相识当出于姚先生的引荐。其实不然。李在北平念初一的时候，

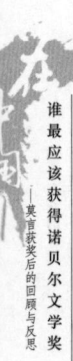

就久闻学者胡适的大名，到台湾台中一中时，便借阅了《胡适文选》，又在旧书店买了《胡适文存》一、二集，看了胡适的《中国哲学史大纲》。1952年10月2日，胡适到台中讲演，头天李敖在火车站见到胡适，并当面递给他一封信。这是李敖认识胡适的开始。

1954年，台湾大学《这一代》杂志的编辑向李敖约稿，李敖写了篇《从读〈胡适文存〉谈起》，结果编辑有顾虑，没采用，退了稿。三年后，雷震办的《自由中国》发表了李敖此文。

又过了一年，胡适从美国回台，约台大学生李敖见面，说："呵，李先生，连我自己都忘记了、丢光了的著作，你居然都找得到！你简直比我胡适之还了解胡适之！"他还透露说，李敖的那篇文章，雷震特别写信向他推荐过。

其实，李敖在给姚教授写长信之前已经写信给胡适——胡适是台湾中央研究院院长兼台湾长期发展科学委员会的负责人：

> 我们做助理的人与研究讲座教授和领甲乙种补助的先生们不同，他们有教授讲师的本薪，补助的钱对他们是"安定费"，是本薪以外的"补"与"助"，可是我们"助理级"就不同了，早几天或晚几天发薪对我们所生的影响是不能跟他们比的，每月惟一的一千元，它是我们的本薪，它迟迟不发，对"专任"两个字是一种讽刺，并且使我个人不好意思再向姚先生借钱，使我三条裤子进了当铺，最后还不得不向您唠叨诉苦，这是制度的漏洞还是人谋的不臧我不清楚，说句自私的话，我只不过是不希望"三无主义"在我头顶发生而已。

这封信是十月六日写的。胡适收到信后，在七日夜即复信给李敖：

李敖先生：
　　自从收到你七月四日的长信和那一大盒卡片之后，我总想写信请你来南港玩玩，看看我的一些稿件，从吾先生说："等他考过研究所再找他吧。"后来我见报上你考取了研究所的消息，那时我又忙起来了，至今还没有约你来玩。

过了"双十节"，你来玩玩，好不好？

现在送上一千元的支票一张，是给你"赎当"救急的。你千万不要推辞，正如同你送我许多不易得来的书，我从来不推辞一样。

你的信我已经转给科学会的执行秘书徐公起先生了。他一定设法补救。

祝你好。

胡适 1961.10.7 夜

李敖收到胡适的信和那一千元的支票非常高兴，也很感动。胡适虽然是他父亲的老师，但胡先生早已忘记了李鼎彝的名字。他对李敖的赏识纯粹出于李敖的治学天才和成绩。他有眼力看出李敖是有潜力的。能这样对待一个年轻人，胡先生的确跟别的老先生不一样。

李敖在"双十节"那天没有到胡适那里玩，而是写了五千字的长信给胡适，一方面表示感谢，一方面叙说了自己的身世，包括跟地下共产党严侨老师的关系，以及后来如何受胡适自由主义的影响，因而在思想上得到新的境界。这封信写得十分感人。胡适收到信后，也深受感动，拿给了好几个人看。结果在胡适死后，某小人便将这信公诸于世，当然，矛头是冲着李敖的。但李敖是"匪谍"，胡适也脱不了干系。

在中国现代史上，胡适是位文化名人，但同时他又是位悲剧性人物。抗战时期，他担任驻美大使。抗战胜利，他回国任北大校长。到台湾后，他又当中央研究院院长。蒋介石常请他用餐，咨询国事。看似风光，其实，他曾两次被国民党"围剿"。胡适在台湾，无论是生前还是死后，都被国民党视为政治异己者予以提防和压制。而在大陆，早在中共建国之初，胡适即被毛泽东严厉批判。个中原委，殊堪玩味。

1961年11月6日，胡适在"亚东区科学教育会议"上发表了一篇题为《科学发展所需要的社会改革》的谈话。谈话中有这么一句，"现在正是我们东方人应当开始承认那些老文明中很少精神价值，或者完全没有精神价值的时候了。"于是，几乎台湾所有顽固势力发动了一场对胡适的大围剿。某教授在其主办的学术刊物上著文大骂"胡博士之担任研究院院长，是中国人的耻辱，是东方人的耻辱"；某党棍在自己主办的政治性刊物上，用尽所有下流语言辱骂这位海峡两岸共同称为"洋奴"的胡适。

胡适的性格，早在留学美国时就定型了；老年的他，自然愈加深沉。面对如此一片辱骂、指责和叫嚣，他采取不理会、不答辩的态度。他的朋友和门徒也像他一样沉默，没有人敢贸然出战。

这时，李敖站出来了。1961年年底，李敖发表了《播种者胡适》。此文肯定了胡适先生在文学革命、新文化运动、民主宪政上的贡献，在学术独立和长期发展科学上的贡献。"胡适是我们思想界的伟大领袖，他对我们国家现代化的贡献是石破天惊的、不可磨灭的。"但同时，李敖也认为："梁启超说'胡适学问成家数'，至少我个人，我不承认在严格的尺度下胡适是'哲学家'和'史学家'。我宁愿承认他是一个褪了色的诗人，一个落了伍的外交家。"文章中还有其他一些对胡适不敬甚至讥讽的地方。

《播种者胡适》虽被外界认为是卫护胡适的文章，但文章有些地方直言无隐，如说胡适给女弟子关窗户以示体贴，当女学生疯狂追求他的时候，也绝不动心之类。胡适看了，十分不快。据杨树人《回忆一颗大星的陨落——记胡适之先生最后的三年》中记述，胡适对杨说李敖这篇文章："你看，这说的是什么，这样的轻佻浮薄！再看这儿，简直瞎闹。这还算是捧我场的一篇！"

胡适为此还专门给李敖写信，可是信没写完人就死了，胡适死后一群亲朋好友把他"垄断"，这封信也就被扣押下来了。直到三十六年后，李敖才得见这封信的影印件。在信里，胡适指出李敖文章多处"失实"：

李敖先生：

　　我知道这一个月以来，有不少称赞你做的《播种者胡适》那篇文字，所以我要写这封信，给你浇几滴冷水。

　　我觉得那篇文字有不少的毛病，应该有人替你指点出来。很可能的，在台湾就没有人肯给你指点出来。所以我不能不自己担任这种不受欢迎的工作了。

第一，我要指出此文有不少不够正确的事实。如说我在纽约"以望七之年，亲自买菜做饭煮茶叶蛋吃"——其实我就不会"买菜做饭"。如说我"退回政府送的六万美金宣传费的事"——其实政府就从来没有过送我六万美金宣传费的事。又如说："他怀念周作人，不止一次到监狱去看他"——我曾帮过他的家属的小忙，但不曾到监狱去看过他（我至今还想设法搜全他的著作，已搜集到十几本了。我盼望将来你可以帮我搜集。我觉得他的著作比鲁迅的高明多了）。又……在"经历和著作"里，也有很不正确的地方。如我在康奈尔只得了B.A，并没有经过M.A.阶段，就直接准备博士学位的工作了。

后来，李敖在其《快意恩仇录》里对这些"失实"一一作出了回应，他说的都有出处，是胡适记错了——可是，驾鹤西去的胡适已不能知道了。

三、强烈的反叛性

翻开李敖的历史，可见他一直都在"压迫"中生活：出生在日本人统治下的伪满，少年时生活在中国最动乱的三十至四十年代，到了台湾后，又深受国民党的压制……另一方面，从小到大，家庭、父母姐妹又把他宠坏了，给了他一个宽松、放任的小环境。因此李敖的性格具有极其强烈的反叛性。

李敖的反叛性主要体现在反独裁、反传统、反"历史"上。

反独裁，对李敖而言，就是反国民党，反蒋介石。李敖一生都在与国民党斗，三次入狱，被禁书达九十六种之多，堪称世界纪录。李敖的政治杂文绝大多数是反国民党的，以杂文集《横眉对乱世》《黑夜的思索》《斗士与镣铐》等为代表。如《选他做皇帝算啦》中说雷啸岑，"故国大代表，他平日袖手领干薪，六年一票选总统，周而复始，至感麻烦，有天开玩笑说：'我看不要每日付薪水给国大代表啦，干脆蒋总统一次付我们一大笔钱，我们选他做皇帝算啦。'"借雷啸岑口得出独裁统治者的面目:"大凡想亲自出马,做一国领袖者,基本上都有一种奉天承运的封建气象,'天生德于予',想当上现代皇帝——总统,以解决想当皇帝的需要。"李敖批判国民党腐败,在《国民党下班了》中用幽默的语言道:"别以为还有什么国民党吧,今天的国民党,八点钟上班,五点钟就下班了,下班以后就不是国民党了。直到第二天早上八点钟,再上班做国民党。国民党下班后,抱住老婆,或被老婆抱住;抱住小老婆,或被小老婆抱住……哪里还有什么国民党呀,谁还要做什么国民党呀。"李敖独自与岛内当权者的斗争几乎贯穿了他一生的历程。在蒋氏当政时期,在自己的书一出即被禁的情况下,他接连推出了五本《蒋介石研究》,毫不留情地揭露蒋氏卖国内幕。他还写了两本书批判蒋经国,写了两本书批判李登辉。对于当权的国民党和后来的民进党,他均有批判性的"大书伺候"。如此激烈地批判当代当权者,并且能够安然存在于他们的势力之下,这在整个历史上也堪称罕见。

在李敖的"反叛"中,首当其冲的是中国文化传统。李敖有李敖的一套思想,生性孤傲,因此也从不被所谓"道德"的教条束缚,练就了常人没有的独到的观察社会的眼光。由于他天生的反叛性格,致使他的作品具有强烈的批判意识。有人评价说:"李敖在其作品中以空前绝后的勇气和不妥协的姿态对中国古老的传统中的某些负面东西作了毫不留情的揭露、挑战与批判,并以其作品及人格为自由、民主、人权作出了牺牲和指明方向的贡献。"他在《传统下的独白》自序中说:"这本书共包括二十篇文字,篇篇都是名副其实的'杂文',有的谈男人的爱情,有的谈女人的衣裳,有的谈妈妈的梦幻,有的谈法律的荒谬,有的谈不讨老婆的'不亦快哉'……各文的性质虽是杂拌儿,但是贯串这杂拌儿的却是一点反抗传统、藐视传统的态度。"

在台湾,百姓对佛教、道教的神是极为尊重的,而李敖反其道而行之,写了一篇《神仙也要小便的》加以讽刺。他说:"我在《千秋评论》第二十三期《钞票·肚皮·尿》里,写过一篇《撒尿歌》,同时刊出希腊神话中大力士海克力斯的小便图,证明神仙也要小便的。"又说:"在中国古书中,神具人质,在形状方面,实在不如洋鬼子的明确。古书中有'天体无形,人所不睹'的话,又有'上天之载,无声无臭'的话。"他又引用《诗经》中《生民》一诗曾写过"皇后级的"姜嫄,踩上一只大脚印而得到神胎的故事,说明:"可见中国人的上帝自是有形的,不然何来大脚印?问题只是不见首尾而已。但是此公既有脚,自然有四肢,有肛门,有那话儿……自然要大便,小便……依理自推,不在话下。"李敖最后得出结论:因为神具人质,所以神有人的喜怒哀乐,也有人的吃喝拉撒睡——神并不是那么严肃,严肃的那么高不可攀,严肃的连尿也撒不得。

在《传统下的独白》一书中,有他反叛传统的老人权威的《老年人和棒子》、反叛传统的婚姻与爱情观的《张飞的眼睛》、反叛传统的清教式礼仪的《由一丝不挂说起》,甚至反叛传统的医疗知识——《修改医师法,废止中医》。这一连串反叛传统的姿态,既让既得势力者大为跳脚,也让李敖短时间内升起成为许多年轻人——那些也想反叛却又怕被旧势力惩罚压垮的年轻人——的偶像。不过反讽的是,李敖虽然经常用"文学"来称呼自己的作品,他的"文学"却和胡适一样,声言要反叛传统,但一直停留在"前现代"的阶段。因为他和胡适一样,缺乏像鲁迅那样看清人类存在的阴暗无奈的能力。于是他在传统里的独白,成功撕毁了传统的假面,却不曾带进真正现代的丰富语汇与深层意义。

李敖是历史科班毕业,不可能不懂历史,为什么说李敖反"历史"呢?需要说明的是,这里的"历史"指的是官方为了政治需要所做的"历史定论"。李敖反对它,恰恰是维护了历史的真实性。

鲁迅先生是著名的文学家、思想家,他的成就、他的名望在大陆是不可指责的。香港凤凰卫视中文台曾对李敖进行过专访,透过以大陆为主要传播市场的凤凰台,首次面向大陆观众。约两亿大陆观众也见识了这位在台湾和海外备受争议的大作家的风采。李敖言词的犀利、知识的渊博,和他笔触锐利的作品一样,在大陆观众心中留下深刻的印象。在专访中,主持人问李敖怎样评价鲁迅。李敖说:"我父亲是鲁迅的学生,在北京大学。我对鲁迅的评价同大陆的不一样,我觉得鲁迅在大陆是过分被炒作了。这个说法也不是我一个人的,鲁迅的弟弟周作人就这样讲过。鲁迅写《阿Q正传》这些东西蛮好,写《中国小说史略》也挺了不起。可他那些杂文其实并不好……第一个,他用的是日本文法,是从日本转过来的中文,那个中文很别扭。第二呢,他的情绪语言太多,把情绪语言抽走以后就没有资料了。你看我的文章,我也骂人,但把情绪语言抽掉后下面是资料。就像一盘菜一样,你把辣椒抽走后下面是肉。懂我意思吗?鲁迅显然不是的。我认为鲁迅在这方面是过分被高估了。事实上鲁迅直到死,还拿国民党政府的钱,现在我们查出纪录来,还拿中央研究院的钱……"这就是李敖,特立独行,以自己的眼光剖析历史。

四、李敖与诺贝尔文学奖

李敖过去一直是被台湾当局打压的作家,同时也是一位几乎被台湾人遗忘的作家。然而他曾被提名为诺贝尔奖候选人,说明他是一位受世界关注的作家。

2000年,李敖获诺贝尔文学奖候选人提名。据说在2000年初,李敖接到诺贝尔评审委员会的通知。通知说,评委会接受他为今年的诺贝尔奖候选人,而他是以长篇历史小说《北京法源寺》一书获提名的。台湾不少报刊称,他是台湾第一位获诺贝尔文学奖提名的作家。这一消息传出后,当时的台湾新党还为李敖举行了他的新作发行会,同时庆祝他的英文版的《北京法源寺》一书在英国牛津大学出版社出版发行。

李敖这次能入围诺贝尔文学奖候选人之列,主要是由台湾东吴大学的一批教授和学者向瑞典诺贝尔奖评审委员会提出推荐的,在推荐的同时,还派专人翻译了他的小说《北京法源寺》。

《北京法源寺》是一部十余万字的长篇历史小说,是李敖二十世纪六十年代在狱中创作的。整部小说以清末的戊戌变法的史实为题材,描写了康有为、梁启超、谭嗣同等一批中华民族的进步知识分子,力图用改良主义的手段对危机四伏的大清王朝进行变革。该书还将这批爱国知识分子忧国忧民,为了复兴中华奋力追求、深刻探索的奋斗历程,展现在读者面前。作者在歌颂他们为在中国实现民主、自由、富强而前赴后继的斗争精神的同时,还展现了他们如何同腐朽的清王朝保守势力斗争的英勇事迹。

李敖自己曾经说过,《北京法源寺》一书描写的时代,和台湾今日腐败相去不远,并希望借助此书,让读者明白,"台湾再这样搞下去,如果没有革命,没有改良,最后终将沦为一空"。

《北京法源寺》一书，作者采用了与传统的小说不同的写法。李敖写这部小说时，既像是写历史专著，又像写批判性的杂文。有人说，正是"李敖写了一本不像小说的小说，他才获取诺贝尔文学奖的提名"。不过小说思绪蓬勃、意气风发，思想性好，倒真是大优点。可是单从文字讲，这篇作文到了中学教师的手里，那是必定要扣分的。故事情节，有如醉酒，东一步西一步，踉跄不稳。人物性格，苍白无力，谈不上丰满，个个都是薄薄的驴皮影。另外，作者亲自上讲台、操教鞭，大讲其课，缺乏把道理渗透到情节中的功力。

一部《北京法源寺》，倒是让人看到李敖的历史功底。李敖先生说他感到兴奋，因为他不是只写写"替杨贵妃洗澡"、"替西太后洗脚"等无聊故事。他替中国一百多年前的大人物写故事，他绕着几个重要的主题打转，表达他的思想，完成了这部史诗式的历史小说。《北京法源寺》获诺贝尔文学奖提名，姑且不论受提名其实离得奖还很远这个事实，总之这次提名对李敖这位在台湾住了五十年还可以仅凭资料就把中国种种写得那么详细的作家而言，是一种肯定，而且他似乎还挺乐意接受的。

在《北京法源寺》这部小说中，梁启超与谭嗣同的对话，围绕出世、入世等等充满佛理的观念打转，其实是充分展露李敖知识的渊博，对佛学的钻研，以及他对出家人的态度。《北京法源寺》里面引经据典的部分很多，考究诗文、佛法的地方也着墨颇深。书中对于中国古代的以往历史，作者也颇有研究，比如小说中提到中国人以龟壳卜卦的部分，小说里头是这样写的："……龟在中国是一种命运的象征。中国人自古就烧龟的背，从裂纹里判断命运，在中国人眼中……龟是长寿的动物…"又比如："宦官俗称太监，是一种割掉生殖器的男人……"还有婆婆经、妈妈经的部分："中国人相信人命无常，为了要使小孩子平平安安长大，就用象征性的锁片锁住他。"

有记者曾问李敖：当你正式接到诺贝尔奖审核小组通知，成为台湾地区第一位获诺贝尔文学奖提名作家的心情如何？他回答说："心情是复杂的，我没有信心获得诺贝尔文学奖，但也觉得出了小小一点恶气。要获得诺贝尔文学奖，中国当今够资格的不止我一个，但放眼台湾，就我一个。台湾文建会甚至不承认我是作家，我现在获得提名，对他们是个很大的讽刺。我角逐诺贝尔文学奖，也是为考验评委会，颁奖颁100年了，还分不了一个给中国太荒谬了。"

他还曾对记者说："诺贝尔奖的颁发经常不公正，托尔斯泰没有当选是遗憾的，毫无资格的赛珍珠当选是错选，这倒还算了，最让我气不过的是评委会把和平奖颁发给罗斯福。在我眼里，罗斯福是个彻头彻尾的'帝国主义者'。不承认语言隔阂的原因，只认定我们没有世界级的作品，这是有偏见的。文学奖强调的是作品中的理想主义成分，还有作者有没有和权势作斗争，这两点我做得非常好，也可以说最好。"

尽管李敖自视甚高，不把一应文学大师巨匠放在眼中，口出狂言自诩为五百年来中国写作白话文之翘楚。但在台湾文艺界，人们对他不以为然，尤其对他获取诺贝尔文学奖，认为他有两点明显的不足。第一，他在中国来说还不能算是一个很有名气的作家，只能说是一个在台湾有影响的作家，但不是在世界上有影响的作家。另外，从他的作品来看，单靠《北京法源寺》一书参评诺贝尔文学奖，其材料还显得有些单薄。况且，《北京法源寺》这一部小说在国际上有多少译本？在世界上有何影响？似乎还很欠缺。一个在世界文学领域默默无闻的作家，要获取诺贝尔文学奖似乎难有可能。

第十三章

诗意北岛

题图：北岛像

2009年10月8日，瑞典文学院宣布2009年诺贝尔文学奖得主为德国女作家赫塔·穆勒。这个消息对大多数中国人来说或许是遥远而飘忽的，也就听个热闹，但对某些人来说，则是巨大打击——因为他们确信近年来乃至未来数年内最有希望问鼎诺贝尔文学奖的中国作家是北岛。

一、北岛：审父意识与叛逆精神

北岛，原名赵振开，1949年生于北京一个干部家庭，祖籍浙江湖州。

赵振开之所以成为北岛，与他的出身经历、生活环境有关。他的父亲赵济民在旧中国是一个职员，临解放时因同情革命还坐过国民党的班房。解放后赵济民被"留用"，长期在中国民主促进会（与中共合作的民主党派）中央机关工作，所以和中共又有些关系。因此，赵振开的这个"干部"出身有些"模糊"。1957年后，赵振开他们家搬到北京新街口附近的三不老胡同1号。这是民主党派的机关宿舍，大院内总共两个楼，左邻右舍不是民主人士就是统战对象——旧政府的官员、"国大代表"之类。

赵振开在童年、少年时期就表现出敏感、内倾、善于观察生活等诗人气质。"一个夏天的早上，我和

幼年赵振开全家福

一凡从三不老胡同1号出发，前往位于鼓楼方砖厂辛安里98号的中国民主促进会机关，那是我们父辈的工作单位。暑假期间，我们常步行到那儿打乒乓球，顺便嘛，采摘一棵野梨树上的小酸梨。""沿地安门大街左拐进方砖厂胡同，再沿辛安里抵达目的地。'中国民主促进会全国委员会'的牌子，堂而皇之地挂在那儿，怎么看怎么像一句反动口号。"

把父亲推上审判台，对于深受传统影响的中国人来说，是一件非常尴尬的文化选择。由于中国特色，这种文化选择直到"五四"时才发生。"五四"文化先驱们在外来文化的启发和观照下，终于发现父权和整个专制制度的血脉联系，他们一针见血地指出"家族制度为专制主义之根据"，由此开始对父权进行了猛烈的批判。和这种文化批判相适应，"五四"作家以小说作为思考的武器，围绕着父子冲突的沉重话题，竭尽心力地审视父权文化，探索理想的父子模式，踏上了审父的艰难旅程。而审父作为一种母题在此后的文学言说中几乎成了作家们的普遍情结，尽管在后来的延安文学至革命文学中，父亲形象得到政治理性的重塑而重现权威色彩。

精神分析学认为，父亲不仅代表了一个男人在家庭血缘中的位置，而且还意味着他在社会文化中所拥有的一切特权，这些特权对儿子们造成了无法言说的压抑和痛苦。也就是说，父亲代表着传统，是权威与力量的象征，这种权威与力量对子辈造成了深深的压抑。因此，作为儿子的参照，父亲就变成了一个富有文化隐喻色彩的痛苦。"五四"文本中父子冲突模式的出现，标志着审父意识在二十世纪中国文学中的最初觉醒。

新文化先驱以启蒙理性为工具审视父权时，发现现代个性解放与专制文化格格不入。在专制文化的压制下，人的主体性丧失，生命活力被无情地窒息和扭曲。鲁迅就一再指出旧文化对中国人的驯化教育问题，认为这是人的本性的"萎缩"与"奴化"。因此，"五四"作家力图反叛、颠覆传统父权文化中"克己"、"抑己"的人学观，并将批判的锋芒指向了封建家族文化。

家族文化的致命弊害是家长专制，它表面上重视人伦亲情，内里却冷酷和虚伪。基于这种文化批判的需要，"五四"作家是把父亲作为父权思想的代表来塑造的，重在突出专制父亲和向往自由的儿女之间的冲突，揭示父亲身上的冷酷和专横。胡适的《终生大事》中塑造了一位专横的父亲形象。田先生不顾女儿的幸福以"不能违背祖宗定下的祠规"为由，断然拒绝自己女儿与陈家的婚姻。田汉《获虎之夜》中的父亲魏福生粗暴地阻扰自己的女儿莲姑与情人相爱，结果造成人间悲剧。鲁迅《伤逝》中的父亲有着"烈日一般的严威"，为了反对女儿的婚姻自主，竟残忍地把女儿逼上绝路。总之，"五四"作家们着力揭示了叛逆的儿子们和"父亲"之间的对立和冲突，试图通过对父权的批判来揭露和颠覆封建正统文化。可见，在审父的外衣下却隐含着不同的时代内涵。

弗洛伊德曾认为：父子斗争乃是人类历史上的一种恒常现象。但是需要另外指出的是父子斗争的性质必然会随着时代的不同而表现出内容上的差异，有时这种差异是同质的，有时这种差异是异质的。

北岛在《城门开》中写道："父亲确有不同的颜色。与父亲最早的冲突在我七岁左右，那时我们住保险公司宿舍，和俞彪文叔叔一家合住四室的单元，每家各两间，共用厨房厕所。那年夏天，俞叔叔被划成右派，跳楼自杀。他的遗孀独自带两个男孩，凄凄惨惨戚戚。那场风暴紧跟着也钻进我们家门缝儿——父母开始经常吵架，似乎只有如此，才能释放某种超负荷的能力。转眼间，父亲似乎获得风暴的性格，满脸狰狞，丧心病狂，整个变了个人。我坚定地站在母亲一边，因为她是弱者。……红爸爸蓝爸爸绿爸爸，突然变成黑爸爸……搬到三不老胡同1号，父母吵架越来越频繁。我像受伤的小动物，神经绷紧，感官敏锐，随时等待灾难的降临。父亲的权力从家里向外延伸。一天晚上，我上床准备睡觉，发现父亲表情阴郁，抽着烟在屋里踱步。我假装看书，注意着他的一举一动。他冲出去，用力敲响隔壁郑方龙叔叔的门。听不清对话，但父亲的嗓门越来越高，还拍桌子。我用被子蒙住头，听见的是"咚咚"心跳。我感到羞愧。父亲半夜才回来，跟母亲在卧室窃窃私语。我被噩梦魇住。在楼道碰见郑叔叔，他缩脖怪笑，目光朝上，好像悟出人生真谛。我从父母的只言片语拼凑出意义：郑叔叔犯了严重错误，父亲代表组织找他谈话。多年后父亲告诉我，若调令早几个月，他肯定犯错误在先，正好与郑叔叔对换角色。"

还有一件事，是1999年北岛父亲母亲去美国与他团聚时无意中说起的。当年"谢冰心在民进中央挂名当宣传部长，凡事不闻不问，父亲身为副部长，定期向她汇报工作。这本是官僚程序，而他却另有使命，那就是把与谢的谈话内容记录下来交给组织。父亲每隔两三周登门拜访，电话先约好，一般在下午，饮茶清谈。回家后根据记忆整理，写成报告。据父亲回忆说，大多数知识分子是主动接受'思想改造'的，基本形式有两种，一是小组学习，一是私下谈心。像谢冰心这样的人物，自然是'思想改造'的重点对象之一，把私下谈心的内容向组织汇报，在当时几乎是天经地义的。

"让我好奇的是，他能得到什么真心实话吗？父亲摇摇头说，谢冰心可不像她早期作品那么单纯，正如其名所示，心已成冰。每次聊天都步步为营，滴水不漏。只有一次，她对父亲说了大实话：'我们这些人，一赶上风吹草动，就像蜗牛那样先把触角伸出来。'看来她心知肚明，试图通过父亲向组织带话——别费这份儿心思了。"

北岛回想到二十世七十年代初自己刚开始写诗时还曾拜访过冰心老人，老人对北岛的习作给予了正面的肯定，对个别词句提出修改建议，甚至对北岛的一首习作《因为我们还年轻》还写了一首和诗《我们还年轻》。想到这里，他劝父亲把这一切写出来，对自己也对历史有个交代。

其实，他父亲监视、汇报别人，别人也在窥测他父亲。他父亲单位的一位居心叵测的党支书就借与小孩子打乒乓球的机会向他了解他父亲的言行，调查所谓的无声手枪问题。居然连小孩子都不放过，这让幼小的赵振开感到恐怖。

二、北岛与遇罗克

1965新学年开始，北岛如愿以偿地考入北京的名校——北京四中高中。小学毕业考初中时就憋着劲儿上四中了，可惜大意失荆州，没考上，让他在北京十三中初中部蹉跎了三年。如今总算"猪八戒掉进泔水桶——得其所哉"。

入校以后他却感到压抑，"总觉得有什么地方不对劲儿。比如衣着，简直朴素到可疑的地步：带汗碱的破背心，打补丁的半新衣裤，露脚趾头的军用球鞋。可尽人皆知，四中是高干子弟最集中的学校。显然有什么东西被刻意掩盖了，正如处于潜伏期的传染病，随时会爆发出来。"他那小心眼儿里反复说，这不正常，这不正常。

北京四中确实是一个特殊的学校，有很长的历史。它建于清朝，在解放之前名声就很好，解放后更是著名的重点中学，校名是郭沫若题的。"文革"前学校中拥有的特级教师的比例很高，高校升学率在全国也名列前茅，加上离中南海又比较近，许多高干子弟就被送了进来。周恩来的养子，刘少奇的儿子刘源，薄一波的三个儿子——薄熙永、薄熙成、薄熙来，彭真的两个儿子，还有在"文革"中出了不少风头的贺龙儿子贺鹏飞，都是四中的学生。北京四中不是纯粹的贵族学校，但是有很多高级干部走后门把子弟送进来，形成了高干子弟比较多的局面。四中内外一个流传甚广的"佳话"，就是邓颖超从中南海步行到四中来开家长会。

这种特色使得北京四中在"文革"中处于一种特殊的地位。这些权贵子弟，构成了"文革"中第一批老红卫兵的骨干。"1966年春，暴风雨将临，有种种前兆可寻，我们像小动物般警醒……有一天在教室，同学的装束让我大吃一惊。他们摇身一变，穿上簇新的绿军装，甚至穿将校呢制服，脚蹬大皮靴，腰系宽皮带，戴红卫兵袖箍，骑高档自行车，呼啸成群。让我想起刚进校时那莫名的压抑，原来就是优越感，这经过潜伏期的传染病终于爆发了。""北京四中既是贵族学校，又是平民学校。这其间有一种内在的分裂，这分裂本来不怎么明显，或许被刻意掩盖了，而'文革'把它推向极端，变成鸿沟。"

不是只有北岛才有这种感受。遇罗克、牟志京等众多的知名的和不知名的中国人，都非常现实地感受到这种鸿沟的存在。

遇罗克，北京人。父亲是水利工程师，曾留学日本，回国后从事工商业。1957年父母均被打成"右派"，因此他高中毕业后不能考大学。1966年7月，他写作《出身论》，驳斥当时甚嚣尘上的"老子英雄儿好汉，老子反动儿混蛋"的"血统论"，在1967年1月18日《中学文革报》第1期上刊载，在社会上产生了广泛的影响。北京《中学文革报》的主编是牟志京。牟志京是北岛在北京四中的同学，比北岛高一年级，后来成为朋友。但这为当时的主流意识所不容。1967年4月17日，当时的中央文革表态，说《出身论》是反动的。1968年1月1日，遇罗克被捕。1970年3月5日，遇罗克被杀害。从逮捕到杀害，他们对遇罗克进行了八十多次的"预审"，想从他口中找到所谓"恶毒攻击"以及"组织反革命集团"的事实，以作为杀害这个无辜青年的根据。但是他们没有捞到半点证据，最后竟以"思想反动透顶"、"反革命气焰十分嚣张"等莫须有罪名判处遇罗克死刑。

1978年冬天，一个寒风凛冽的夜晚，《光明日报》编辑、记者苏双碧的家里来了一个特殊的客人，她就是遇罗克的母亲王秋琳。王秋琳的到来，缘于苏双碧1978年11月15日在《光明日报》上发表的文章《评姚文元》。

第十三章 诗意北岛

这是"文革"后第一篇要求为吴晗平反的文章。

一进门，王秋琳就直截了当地问苏双碧："你在文章里说，凡是和《海瑞罢官》的案子有关的人都要平反。吴晗是市长，你写文章替他平反，那么，老百姓你们管不管？我的儿子是老百姓，也跟这个案子有关，是被枪杀的。他的事情你管不管？"面对这位母亲，苏双碧的回答脱口而出："如果真是个错案，按照党'有错必纠'的政策，当然应该平反。"这一句话，点燃了王秋琳心中的希望，苏双碧清楚地看到了她眼中闪出的亮光。

王秋琳从衣袋里掏出一封早已准备好的信，是写给苏双碧，同时转呈《光明日报》的。信很短，只有三四百字，大体上讲了这样三方面的内容：第一，遇罗克在姚文元发表批判吴晗的文章以后，写了一篇题为《和机械唯物论进行斗争的时候到了》的文章。第二，遇罗克的《出身论》是批判反动"血统论"的。第三，遇罗克于1970年3月5日被枪毙，要求给予平反。

王秋琳来访的第二天下午4时，苏双碧骑车赶到了台基厂附近的市中级人民法院。在一个被尘封的墙角边，苏双碧看到了一大摞半人多高的材料，他数了数，一共二十四卷，这就是有关遇罗克的全部材料。虽然是粗略地一翻，但在苏双碧的脑子里就已形成了初步的印象，他认为这的确是一桩冤案，应当给予平反。但是，仅凭初步印象是不能作结论的。

第二天，也就是王秋琳来访的第三天，苏双碧找到他的同事张义德、赵绍平，三个人一大早又来到了市中级人民法院。三个人围着乒乓球台，用了整整一天半的时间详细地查看了遇罗克的档案材料。把五十多次审判记录一一翻阅之后，三个人都明白了事实的真相，也都感到了心情的沉重。他们看到，一个头脑清楚、才华横溢的青年，仅仅因为说了几句真话，就被加以诸多严重的罪名，直至最后被夺去生命。他们还从材料中看出，逮捕遇罗克的主要原因就是《出身论》，但因为这毕竟只是个观点问题，构不成犯罪，于是遇罗克就被一而再、再而三地"上纲"，直至成为"现行反革命"。在审判中，没有事实依据，全都是各种抽象的罪名，如"大造反革命舆论"、"思想反动透顶"、"扬言要暗杀"、"组织反革命小集团"等等。然而，就是这些莫须有的罪名结束了一个优秀青年的生命。

1965年11月10日，上海《文汇报》刊登了姚文元的《评新编历史剧〈海瑞罢官〉》，由此揭开了长达十年之久的"文革"浩劫的序幕。文章刊出以后，很多人对其观点并不赞同，但是，真正撰文予以反驳的人却寥寥无几。二十四岁的遇罗克挺身而出，"道他人之不敢道，言他人之不敢言"，以一篇长达一万五千多字的《人民需不需要海瑞》反驳姚文元。1966年2月13日这篇长文被压缩并改题为《和机械唯物论进行斗争的时候到了》，发表在《文汇报》的一角。在文章中，遇罗克批驳了姚文元对历史和现实的曲解，明确地说："姚文元同志代表了存在于思想界中的机械唯物论的倾向。我觉得和这种倾向进行斗争的时候到了。"

1966年底，遇罗克又因《出身论》一文，再次为当权者所不容。《出身论》针对的是社会上流布极广的封建血统论。遇罗克通过对当时一副著名的对联"老子英雄儿好汉，老子反动儿混蛋"的剖析，指出了血统论的荒谬本质。他尖锐地指出，坚持血统论的人"不晓得人的思想是从实践中产生的，所以他们不是唯物主义者。"

《出身论》的出现，在当时的社会上引起了广泛而强烈的反响。很多人争相传抄、议论，很多读者从全国各地写信给遇罗克，表达自己的感动之情。1967年4月14日，"中央文革"成员戚本禹公然宣布："《出身论》是大毒草，它恶意歪曲党的阶级路线，挑动出身不好的青年向党进攻。"1968年1月5日，遇罗克被捕。

1970年3月5日，在北京工人体育场里，在排山倒海的"打倒"声中，二十七岁的遇罗克被宣判死刑，并立即执行。

了解了真实情况以后，

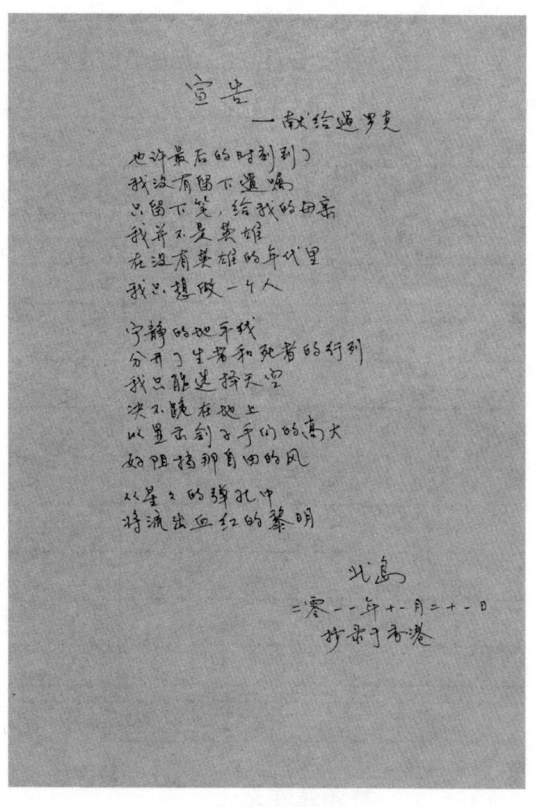

《宣告》抄录稿

苏双碧等人开始为遇罗克的平反工作做准备。他们一方面把已掌握的有关材料提供给北京市公安局，作为重审的证据；另一方面，苏双碧开始就这些材料着手为报纸撰写平反文章。

这期间，有关部门转来一张胡耀邦写来的条子。条子的内容大致是：现在社会上正在搞张志新的问题，这种案子现在比较多，据说《光明日报》也在弄，有一个典型，建议这篇文章先不要上。胡耀邦的意见主要是出于对社会心理承受能力的考虑。为此，苏双碧手中的稿子停了下来。

虽然没有在报纸上刊登有关遇罗克的文章，但是，社会上已开始到处传颂遇罗克的事迹了。1979年，很多人都在读遇罗克的文章，很多人传抄遇罗克的日记和诗，甚至在一些正式会议上，都有人公开朗诵遇罗克的诗文。遇罗克作为思想解放的先驱和勇士，得到了越来越多群众的了解和崇敬。

1979年11月21日。北京市中级人民法院做出再审判决："原判以遇罗克犯反革命罪，判处死刑，从认定的事实和适用法律上都是错误的，应予纠正……宣告遇罗克无罪。"

"还历史以真实！"带着这种信念，北岛写出两首诗，献给因说了些真话而被杀害的遇罗克。其中一首名为《宣告——献给遇罗克》：

> 也许最后的时刻到了
> 我没有留下遗嘱
> 只留下笔，给我的母亲
> 我并不是英雄
> 在没有英雄的年代里，
> 我只想做一个人。
>
> 宁静的地平线
> 分开了生者和死者的行列
> 我只能选择天空
> 决不跪在地上
> 以显出刽子手们的高大

好阻挡那自由的风

从星星般的弹孔中
流出了血红的黎明

诗人以遇罗克的口吻宣告，"在没有英雄的年代里／我只想做一个人"。然而，这位只想争取做人权利的青年人却死在"四人帮"的枪口下。他是一个普普通通的人，同时也是一个不向专制淫威屈服，敢于挺身战斗的英雄。在十年动乱的白色恐怖中，相当多的人在刽子手跟前跪倒了，但遇罗克没有。"我只能选择天空／决不跪在地上／以显出刽子手们的高大／好阻挡那自由的风"，这几句诗形象地勾勒出烈士倔强不屈的战斗精神。

诗的结尾十分巧妙，既富于哲理意味，又极具色彩对比的震撼力。漆黑的夜幕、狰狞的弹孔、殷红的鲜血、黎明的曙光……通过不多的几个意象，传达出诗人丰富而紧密的联想：罪恶的子弹夺去烈士的生命，但他的鲜血不会白流，他必将战胜黑暗，带来黎明的灿烂霞光……

另一首题为《结局或开始——献给遇罗克》：

我，站在这里
代替另一个被杀害的人
为了每当太阳升起
让沉重的影子像道路
穿过整个国土

悲哀的雾
覆盖着补丁般错落的屋顶
在房子与房子之间
烟囱喷吐着灰烬般的人群
温暖从明亮的树梢吹散
逗留在贫困的烟头上
一只只疲倦的手中

升起低沉的乌云

以太阳的名义
黑暗公开地掠夺
沉默依然是东方的故事
人民在古老的壁画上
默默地永生
默默地死去

呵，我的土地
你为什么不再歌唱
难道连黄河纤夫的绳索
也像崩断的琴弦
不再发出鸣响
难道时间这面晦暗的镜子
也永远背对着你
只留下星星和浮云

我寻找着你
在一次次梦中
一个个多雾的夜里或早晨
我寻找春天和苹果树
蜜蜂牵动的一缕缕微风

我寻找海岸的潮汐
浪峰上的阳光变成的鸥群
我寻找砌在墙里的传说
你和我被遗忘的姓名

如果鲜血会使你肥沃

明天的枝头上
成熟的果实
会留下我的颜色

必须承认
在死亡白色的寒光中
我,战栗了
谁愿意做陨石
或受难者冰冷的塑像
看着不熄的青春之火
在别人的手中传递
即使鸽子落到肩上
也感不到体温和呼吸
它们梳理一番羽毛
又匆匆飞去

我是人
我需要爱
我渴望在情人的眼睛里
度过每个宁静的黄昏
在摇篮的晃动中
等待着儿子第一声呼唤
在草地和落叶上
在每一道真挚的目光上
我写下生活的诗
这普普通通的愿望
如今成了做人的全部代价

一生中
我多次撒谎

却始终诚实地遵守着
一个儿时的诺言
因此，那与孩子的心
不能相容的世界
再也没有饶恕过我

我，站在这里
代替另一个被杀害的人
没有别的选择
在我倒下的地方
将会有另一个人站起
我的肩上是风
风上是闪烁的星群

也许有一天
太阳变成了萎缩的花环
垂放在
每一个不朽的战士
森林般生长的墓碑前
乌鸦，这夜的碎片
纷纷扬扬

  面对遇罗克，诗人在真诚地忏悔。"在死亡白色的寒光中／我，战栗了"，承认了自己的怯懦；是英雄的感召，使诗人作为替补者站到了一个空缺的战斗位置，捍卫人的权利、价值和尊严。挑战刽子手固然是一种英雄主义，战胜自我承认怯懦难道不也是一种英雄主义？北岛展现给读者的，是一种新型的英雄观。既为了大众，又忠于自己，既富于牺牲的勇气，又渴望平凡地活着，这便是"没有英雄的时代"的英雄。

三、北岛与《今天》

1978年年底，北岛同诗人芒克筹办了民间诗歌刊物《今天》，并在创刊号上发表了北岛的诗《回答》。1979年3月，《回答》才在《诗刊》上公开发表。从此，北岛正式登上了中国的诗坛，也为中国现代诗的历史掀开新的一页。

北岛并不是1978年才写诗，也不是1976年"四五"运动时才写诗，应当是1972年前后，起因是郭路生和"白洋淀诗派"。

"1970年春天，我从蔚县工地回北京休假，和两个同班同学一起去颐和园后湖划船，那时北京人都快走光了，颐和园非常安静。一个同学站在船头朗诵诗。我听了不禁问，是谁写的？是郭路生（笔名食指）的。原来诗还可以这样写呀！我被其中的迷惘深深触动了，好像从冬眠中醒来。就在那一刻，我暗自下了写新诗的决心。"很多年以后，北岛回答记者的提问，说他为什么写诗，他都说是因为读了郭路生的诗。

郭路生，笔名食指，祖籍山东省济宁市鱼台县三庙乡程庄寨。他的父母都是革命军人。1948年11月21日，天气特别寒冷，他的母亲在山东阳谷县行军路上生下了他，母子俩被送进军区一所流动医院才保了母子两条性命。因为这个缘故，父母给他起名叫"路生"。

郭路生似乎命中注定要成为一个诗人。十岁时就写过一首充满稚气的"现代诗"："鸟儿飞过树梢，三八节就要来到。在这愉快的日子里，问一声老师阿姨好。"1964年在西城区教育局办的文化实习班学习准备下一年的考试时，认识了牟敦白，以后便与张朗朗为首的文学沙龙"太阳纵队"有了"边缘性接触"。后来郭路生的代表作《相信未来》中的关键词"相信未来"就出自张朗朗。1965年夏天，郭路生考入北京第五十六中高中，同年入团，但不久就因思想活跃和文学追求差点被"退团"，后经其父和区有关部门"过问"，学校才恢复了他的团籍。多年之后，他的高中同学回忆此事说："他为人耿直、充满激情，而且太人性化，况且在那样严峻的阶级斗争年代，表现得有些固执，毫不随波逐流，因而与当时的社会环境不相融，很碰撞，从而损伤了自己。""那时（他）就经常谈论普希金、裴多菲的诗……因而受到当时组织上的非议……"

1967年夏天，一个由老红卫兵自发组织正在筹建当中的"首都中学红卫兵话剧团"，正在排演由郭路生、姜昆编剧，李平分导演，姜昆主演的话剧《历史的一页》。这部剧的内容不值一提，倒是它的主创人员可圈可点。姜昆不用说了。李平分后来是电影《大决战》的编剧之一，当时与郭路生是邻居。对郭路生来说，由于这个剧，他认识了著名诗人何其芳的女儿何京颉。他向后者表示自己很想认识诗坛前辈何其芳，并打算当面请教诗歌创作方面的问题。要知道，当时的何其芳可是最早一批被打倒的"黑帮"分子，别人避之犹恐不及，而这位痴迷诗歌的郭路生却主动上门拜师学艺。

何老待客十分认真，到了约定的日子，早早换好衣服，还特意准备好茶点。虽然郭路生当时只是个名不见经传的小字辈，可何老却没有丝毫轻视的意思，从新诗的创作、发展乃至诗歌的韵律、语言及郭路生提出问题，都一一做了认真细致的解答，可谓知无不言，言无不尽。从此，这一老一少两个时代的诗人结成忘年交。郭路生经常去何家，把自己写的诗带给何老看。而何老每次都中肯地提出自己的意见，并多次劝郭路生好好学外语，一门不够，要多学几门，为的是能够直接读外国诗歌原文，这样才能更直接、更准确地体会借鉴外国优秀诗歌的原意。

1968年，是郭路生诗歌创作的黄金时期，现在保留下来的诗作有近二十首。当时，许多思想活跃的文学青年都遭受到不同程度的磨难（包括郭路生）。张朗朗在逃离北京时，为表明心迹，在一个本子上写下四个字：相信未来。受此启发，郭路生创作了《相信未来》：当蜘蛛网无情地查封了我的炉台／当灰烬的余烟叹息着贫困的悲哀／我依然固执地铺平失望的灰烬／用美丽的雪花写下：相信未来……

这首诗浓缩了许多人共同的心路历程，困境中对远方的瞩望、秋水般明澈的风格，直接启示和影响了北岛等朦胧诗人。

"白洋淀诗群"是造就北岛和"今天"诗人的又一诱因。

1969年以后，一批北京的中学生，先后到河北安新县境内的白洋淀地区（或毗邻地区）"插队"。他们中有岳重（根子）、姜世伟（芒克）、栗世征（多多）、张建中（林莽）、宋海泉等，这些人后来都成为白洋淀诗群的中坚人物。特别是白洋淀大淀头村，集中了根子、芒克、多多三个重要诗人。其中岳重在1971年夏写作的《三月与末日》，成为白洋淀诗群现代主义诗歌的发轫之作。另外，还有一些在北京、山西等地青年，与他们关系密切，多次造访白洋淀渔村，交流看法和诗艺，如北岛（赵振开）、江河（于友泽）、严力、郑义、甘铁生、陈凯歌等。这些"知青"原来大多就读北京有名的中学，出身于知识分子或"高级干部"家庭，有比较广阔的阅读范围。"文革"中，又虽不成系统但涉猎了当时属于"禁书"的中外文学、政治、哲学等方面书籍。因此白洋淀知青点中有相当数量的家庭背景优越、能够接触西方文学作品的高干子弟知青。他们自发地组织民间诗歌文学活动，逐渐形成了白洋淀诗群。

《今天》的创办跟当时"西单民主墙"这个大背景有关。

"文革"结束后，有很多外地人到北京上访，他们在"文革"中受到了种种不公正的待遇。上访高峰期仅在北京就有几十万人。那时长安街在西单地段北侧有一段灰色砖墙，成了上访者张贴申冤及个人诉求的大小字报园地，其中也有提出普遍政治与社会诉求的文章。到1978年底，一些非官方的报纸刊物开始出现（首先张贴在这面墙上）。这就是"西单民主墙"。《今天》是最早出现在"西单民主墙"上的民刊之一，也是其中唯一的一份文学刊物。它于1978年12月23日创刊，除了贴在"民主墙"，同时还在北京的政府机构、文化出版单位和大学张贴。

北岛回忆当年时说："记得那是1978年初秋一个晚上，我和芒克、黄锐在黄锐家的小院里喝了点儿白酒，我们常在那里聚会。我提议说，我们应该办个文学杂志，现在是时候了。他们立即响应说好，于是说干就干。于是开始定期开会商量，比如讨论稿件、起刊名、找印刷设备。那时印刷设备是由国家统一控制的，一般人借不到。从九月到十二月，我们不停地奔忙。至于稿件，诗歌积攒了十年了，绰绰有余。当时我通过蔡其矫认识舒婷，一直保持通信联系。写信征得他们的同意后，我选了蔡其矫和舒婷的诗。舒婷其中一首诗原题为《橡树》，根据上下文，我觉得加上'致'字效果会更好，于是改成《致橡树》，都没跟她商量。蔡其矫的笔名'乔加'也是我顺手起的。当时缺的是小说和评论，我赶写了一篇，发在创刊号上，此后我几乎每期都写一篇。也有外来稿，比如马德升的短篇《瘦弱的人》。他是通过朋友介绍来的，最初我们想发表他的一幅木刻，他也给了这篇小说。我们都觉得小说不怎么理想，先由黄锐改了一稿，芒克改了一稿，最后我又改了一稿，改得面目全非，把他气坏了，写了一封抗议信。那时我们还不懂得尊重作者，得慢慢学。马德升从创刊号起就加入《今天》，帮我们印刷他的木刻作品，要印好几百份。他拄着双拐穿过冰天雪地，帮忙干活。"

  北岛最有名的诗作是《回答》：

    卑鄙是卑鄙者的通行证，
    高尚是高尚者的墓志铭，
    看吧，在那镀金的天空中，
    飘满了死者弯曲的倒影。

    冰川纪过去了，
    为什么到处都是冰凌？
    好望角发现了，
    为什么死海里千帆相竞？

    我来到这个世界上，
    只带着纸、绳索和身影，
    为了在审判前，
    宣读那些被判决的声音。

    告诉你吧，世界
    我——不——相——信！
    纵使你脚下有一千名挑战者，
    那就把我算作第一千零一名。

    我不相信天是蓝的，
    我不相信雷的回声，
    我不相信梦是假的，
    我不相信死无报应。

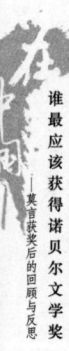

如果海洋注定要决堤，
就让所有的苦水都注入我心中，
如果陆地注定要上升，
就让人类重新选择生存的峰顶。

新的转机和闪闪星斗，
正在缀满没有遮拦的天空。
那是五千年的象形文字，
那是未来人们凝视的眼睛。

　　《回答》作于1976年清明前后，发表在1978年12月23日《今天》的创刊号上。全诗共7节。第1、2节，是对人类生存世界的黑暗体验并由此产生质疑。在诗中所描绘的、某个特定的政治环境里，卑鄙使有的人拥有身份的认可，而这正好是高尚者的丧歌。"镀金的天空"喻示着以辉煌的表象掩盖了一个时代真正的黑暗，到处是歌功颂德，到处是粉饰太平，人性被扭曲成"弯曲的倒影"四处凋落。这句诗表达了诗人对那个荒谬的时代和邪恶历史的强烈批判。诗人在世界的混乱与无序中，保持着清醒的痛感，对置身其中的世界提出了疑问："冰川纪过去了"，"好望角发现了"，这个世界明明已经经历过巨大的变革、阵痛，一个旧时代曾被庄严地宣告死亡，为什么"到处都是冰凌"和"千帆相竞"的"死海"的现实，依然显示着诡异和不公正？

　　接着，诗人用象征的笔法描绘了当时冷漠、混乱的社会，继而再从客观的描述转为以主观的"我"为抒情的主体，对那个无序、混乱、变态的社会提出否定和质疑，"告诉你吧，世界，我——不——相——信！"在一个充斥着盲从的时代，他大胆地提出怀疑，树立了一个无畏的思想斗士形象。这是以挑战者的身份发出的战斗呼声。"我不相信天是蓝的，我不相信雷的回声，我不相信梦是假的，我不相信死无报应。"在黑白颠倒、鬼魅横行的日子里，诗人怎能相信眼前的一切呢？怎能不怀疑、不愤慨呢？在这激愤的怒吼中，我们可以听到诗人对真理与正义勇敢追求的心声。

第十三章　诗意北岛

在6—7节中，表达了这个傲岸的诗人的奉献精神与豁达心胸。这里，"海洋的决堤"、"陆地的上升"，都是以自然界恢宏阔大的沧桑变迁，喻示人类历史的涅槃和新生。"五千年的象形文字"代表的是中国悠久的历史和灿烂的文化，尽管十年动乱使中华民族遭受到前所未有的浩劫，但诗人对未来还是充满信心和希望的。

这首诗里丝毫看不到任何撒娇的痕迹，只有愤怒和反抗的挑战之声。曾经撒娇和哭闹的共和国同龄人，如今喊出了独立的、自我的声音。作为一代人成熟的标志，是他们已然拥有了自己的原则和信条，那就是"怀疑"，是说出"我不相信"的勇气和能力。北岛的这些带有"怀疑主义"倾向的诗歌，标志着一个新的启蒙时代的到来。

北岛那些在二十世纪七十年代末八十年代初震撼了他的同代人的诗，刀锋向外，诗的血性和韵律，非常突出。当然，时过境迁，北岛对这一时期的作品，也有过反省。他说："现在如果有人向我提起《回答》，我会觉得惭愧，我对那类的诗基本持否定态度。在某种意义上，它是官方话语的一种回声。那时候我们的写作和革命诗歌关系密切，多是高音调的，用很大的词，带有语言的暴力倾向。……这些年来，我一直在写作中反省，设法摆脱那种话语的影响。对于我们这代人来说，这是一辈子的事。"

北岛二十世纪九十年代以后的诗，技艺更圆熟，声音更内敛，是他独自的低语，有时似自己对镜交谈。寂静与孤独时而对他构成威胁和敌意，时而引起他对往昔自我的反讽与自省。这些诗有着佯装的平静和易碎的紧张，随时准备像火山爆发。这些诗歌，真的有朦胧而晦涩的感觉。九十年代以后的北岛诗不再易懂，在多年的海外漂泊中，在对母语环境的疏离与反观中，北岛变成了一个更为内在的诗人。他不再是伤痕累累的雕像般的"我们"，他只成为了他自己。

四、北岛与诺贝尔文学奖

放眼二十世纪的中国诗坛，应该说北岛的诗歌成就与郭沫若、艾青相比毫不逊色，也能与徐志摩、戴望舒这些前辈的成就相媲美。可以说，北岛是代表了从"五四"时代直到新时期这近一个世纪中国新汉语诗歌发展的最高水平的。如果诺贝尔文学奖评委们想从这一段时间跨度上选择一位诗人作为中国新诗的代表予以表彰，北岛无疑是最佳人选。

然而，当北岛1985年第一次进入诺贝尔文学奖候选人之列时，国内文艺界的大部分人士恐怕都大为惊咤。在一般中国人眼里，北岛这位在十年动乱中崭露头角的诗人还不能算是一位中国文坛上的大师名家，中国当代文坛中能够进入诺贝尔文学奖候选人的作家可说是寥若晨星，到目前为止，能成为候选人的中国作家也莫过于鲁迅、林语堂、老舍、沈从文、巴金、艾青、王蒙等少数几位在文坛有影响的作家，怎么也不会想到北岛也能进入诺贝尔文学奖的候选人行列之中，更不曾料到，自此以后北岛竟连年成为候选人，并且成为中国作家中进入诺贝尔文学奖候选人名单之列次数最多的人。

北岛这一代诗人对于中国诗歌的贡献表现在以下几个方面：

一、他们恢复了诗歌作为一种文学样式在中国的存在。在很多年的漫长岁月里，中国的诗神一直是沉睡的。1958年9月2日《人民日报》发表郭沫若的一首诗："刚见早稻三万六／又传中稻四万三／繁昌不愧是繁昌／紧紧追赶麻县。"一周之后，又发表《笔和现实》一文，说拟将诗改为"麻城中稻五万二／超过繁昌四万三／长江后浪推前浪／惊人产量次第传。"他还补充说："人有多大胆，地有多大产，这确实证明，我们的笔赶不上生产的速度。"可怜，这就是当年中国诗歌的"女神"！

他们初步恢复了诗人作为"个体思想者"的身份和权利。人们发现，多年来在中国官方文学中屡遭排斥和批判的"小我意识"并非是什么洪水猛兽般的毒物，而是一个文明的、健康的、思想正常的人在精神生活领域中应有的权利。在上个世纪五六十年代十分走红的大诗人贺敬之的颂诗中，"我"作为一个词的使用频率是最高的，但实际上，这个"我"就如何其芳说的："我已经消失在他们里面。"在《放声歌唱》里，对于党和祖国来说，作为个人没有任何的保留："关于：我——／我自己。／啊，／"我"，／是谁？／我呵，／在哪里？／……一望无际的田野，／田野里的／一颗小小的谷粒……／——我啊，／一个人／有什么／意义？／为什么／要把我自己／提起？"在"自我"问题上，贺敬之背叛自己的老师马雅可夫斯基。在马雅可夫斯基心目中，"我"不仅仅是"我们"中的一分子，而是具有独立意义的生命个体,是不能随意地加以吞并和整合的。马雅可夫斯基说:"我只有一张面孔,它是脸,而不是风向标。"

他们以自己的作品启迪读者:诗是高度心智劳作的结晶,是讲求艺术底蕴、思想深度和文字技巧的,诗不再是文盲们农闲时围坐村头、随说随胡乱找辙压韵的顺口溜游戏。

而在这一贡献中,北岛无疑是最突出的。

据媒体透露,1987 年的诺贝尔文学奖的争夺战是在北岛与俄国流亡美国的诗人约瑟夫·布罗茨基之间展开的,当然,最后是约瑟夫·布罗茨基胜出。应该说,北岛第二次没有能捧起诺贝尔文学大奖,其原因大概是较之第一次来说,遇到了更强的对手。约瑟夫·布罗茨基是美籍犹太裔诗人,1972 年被逐出苏联后才加入美国籍,从此,他的诗名远播全世界,很快成为二十世纪世界最著名的诗人之一,他的出现,致使北岛再度失去诺贝尔文学奖的桂冠。

1993 年 10 月初,在诺贝尔文学奖评选委员会即将宣布本年度文学奖获奖作家的消息之前,瑞典新闻界的观察家对本年度入选诺贝尔文学奖的人只看好四个人:比利时的诗人和剧作家 H·可劳斯,爱尔兰诗人谢默斯·希尼(1995 年获诺贝尔文学奖),在叙利亚出生的黎巴嫩诗人艾姆德·赛尔德以及中国的北岛。据说每年角逐文学奖的候选人至少有几十人甚至一二百人,而作为北岛能进入前四名的行列,应该说也是对北岛创作的肯定。

在这四位作家中,不少业内人士认为,北岛有望获奖。北岛自二十世纪八十年代旅居国外后,与瑞典文学院的评委们接触较多,尤其与评委中精通中文的马悦然教授交往甚笃。此前,马悦然还将北岛的诗译成瑞典文出版。因为诺贝尔文学奖有个不成文的惯例,那就是入选作家必须是瑞典读者熟悉的作家。瑞典文学院的院士对作家的偏爱,以及作家在瑞典读者中的影响,也是作家入选诺贝尔文学奖的重要条件。北岛相对于过去其他列入诺贝尔文学奖候选人名单的中国作家来说,无疑在这方面优于他们。因此,不少人认为他此次获奖的可能性很大。但由于他总是遇到比他强得多的对手,加之他毕竟在评委中也得不到更多人的支持,最终诺贝尔文学奖给了美国作家托妮·莫里森。

2000年，北岛又因有可能获取诺贝尔文学奖成为国际上许多传媒关注的人物。据西川说，一家欧洲新闻机构和一家亚洲报纸都曾在诺贝尔文学奖公布前夕把电话打到他家里，向他询问北岛获奖的情况，直到诺贝尔奖公布前的五个小时，这两家媒体再度将电话打到西川的家里，告诉他得奖不是北岛而是高行健。有人说，北岛此次失利的原因，主要是诺贝尔文学奖评审委员会的评委马悦然特别喜欢高行健的作品。

北岛对诺贝尔文学奖也有自己的看法，他认为："诺贝尔文学奖只不过是十八个人评选出来的一个奖，资金多点，名声大些，它只代表十八个人的看法，而且被种种因素所左右。诺贝尔文学奖的重要性也许是对非商业化文学推崇，至少每年有一天让人们注意到文学的存在，但随后商业化对获奖者的利用，也多少消除了它意义。对中国人来说，这是个百年情结，所以有中国人得奖挺好，让大家解了这个结。"

北岛对诺贝尔文学奖放低姿态是明智的选择。其实，北岛更应该注意的是自己的转变。波兰流亡诗人米沃什在《流亡札记》中针对流亡作家说："如果他由于被放逐或自己的决定而发现自己正在流亡，他便脱口说出他的愤怒的感情、他的观察和省思，把这视为他的职责和使命。然而，其严重性在祖国被视为生死攸关的东西，在国外却没人关心，或由于偶然的原因而不会引发兴趣。因此，一个作家会注意到他无法对那些在乎的人说，却可以对那些不在乎的人说。他本人逐渐变得习惯于他生活其中的社会，而他对祖国日常生活的了解，则从实体性的变成理论性的。如果他继续像以前那样处理同样的问题，他的工作就会失去所获得的经验的直接性。因此，他必须要么使自己枯竭，要么进行一次彻底的转变。"我们期待北岛在今后能实现自己的转变。

第十四章

曹乃谦：马悦然看重的乡土作家

题图：曹乃谦像

2012年10月22日，中国的主要传统媒体（主要指报纸和刊物），尤其是《文艺报》《文学报》等文学专业报刊，都刊登出一条新闻："马悦然来中国了。"此时，正值莫言刚刚被宣布获得诺贝尔文学奖不久，还没有去瑞典领奖。这时马悦然来中国做什么？是访问莫言，安排领奖的事？还是去访问什么人，也许和诺贝尔文学奖的评选有关？然而，这一切都是猜测，答案只有一个，那就是马悦然来中国，是去上海参加中国山西作家曹乃谦作品的新书发布会。马悦然来中国的目的是什么，这个答案有了，可人们却有了更大的疑惑，曹乃谦何许人也，竟值得瑞典著名汉学家、诺贝尔文学奖评委马悦然先生以八十八岁高龄来中国，亲自为他主持新书发布会？

曹乃谦与马悦然合影

答案就在马悦然在曹乃谦新书发布会的讲话中。在会上，马悦然深情地回忆了自己与曹乃谦交往二十年的过程和他们之间的友谊，他说："1990年初，我在山西一个文学杂志上读到曹乃谦的短篇小说，喜欢的不得了，马上就找到他的五六篇短篇小说，翻译成瑞典文。1994年，我到山西太原去见作家李锐，李锐把在大同的曹乃谦找来，我们一起聊了很多。第二次是在2004年，我和文芬，与作家李锐一起到山西的乡下玩了几天后，我们又见到了乃谦，高高兴兴地一起吃饭，聊天。"对于"曹乃谦是马悦然最喜欢的中国作家"一说，马悦然更正说："不能用'最'，因为我爱很多中国作家，比如，沈从文、老舍，当代的李锐、莫言、余华、苏童等等。准确地说，曹乃谦是我非常热爱的中国作家。"

正由于马悦然对曹乃谦的钟爱有加，所以有关曹乃谦获得诺贝尔文学奖提名的传闻不断。其实，早在2005年，马悦然在北京接受中外媒体采访，当有人问他看好哪位中国的作家能获诺贝尔文学奖时，马悦然答曰："有一个山西作家叫曹乃谦，你们谁都没有听说过，他跟李锐、莫言、苏童一样，都是中国头一流的作家。"并称，曹乃谦和李锐、莫言一样，都有希望获得诺贝尔文学奖。当时马悦然是来中国参加由北京大学外国语学院世界文学研究所和瑞典大使馆等联合主办的"斯特林堡国际学术研讨会"的，和他同行的还有瑞典文学院（即诺贝尔文学奖评委会）的两位院士。在马悦然说上述那些话之前（即在北京会见媒体），他刚刚前往山西大同会见了曹乃谦，同他一起探望了雁北农村——曹乃谦作品描绘的地方，并同他就文学和他的作品创作进行了深入讨论。于是，此后关于曹乃谦"最"有可能获诺贝尔文学奖的消息不胫而走，越传越远，越传越神。直到2012年4月，即离莫言获诺贝尔文学奖半年之前，曹乃谦"差点得诺贝尔文学奖"的传闻又起，引起社会和文学界的关注。其实，那时2012年诺贝尔文学奖的提名已经结束，有媒体报道称，来自世界各国的二百一十名入围作家有二十人进入复选，曹乃谦即名列其中。这一传闻很快被破解，首先是曹乃谦本人否认有确切消息如此，其次马悦然夫人陈文芬间接证实，复评入选者无曹乃谦。所以这次传闻又被人称为曹乃谦"被获奖"事件。究其原因，猜测是复评中有一中国人（即莫言），但曹乃谦与马悦然关系甚好，故被人想像成曹乃谦"获奖"。也许，这也是瑞典诺贝尔文学奖评委会释放出的信号——"有一个中国作家进入复选"，但不确切指出，好为莫言获奖形成前期舆论氛围——仅是猜测而已。

那么，这位名扬海外、国内知之甚少的曹乃谦是何方神圣？他的经历和创作又是怎样的呢？下面一一叙述评说开来。

曹乃谦是山西应县人，1949年农历正月十五出生于该县下马峪村。从出生到九岁，他一直生活在农村。那时的雁北农村，生活贫困，土地贫瘠，人们常常吃不上喝不上，饥一顿饱一顿的，生计没着落，未来没希望。然而就在这贫困的土地上，却仍然存在着文学与艺术的野花野草——比如雁北的民歌，村里人大都会唱；又比如一些民间乐器，胡琴、笛子、三弦、唢呐、笙箫之类等，也有会使的人。曹乃谦从小耳熏目染，不仅很小就学会了唱雁北民歌小调，还在七岁时学会了使各种乐器。这为他以后从事文艺工作和文学创作打下了初步基础。

曹乃谦九岁时被母亲（其实是养母）带到大同市上学。在哪里，他在一个质朴的劳动人民出身的普通干部家庭中生活、成长。从小学到初中，他始终是一个品学兼优的好学生，聪明好学，尊敬师长，学习刻苦，劳动积极，一切都好。照此继续下去，如果没有"文化大革命"，曹乃谦或许能上大学的文学或艺术专业成为一名学者或艺术家。而那也许在世界上少了一位可以问鼎诺贝尔文学奖的作家。

曹乃谦上初中时，就显露出文学的才华，他写出的作文，常受到语文老师好评。据当时他的班主任和语文老师、山西大同大学中文系教授戴绍敏先生回忆，他曾在曹乃谦班上出过一篇命题作文《一件难忘的事》，班上同学都按题目写作，只有曹乃谦把题目改成《钢笔》，记述自己用科学方法从井中取出落下的钢笔的经历。这篇作文不仅字迹工整、文字朴素、语言流畅，而且富于创新和科学精神，于是戴老师在拍案叫好，给予好评和高分之后，又推荐参加了全校作文比赛，还得了一等奖，奖给曹乃谦一支崭新的新民牌钢笔。因此，戴老师认为，这篇作文应视为曹乃谦的处女作。

1966年"文化大革命"开始，曹乃谦正上高中一年级，他也成为一名"红卫兵"，参加过"造反"行动，到北京和全国"串联"，在天安门广场上见过毛主席，总之那时的一切他都经历过，但最后终于以"接受再教育"的身份走上了社会。本来，他应和当时的绝大多数中学毕业生一样，去农村"战天斗地"，接受贫下中农再教育的，但由于他是独生子，被照顾没有下乡，留在城里进入大同矿务局当井下装煤工。那是在1968年8月，曹乃谦高中毕业时。他下了三个月矿井后，就因为有文艺特长（从小学会的唱民歌小曲和能使各种民间乐器）被调到矿山文艺宣传队当了一名算是"专业"的文艺工作者，尽管那个宣传队是"非专业"的。宣传队的工作就是上山下乡，走矿山进矿井，宣传"毛泽东思想"和"无产阶级革命路线"，当然，是用"文艺"的形式来表演的。直到1972年，他被调到大同市公安局当了一名警察，才告别了矿山。

在矿上的几年中，尤其是下井的三个月里，他经历了矿工们所经历的生死考验。众所周知，煤矿工人在深达几十米甚至数百米的矿井下工作，不仅劳动强度大，而且劳动条件差，工作环境充满危险。这一点不仅在今天矿山安全设施较之以前更加先进、可靠时仍然如此（这也是当前矿山事故频发的"必然"因素），在当时安全设施更为落后的年代，更是加倍缺乏安全感。好在曹乃谦从井下挺过来了，三个月中他毫发无损，不仅没有身陷井下，连个手脚擦碰的工伤都没有。这一点，他在自己的著作《曹乃谦自述人生》中有描述："下井的那几个月中，一到休息日我就进城回家，为的是让我妈妈看看我，看看我没让顶板落下的磷皮压住，没让偏帮煤砸着，没让煤车碰伤。一句话，我没出了工伤，胳膊腿儿都在，还活着。"而在矿山文艺宣传队的三四年里，曹乃谦几乎走遍了大同矿务局的大小矿山，除了为工人们演出，也常常深入矿井，因此对矿山和矿工，他是有感情的，对他们的生活是再熟悉不过了。遗憾的是，曹乃谦没有再由这段生活产生创作出文学作品。

1973年至1974年，曹乃谦却下乡到农村了。他是作为带队干部，带领当年毕业的中学生——知识青年下到雁北的北温窑村插队，一住就是一年多时间。在那里，他不仅经历了当时农民的贫困生活，更深入了解了他们所经受的种种生理、心理和精神上的煎熬与压迫，从而积累了丰厚的创作素材，成为以后写作《到黑夜想你没办法——温家窑纪事》等一系列雁北农村题材作品的源泉。可以说，这一年对曹乃谦来说非同小可，时间虽短但经历颇多，而感受更大且认识更清，创作这一时期经历的人和事，竟成为他日后闻名海内外的优异条件之一。

《到黑夜想你没办法》书影

曹乃谦进公安局当警察后，先后干过治安警、户籍警和刑警，到2009年退休前，在大同市的公安局政治部工作。对自己的警察生涯，曹乃谦自己这样说："我母亲是个不向邪恶屈服的人。因了这个性格，解放前，她被警察在树上捆过。解放后，她又被警察用绳子抽打过。这后一件事，我记得清清楚楚，当时我五岁。她跟我说：'你长大给妈当他个警察，当个好警察。'1972年我二十三岁的时候，在命运的安排下，我真的就给进入了公安队伍。我当过治安警、户籍警、刑警，现在是大同市公安局政治部宣传处文化科科员。三十六年来，获得好多荣誉奖，最多的是'廉政干部'，可我一直还是个小科员。"曹乃谦从最基层的户籍警做起，后来当刑警，参与侦破了不少案子。他曾根据这些案子的侦破经过和线索，创作出若干推理小说，写出过纪实文章和纪实小说，成为公安系统的一名作家。在公安局工作的这三十多年，曹乃谦以警察的身份生活在社会里观察、认识、反映社会与民众的生存面貌和精神世界。可以说，这种职业上的便利，使他有机会更为深入地接触到社会底层的人——如罪犯、嫌疑人，更为深入地探寻到人的心灵深处的隐秘精神世界——如获刑的罪犯，更为深入地思考和研究作为人的生存本能以及人性的本质——比如说一些典型案件和其中的主人公，以及未能侦破成为悬案的案件。这也许是另一座未加发掘的金矿，曹乃谦从中是可以收获颇丰的。

曹乃谦的生活道路颇不寻常，而他的创作之路却异常简单。他从事文学创作的起因，一般人不能相信，竟是因为和朋友打赌……1986年时，曹乃谦三十七岁，在大同市公安局当警察已十多年，"从没有想过要当作家"（曹乃谦自己的话），但是他说："（自己）喜欢看书，看的大都是外国文学。因为喜欢看，也就好买书。到三十七岁那年，差不多已经有两千册书了。有个朋友指着我的书说，书不少，但有一本你没有。我问哪一本。他说书名不知道叫什么，但作者他知道。我问作者是谁。他说：'曹乃谦。'我愣了一下说：'那好，我给你写他一篇小说，叫你看看。'他说：'写出不算，发表了才算。'我说：'好！打赌。'具体的赌法是，半年内我发表了小说，他请客。发表不了我请客。于是我就动手写。因为当时我不知道短篇是多少字，中篇又是多少字，反正是用了三个月的时间写了一个两万多字的小说《佛的孤独》。又三个月后，改名为《我与善缘和尚》发表在了我们大同的《云冈》上。我的这本《最后的村庄》里的《孤独的记忆》，就是写我那半年当中的事儿。我就是这么开始，给写起了小说。"

他写的第二个短篇小说，还是为了和那位朋友打赌。当他的《到黑夜里想你没法——温家窑纪事》发表后，他就不再和那人打赌了，而是主动写开了。

曹乃谦从事文学创作，走上写作小说的道路后，作品多为中短篇的，大多在山西本省的文学刊物上发表，如《山西文学》《云冈》等。这时他在山西省内小有名气，但在全国范围内却没有什么影响。这一点，和陕西的陈忠实、贾平凹等人有所不同，而与同是陕西籍的作家王蓬（汉中市文联主席）相似，即省内有名，省外无名。1996年，山西省作家协会编了一套《山西青年作家创作丛书》于1997年出版，当时的省作协主席焦祖尧任主编，并亲自写了总序，介绍丛书中入选的二十四位山西作家。而曹乃谦则名列其中，收入的书名叫《佛的孤独》，是部中短篇小说选，收入他十四个短篇、四个中篇。这时的曹乃谦，年已四十七岁，用焦祖尧主席的话说"他们该添入中年作家之列，但考虑他们笔耕多年，却没有一个出集子的机会，因此，趁出这套丛书之机，灵活处理，一并推出"。

  曹乃谦这时已从事文学创作十年，他仍然没有什么大名气。然而，是金子就有闪光的时候，远在瑞典的诺贝尔文学奖评委、著名汉学家马悦然先生，终于在茫茫人海中的中国发现了曹乃谦。1990年代初，马悦然从《山西文学》上看到了曹乃谦的小说，是"几篇很短的短篇小说，题名为《温家窑风景》。我一看就发现他是一个很特殊、很值得翻译的作家。1993年我的瑞典译文发表在一本瑞典的文学杂志上。我给我的老朋友李锐写信，问他能不能告诉我曹乃谦是谁？李锐回答说他跟曹乃谦很熟，也告诉我，他是大同市的一个警察"（见马悦然《一个真正的乡巴佬》）。这就是马悦然发现曹乃谦初始的经过。随后，马悦然与曹乃谦之间书信、电话频繁，几年下来他们成了远隔重洋的知音和未曾谋面的朋友。直到2004年8月底，马悦然又来到中国，他说："我有机会跟李锐和陈文芬到吕梁山去，在李锐"文革"时期插队的山村邸家河住了难忘的几天。回到太原以后，我们跟曹乃谦见面，大家在一起高高兴兴地吃一顿饭。乃谦那时把《到黑夜想你没办法——温家窑风景》交给我，一共三十篇。我已经把那三十篇翻成瑞文，希望今年秋天会出版。"2005年，曹乃谦的小说《到黑夜想你没办法——温家窑风景》在台湾由天下文化书坊出版。第二年，由马悦然翻译的该书瑞典文本在瑞典出版。其实，曹乃谦写作这部小说也是历经磨难。他自述道："1987年我动手写《到黑夜想你没办法》。我是个什么事也不去急急去办的人。这十八万字，慢腾腾地整整写了十年，于1997年完稿。我让朋友李锐帮我找个出版社，他给找了一家，责任编辑看后说很好。我表态说不要稿费，也不要版税，给我一百本书就行。可她上头的编辑没看中。没看中没看中吧。看来上赶子是不行的，我连底稿也没跟他们要，也没再找别的出版社。我决定，以后谁主动来找就给谁，没人找就那么搁着。就这样，一搁就搁了十年。"

曹乃谦常说，自己一生中有三个贵人，"我养母是我的第一个大贵人，第二个大贵人是汪曾祺，第三个大贵人是马悦然。……我妈把我从下马峪村抱到了大同市，汪老让我的小说从大同市到了北京，马悦然让我的小说从北京到了斯德哥尔摩。"

曹乃谦自述与汪曾祺结识的往事道："这又得说到我打赌写小说的事儿了。赌了两篇，我都发表在大同的《云冈》上，朋友说《云冈》我一定是有熟人，他让我往北京、上海来一篇才算本事。我说来就来。于是我就又动手写第三篇。小说写好了，打听到了《北京文学》杂志社办的创作班就要来大同开笔会，真也是巧。更巧的是，他们也请了汪老。于是汪老就见到了我的这个稿子（后来发表在《北京文学》上）。汪老看了这部小说后，问我以前发表过没有，我就把发在《云冈》上的那两篇都给了他。第二天他给了我一本《晚翠文谈》，是他谈创作的书。……1991年他就介绍我入了中国作协，当时我统共才发了有十来个短篇，属于破例。他说不在多少，有的人虽然是一本又一本地出书，可那就像大野地响了几个小鞭炮。你的一个短篇就赛过有的人的一本书。他对我的鼓励、扶植、培植让我感激不尽。"汪曾祺曾写过一篇《读<到黑夜我想你没办法>》。开篇汪曾祺即说："一口气看完了，脱口说：'好'。"汪曾祺评论内容道："作者对这样的生活既未作为奇风异俗来着意渲染，没有作轻浮的调侃，也没有粉饰，只是恰如其分地做如实地叙述，而如实地叙事中抑郁着悲痛。"他评论小说的形式道："小说的形式已经不是一般意义上的朴素，一般意义上的单纯，简直就是简单。像北方过年庙会上买的泥人一样的简单。形体不成比例，着色不均匀，但在似乎草草率率画出的眉眼间自有一种天真的意趣，比无锡的制作得过于精致的泥人要强，比塑料制成的花仙子更要强得多。我想这不是作者有意追求一种稚拙的美，他只是照生活那样写生活。作品的形式就是生活的形式。天生浑成，并非反朴。"又夸赞曹乃谦的语言道："语言很好。好处在用老百姓的话说老百姓的事。"最后，汪曾祺指出，曹乃谦应该格局大一些，他说："写两年吧，以后得换换别样的题材，别样的写法。"

说起马悦然和曹乃谦的交往和友谊，不能不说起马悦然2005年10月的中国之行——再次与曹乃谦见面的那事。当时，马悦然专程从北京来大同后，由山西作家李锐、蒋韵夫妇陪同与曹乃谦见了面，并一同去了《到黑夜想你没办法》中的故事原型地——北温窑村。在那里，马悦然与村中农民见面交谈，感受曹乃谦小说中的环境氛围与人物风貌。那次见面，马悦然与曹乃谦交流对话颇多，加深了对曹乃谦的了解与认识。更有趣的是，马悦然和他现任妻子陈文芬竟是在曹乃谦家中定了婚约的。原来，马悦然的前任妻子于多年前病逝，后来是资深媒体人的台湾女子陈文芬走进了他的生活。

对于当时马悦然和陈文芬订婚的情形，曹乃谦有如下描述：在我和老婆还有李锐、蒋韵的见证下订了婚，这都是缘分，我在散文《好日子》里也提到了。那天中午马悦然揪我的袖子，说："叫大家都过来。"我说："正在喝酒。"他说："先等等再喝，先找酒杯。"我给找到酒杯，他亲自倒满酒，一看快12点了，赶快叫大家都出来，悦然很激动，搂着文芬宣布这件事。我说："这么重要的事情来我这儿宣布了，而且事先也没告诉我。"悦然也是好意，怕我提前知道了不知如何是好。他要是说"我们明天到你家举行订婚仪式去"，那我该咋准备。当时他说："你用毛笔写个'到黑夜想你没办法'当礼物就行了。"我当时也没写，到后来写了一个"到黑夜想你没办法——赠悦然、文芬"，我裱好个轴给他寄过去，这就是他们唯一收到我的礼物。现在不是讲究送礼嘛，这就是我唯一的礼物。

其实，曹乃谦创作的最重要的作品和代表作，就是那本"一写十年，搁了十年"的《到黑夜想你没办法——温家窑风景》。这部小说虽称长篇，却是由一个个独立短章组成，小说以雁北高原上"温家窑"村为场景，原生态地描写了二十世纪七十年代生活在这个偏远小村庄人们的生存状态，展示了生命在极度穷困的状态中遭受本能欲望驱使的卑微、荒谬与痛苦、无奈。小说的风格极为简约，语言质朴、冷峻，在寥寥几笔中，人物勾勒得活灵活现。小说还大量使用口语、方言，穿插引用当地民歌，不仅使作品具有浓郁地方特色和地域风格，也增加了朴素、真实之感，营造出一种厚重、深远的意境氛围。所以说，这部小说代表了曹乃谦创作的独特风格和鲜明特点。

正是由于曹乃谦小说创作的独特性和他作品的鲜明特点，使诺贝尔文学奖评委马悦然中意曹乃谦的小说，也正由于马悦然的欣赏和推荐，在2012年莫言获奖之前，曹乃谦数度被传为诺贝尔文学奖的候选人或称"入围"诺贝尔文学奖候选人名单。其实，这些都是读者、媒体、社会甚至专门预测诺贝尔奖获得者的博彩公司的猜测而已。就拿2012年莫言获奖前，曹乃谦"被诺奖"一事来说，因为当时确有诺贝尔文学奖评委提供过世界范围内二十位作家的入选名单，而作为评委的马悦然确实欣赏并亲手翻译过曹乃谦的小说。所以出现了曹乃谦获诺贝尔文学奖的传闻。但真实的情况是，按照诺贝尔文学奖评选的规定，入围或"候选人"名单，在五十年内不会被披露出来的。正如当时的中国作家协会新闻发言人陈崎嵘所言："诺奖实行内部保密原则，每年的议论都不作数，大家听听就好。至于为何年年都有人对会这样不确切的消息表示关注，可能是因为中国有一部分人有诺奖情结。"

对于曹乃谦，马悦然在大力推介评价、赞美不已的同时，还在不同场合均表达这样的意思："曹乃谦是中国最一流的作家之一，他和李锐、莫言一样都有希望获得诺贝尔文学奖。我不管中国大陆的评论家们对曹乃谦的看法……我觉得曹乃谦是个天才。"他还对中国文学界尤其是出版界、评论界长期忽略这样一位优秀作家感到不可理解，几次质问道："我奇怪为什么中国的评论家没有人注意到他？""可十五年来没有出版社愿出版他的东西，因为他没名气……我在国外都能找到他，为什么国内的评论家反而发现不了他？"

对于马悦然的疑问或质疑，中国文学界一直耿耿于怀，他们中的一些文学评论家和研究者，曾试图正面回答马悦然的问题。对这些中国文学专家（或称文坛精英）而言，"中国评论界虽然不必以诺贝尔文学奖评委'马'首是瞻，但如若真是长期忽略一位优秀的作家也难辞其咎（《北大评刊·曹乃谦专辑》主持人邵燕君语）其实，马悦然的疑问或质疑，就是如何判断和认识曹乃谦及其创作的文学价值。具体来讲，就是他的作品能否在中国可称一流，甚至是已能问鼎诺贝尔文学奖。但就目前的资源信息所提供的情况看，对于曹乃谦，尚无一本研究专著出版，亦无全国性的作品或创作研讨会召开(通常这些研讨会应由中国作家协会主持)。同样,研究曹乃谦的专门文章虽有,但少之又少,较之当代其他作家如王蒙、莫言等人,可谓小巫见大巫。倒是网上有一本《北大评刊》,由北京大学中文系研究当代文学的年轻教师和硕士生与博士生主持,专门研究讨论当今中国文学界不大为人所重视的作家或作品(前提是该人的创作有一定的特色)。他们曾编过一本曹乃谦专辑并组织过一次曹乃谦作品讨论会,对曹乃谦其人其作进行了较为系统、全面、中肯的评论。我们不妨从他们的评论中得见曹乃谦及其创作的端倪,但以小见大之意还是显而易见的。下面就是《北大评刊》中语,引述时有节缩。

首先是如何认识曹乃谦及其创作,其中有三个问题:一是曹乃谦是否"中国最一流的作家";二是中国文学界尤其是批评家是否忽视了这位作家的存在和价值;三是马悦然的评价是否可取。他们的初步结论是:1、曹乃谦是一个有独特风格的作家,但还不是一位大家——其小说的特点很突出,有其独特的艺术风格、叙述方式和语言特点。同时,作品有相当意义,但也有明显不足,如:艺术性略有欠缺,作品表现出色彩较幽暗,题材、手法、风格甚至叙述方式等方面重复,对"性"的关注过高,对苦难仅有表现未见反思。如果我们承认张承志、史铁生、贾平凹、王安忆、莫言、韩少功、张炜、李锐等是"中国最一流作家",那么曹乃谦离他们还是有一定距离的,他没有这些作家的文学世界那么丰富、宽广与深厚,也许曹乃谦最大的意义在于他延续了"抒情诗"小说的传统,并作出了自己独到的探索,这使他在当代文坛有不可忽略的价值。(李云雷语)2、中国文学界对曹乃谦并没有故意忽略,只是没有马悦然评价的那么高罢了。这涉及到曹乃谦作品的发表与出版情况,在《最后的村庄》的"后记"中,曹乃谦说,"收进本集子的作品,都是以前发表过的",杨新雨在该书的序言中也介绍说,"早在上世纪八十年代,文坛巨擘汪曾祺就看中曹乃谦的小说,极力举荐他之后,还说他是'一举成名天下闻'。他的小说连续发表于国内的大刊及港台的报刊,入选各种选本,被翻译到国外,文坛人物也多有评价",而他后来是"因服侍病重的母亲,为尽孝而辍笔"了。在这本书的封底,附有王安忆、陈忠实、李锐、刘心武等人推荐性的短语,对曹乃谦的小说都有极高的评价,这些评论都摘自这些作家1990年代初期对曹乃谦的评价。曹乃谦在《命运的安排——我的一些和文学有关的事（五）》一文中介绍了更多人对他小说的赞赏，海峡两岸都有，并且说："从发表第一篇小说算起的四年后，也就是1991年，我被吸收为中国作家协会会员。那时我还没有出过一本书，没有写过一篇长篇或中篇，仅仅发过二十来万字的短篇小说，一眨眼功夫就被破格'提拔'成了中国作家。"3、马悦然的评价有其局限性——就马悦然个人来说，对曹乃谦的评价，首先受制于他的个人趣味，他像一般的海外汉学家一样，不喜欢"感时忧国"的作品，更喜欢"抒情诗"的优美动人，最典型的例子是他对沈从文的喜爱。个人趣味是时代与环境的产物，本无可厚非，但如果以之凌驾于中国文学之上作为评价的标准，则难免跨越了界限；其次，则是政治与民族的偏见，我们注意到《到黑夜想你没办法》的背景是1973年左右的中国，小说将这一时期的中国农村描述为贫穷、愚昧、落后，似乎是不可理喻的世界，虽然较为隐约，我们似乎也不难看到马悦然对之肯定的背后，存在着他对中国在政治与民族上的双重偏见；第三，从现实的效果来说，曹乃谦的小说在市场上获得了成功，在"文学场上"也获得了成功，这双重性的成功不仅属于曹乃谦，同时也是属于译者马悦然的，与曹乃谦的亲近关系使他的评价不得不打上一点折扣。

另外，就曹乃谦创作的作品实际而言，《北大评刊》在与其他"中国最一流作家"做出比较后有如下评判：首先创作虽逼近"原生态"，但角度单一，手法单调，缺乏全方位表现和手法变化——相对于李锐《厚土》而言；其次，作品虽在写"生存本能"，但经验细节欠突破——重复主题题材，表现及叙述手法缺乏由细节描写产生的深刻内涵甚至震撼力——相对杨显惠《定西孤儿院纪事》而言。3、讲求简笔留白，但人物嫌简单平淡、内涵欠深厚——缺乏笔简意不简和从题材中升华出内涵的功力——相对于赵树理的作品而言。4、作品虽内敛、克制，但深层少冲突，整体欠张力——作品结构少突破，表现冲突不深入——相对于苏联作家巴别尔《骑兵军》而言。5、作品语言虽"原汁原味"，但嫌简化、做作——对方言直接挪用即"方言化"，隐含的是作者的文人气和目的性，即追求"民族化"和"大众化"，而缺乏的是"化方言"，即合理、适度、正确使用方言以达到表现表现内容、打动读者的目的——相对于赵树理、韩少功、李锐作品的方

言创作实践而言。（邵燕君语）

诚然，以上评论并非全盘否定曹乃谦，而是试图从专业的角度、高级的层面、全方位的地位来评价他。正如邵燕君所言：以上几个方面讨论了曹乃谦作品的不足，需要再次申明的是，这样的品评是苛刻的，是在将其分别与该方面表现最突出的中国作家乃至世界级作家的比较中做出的。由于在各方面都略逊一筹，曹乃谦恐难称中国最一流的作家之一——这也当然不能掩饰，曹乃谦在二十年如一日的创作中，特色突出、风格稳定、成就斐然，在当代众多随风而动、面目模糊的作家中，他风光独具，堪称优秀。当代文学批评不该忽略这样一位作家，将来的文学史也应给予其恰当定位。

由于工作关系，笔者几年前曾审读过曹乃谦《佛的孤独》书稿，亦考虑在笔者负责的出版社出版。虽后来由于种种原因未能如愿，但在当时笔者就认识到曹乃谦创作的价值和不足，一直想写一篇专门评论文章。下面就是笔者对曹乃谦的粗浅认识和简要评价：

曹乃谦创作的价值（即特色、成就）有三：一是作品突出的地方特色，表现出雁北地区的人情民俗风貌，故出版社在他的小说集封面上有"沈从文的湘西，曹乃谦的雁北"之说；二是作品表现手法率真，语言表现方言化，观察事物准确，描摹生动真实。这一点应该是其主要艺术特色，为大部分评论家所认同；三是作品的直白，表现出特殊环境下的特殊人群的特殊生活，在中国作家中少有，这一点大多数评论家在肯定的同时，亦有见仁见智之论。

而曹乃谦的不足（或称缺点、缺陷）亦有三点：一是其作品的自传性太强，所写之事大多为其亲身经历过的，故小说创造性和想象力及抒情化风格受局限；二是作品内容和题材，缺少哲学层次的思考和社会大环境、时代大背景的考量，因而有就事论事的表现，少有社会意义和价值的升华与提升。一部好小说（其他体裁文学作品亦是）应是让读者在欣赏之后，产生某种哲学（或称社会及文化层面）的思考，即所谓有深意和回味之作；三是作品故事性稍差，冲突矛盾乃至情节发展高潮少，多为平白叙述，缺少作品张力。这一点与其自传性关系甚大。而曹乃谦自己曾说：我觉得真事一个是好写，也用不着编什么情节；再一个我总认为虚构不好，不能打动我，关键是我也不喜欢虚构，就像我看小说，一看这个小说，这个话说的是真的，这个事写的是真的，我就看，我一看是虚构的，我就不想看。

到目前为止，曹乃谦已发表文学作品一百多万字，其中有三十多篇被译成英、法、日、瑞典等国的文字，流行于海外，成为国际知名的中国作家。

从2010年起，曹乃谦因病已经很少从事文学创作，他自称"最后的小说"是发表在《北京文学》上的《雀跃校场》。目前，他正处于养病休息阶段，除了接接外地朋友的电话，与当地熟悉的朋友见见面，就很少出面参加活动或接受媒体采访。他正处于创作的"休眠期"。

对于自己，曹乃谦曾有过这样的评价：

曹乃谦是个什么样的人呢？那我告诉你。

他是个喜欢农村喜欢大野地喜欢自然的人。小时候一进城就生病，一回村病就好了。

他是个不会说谎的人。你如果想知道的话，不一会儿他就会把什么都能让你给套出来，告诉你。

他是个轻易就相信别人的人，你跟他说谎话，他根本就听不出来。

他是个软心肠的人，听别人讲伤心事儿他也跟着伤心。看新闻联播有时候也要掉泪。

他是个喜欢小孩儿的人，他曾经有过"当个幼儿园教员真好"的想法。

他是个永远不会忘记别人给过自己好处的人。他每次回村都忘记不了给东院二舅买一箱酒，就因为小时候二舅给过他一把大豆。

他是个在路上看见钱不弯腰拾的人。他的观念是：不是自己的不能伸手。

他是个不好穿新衣服的人。小时候因为拒绝穿新衣服挨过妈的打，也因为故意把新鞋弄脏让妈打过。

他是个在单位就好跟扫院的和烧茶炉的工人说话的人。一看见领导就紧张，就觉得有尿憋得慌。

他是个人们说他有点怪的那种人。

对于自己被"诺奖"的事，曹乃谦处之泰然，他有名言曾说："人类一思考，上帝就发笑。"说的就是他对诺奖的态度。

曾有采访者在2012年问曹乃谦："不久前获得诺贝尔文学奖的是中国作家莫言，在获奖之前，您也一度被认为是'最有可能获得诺贝尔文学奖的人之一'。您对此有何评价？"曹乃谦回答道："莫言获得了诺贝尔文学奖，他为中国文学在世界文学的殿堂里争得了地位，也争得了荣誉。获奖之前，我也一度被认为是'最有可能获得诺贝尔文学奖的人之一'，对这样的说法，我的看法一直是那句话：'人类一思考，上帝就发笑。'我认为，无论谁获得，这都是存在着天意在里面的。天意是容不得谁想就能想来的，天意是上天在事先就安排好了的。因此，对这样的说法，我的态度：不去想，不来说，不当真，不表态。"

这就是曹乃谦的真正态度。对此，笔者深有体会。就在2013年底，笔者曾问曹乃谦，对今后中国作家争取诺贝尔文学奖如何看？曹乃谦答曰，没看法，从来不想这个事。可见其态度的一贯性。

笔者还曾亲自问过曹乃谦，马悦然是否对他说过他有望获得诺贝尔文学奖，曹乃谦肯定地回答说："没有。"可见曹乃谦与马悦然的关系，并非与诺贝尔文学奖有关，而是马悦然真的喜爱曹乃谦的作品。马悦然的妻子陈文芬曾这样说过："有些作家，根本不要去在意他会不会得诺奖，他的优秀就在那里。诺贝尔文学奖不是一个世界冠军奖，得到它并不一定代表谁是世界上最优秀作家。其实马悦然说过，'我的责任，是把中国文学推介到世界文坛上去，让更多的人读到并喜欢。而不是给哪个中国作家弄到一个诺贝尔文学奖'。"所以说，曹乃谦是马悦然最为看重的中国乡土作家，此言不虚。

第十五章

莫言的故事

题图：莫言像

2001年，日本NHK电视台策划了一档名叫《二十一世纪的开拓者》节目。该节目是一个面对全亚洲的人物专题节目，旨在介绍亚洲各国最有前途的人才，作家莫言是其中的人选之一。NHK电视台希望请一位重磅人物担纲采访莫言。当听说要到中国采访莫言时，平常很难请动的1994年度的诺贝尔文学奖获得者大江

作家路遥与莫言合影

健三郎竟意外地答应出山。他说："我认为在中国最有希望获得诺贝尔文学奖的作家是莫言。"

的确，比莫言大二十岁的大江健三郎对莫言一向喜爱。1994年，大江健三郎在获得诺贝尔文学奖的演说中说："正是这些形象系统，使我得以植根于我边缘的日本乃至边缘的土地，同时开拓出一条到达和表现普遍性的道路。不久后，这些系统还把我同韩国的金芝河、中国的莫言等结合到了一起。"虽然在成为作家之后多次访问中国，但大江健三郎此前并没有见过莫言。能在诺贝尔文学奖授奖演说上如此提及莫言，说明在大江健三郎眼里，莫言在中国是一个非常重要的作家。他曾说："如果让我提一个诺贝尔文学奖的候选人，他应该是莫言。"

2002年2月，大江健三郎陪同莫言回到他山东高密大栏乡的家中过年。在三天的行程里，两位作家每天朝夕相处都有长达数小时的深入交谈，话题以文学创作为主，两人的友谊在这一段时间也得到了进一步深化。

一、出生与逃离

1955年2月17日，农历正月二十五，中国山东省高密县大栏乡三份子村（今属高密市夏庄镇）一个普通农民家庭生下一个男孩儿。这一年按中国纪年方法是乙未年，属羊；这个家庭的成分为"富裕"中农。这两个

属性是这个男孩儿的"胎记",与生俱来的。日后,这个男孩儿为达到某种目的,将"生日"这个胎记涂改为1956年3月25日。

这个男孩儿就是莫言。莫言是笔名。莫言原本不姓"莫",也不叫"言",他原名管谟业。当他需要起一个笔名时,他把"谟"字拆开、颠倒,便产生了如今这个知名度甚高的笔名。

莫言出生时,他的大家庭里已经挤满了一大堆人口——他的祖父管嵩峰,祖母戴氏,父亲管贻凡,大哥管谟贤,二哥管谟欣和大姐,叔婶和大他四个月的堂姐一家。后来,莫言的婶母又生了几个比他小的男孩儿。因此,莫言的出生对这个家庭来说,只是给家里添一张"嗷嗷待哺"的嘴巴,没什么可高兴的。莫言这样描写自己的诞生:

> 1955年春天,我出生在高密东北乡一个偏僻的落后的小村里。我出生的房子又矮又破,四处漏风,上面漏雨,墙壁和房笆被多年的炊烟熏得漆黑。根据村里古老的习俗,产妇分娩时,身下要垫上从大街上扫来的浮土,新生儿一出母腹,就落在这土上。……我当然也是首先落在了那堆由父亲从大街上扫来的被千人万人踩践过、混杂着牛羊粪便和野草种子的浮土上。

莫言还把这种描写运用到长篇小说《丰乳肥臀》上官玉女和上官金童这对不幸的双胞胎的诞生情节里。有人说这暗示着人的生命从土中而来;有人说这昭告着人是一种卑贱如土的生灵。其实,这无非意味着一个字——穷。

对于不幸出生于那个时代的莫言来说,记忆中最深刻的压抑就是饥饿。他笔下那些卑微的、被侮辱与被损害的黑孩、上官金童、余一尺、罗小通等,全都是些吃不饱穿不暖的小可怜虫,他们被一只看不见的巨灵神掌压在社会的最底层,扁得屁滚尿流——他们不明白自古以来物华天宝的家乡,为何会在粮食丰产期间却饿殍遍野。莫言在他的小说里问,粮食呢?粮食都到哪里去了?一片丰沃的土地,年年丰收,但粮食却不见了。那些在土里生土里长的高密东北乡的饥饿的孩子,每天睁大眼睛寻找食物,来填饱自己永不餍足的胃。他们几乎什么都吃，甚至为此大大地扩张了人类的食谱，还为人类探索各种可能吃的食物而做出了卓越但令人心酸的贡献。五六岁的孩子，在那个饥饿的年代，就是一只本能的动物。他们像一条条饥饿的小狗，整天在村子内外嗅来嗅去，寻找食物或它的替代品：各种动物——如野狗、乌鸦、麻雀、兔子、老鼠等；各种虫子——如蜜蜂、苍蝇、蚊子、蚂蚱、蝈蝈、金龟子等；各种鱼类——如鳝鱼、鲤鱼、黑鱼、鲇鱼、草鱼、鲫鱼等；各种水族——如泥鳅、乌龟、河鳖、螃蟹、河虾、青蛙、水蛇等。这些可以进入新人类食谱的动物和植物，都是上世纪六十年代初期，饥饿

《丰乳肥臀》书影

的少年莫言和他的同伴们游荡时发掘和拓展的。莫言在散文《忘不了吃》中，用极其轻松的手法，把自己童年和少年时代的饥饿经验和寻找食物的过程再度详细地表现出来：

> 很多文章把三年困难时期写得一团漆黑，毫无乐趣，这是不对的。起码对孩子来说还有一些欢乐。对饥饿的人来说，所有的欢乐都与食物相关……我们的村子外是望不到边的洼地。洼地里有数不清的水汪子，有成片的荒草。那里既是我们的食库，又是我们的乐园。我们在那里挖草根挖野菜，边挖边吃，边吃边唱，部分像牛羊，部分像歌手。我们是那个时代的牛羊歌手。我难忘草地里那种周身发亮的油蚂蚱，炒熟后呈赤红色，撒上几粒盐，味道美极了，营养好极了。那年头蚂蚱真多，是天赐的美食。村里的大人小孩都提着葫芦头，在草地里捉

蚂蚱。我是捉蚂蚱的冠军,一上午能捉一葫芦。我有一个诀窍:开始捉蚂蚱前,先用青草的汁液把手染绿,就是这么简单。油蚂蚱被捉精了,你一伸手它就蹦。我猜它们很可能闻到人手上的味道,用草汁一涂,就把味道遮住了。它们的弹跳力那么好,一蹦就是几丈远。但我的用草汁染绿了的手伸出去它们不蹦。为了得到奶奶的奖赏,我的诀窍连爷爷也不告诉。奶奶那时就搞起了物质刺激,我捉得多,分给我吃的也就多。蚂蚱虽是好东西,但用来当饭吃也是不行的。现在我想起蚂蚱来还有点恶心……

他们吃虫子、吃野草、吃泥土、吃煤块,在莫言的短篇小说《铁孩》里,那个吃到了神乎其神程度的"铁孩",甚至异化成了嗜食各种钢铁的魔法孩子。人在极度饥饿的环境中发生了异化。莫言在短篇小说《铁孩》里写一个长期等待父母的孩子生出了吃钢筋的特异功能:

铁孩拿来一根生着红锈的铁筋……我看到他果真把那铁筋伸到嘴里,"咯嘣咯嘣"地咬着吃起来。那根铁筋好像又酥又脆……他把吃剩的那半截铁筋递给我,说你吃吃看……我半信半疑地将铁筋伸到嘴里,先试着用舌头舔了一下,品了品滋味。咸咸的,酸酸的,腥腥的,有点像腌鱼的味道。我试探着咬了一口,想不到不费劲就咬下一截,咀嚼,越咀嚼越香。越吃越感到好吃,越吃越想吃,一会儿工夫我就把那半截铁筋吃完了。

由于对食物的极度攫取,人们不仅牙齿变得锋利耐磨,肠胃的功能也有了质的飞跃。在长篇小说《丰乳肥臀》中,那位母亲上官鲁氏为了自己的孙子能够得到一口吃的,甚至练出了反刍的功能。她在生产队里把豆子吞到肚里,不喝水,不消化,直到装着这些宝贵的食物挨到歇晌回家,拿出一个盆子,用手指抠喉咙,将那些胃液包裹着的豆子吐出,喂养自己的孩子们。其实她就是莫言的母亲。

不过现实永远比艺术作品要严酷得多。在《吃事三题之三·忘不了吃》中，莫言讲了一个令人心酸的故事：

> 大概是1961年的春节吧，政府配给我们每人半斤豆饼，让我们过年。领取豆饼的场面真是欢欣鼓舞的场面。有的人，用衣襟兜着豆饼，一边往家走，一边往嘴里塞。我家邻居孙大爷，人没到家，就把发给他家的豆饼全都吃光了。他一到家就被老婆孩子给包围了，骂的骂，哭的哭，恨不得把他的肚皮豁开，把豆饼扒出来。可见爱在饥饿的人群里，要大打折扣。孙家大爷躺在地上，面如灰土，眼泪汪汪，一声不吭，任凭老婆孩子撕掳踢打。孙家大爷当天夜里就死了。他吃豆饼太多，口渴，喝了足有一桶水，活活给胀死了。那时我们的胃壁薄得如纸，轻轻一胀就破了。孙大爷死了，他的老婆孩子，没掉一滴眼泪。多少年后提起来，孙大奶奶还恨得牙根痒痒，骂老头子吃独食，连一点人味都没有，死不足惜。这次年关豆饼，胀死了我们村十七个人，教训很深刻。后来我在生产队饲养室里喂牛，偷食饲料豆饼时，总是十分节制，适可而止，生怕蹈了孙大爷的覆辙。

海明威说"不幸的童年是作家的摇篮"。而莫言在《超越故乡》一文中写道："我的童年是黑暗的，恐怖和饥饿伴随我成长。"如果莫言有能力选择的话，我看他宁可不当作家，也愿意有一个幸福的童年。莫言的童年正值中国近代史上最悲惨的一段时期，所谓的"三年困难时期"，全国饿殍遍野。莫言曾在香港一家大学演讲时说："我们村里一天之内饿死了十八个人。"

莫言小学五年级毕业，其他同学都升到了村里新建的农业联合中学，而莫言的升学资格却被人轻易地"革"掉了。

在《我的老师》一文中，莫言是这么回忆的："……我家成分是中农，原本就是团结的对象，郑红英一歪小嘴就把我上中学的权利剥夺了。……郑红英却说：'上边有指示，从今之后，地富反坏右的孩子一律不准读书，中农的孩子最多只许读到小学，要不无产阶级的江山就会改变颜色。'就这样，我辍学成了一个人民公社的小社员。"郑红英是莫言的班主任，她跟红卫兵头头"搞破鞋"被莫言和同学张立新窥见，并传扬开来，因此恨上了莫言。张立新出身过硬，郑红英不敢不让他上联合中学，但是作为老中农的后代，莫言就在劫难逃了。

莫言是爱读书的，从小学三年级开始，他就留心起"读物"。他看的第一本"闲书"是《封神演义》，接着又看了《三国演义》《水浒传》《儒林外史》《青春之歌》《三家巷》《钢铁是怎样炼成的》等，还为《三家巷》里的区桃和《钢铁是怎样炼成的》里的冬妮娅而胡思乱想，闹出了笑话。莫言回忆说："读完《钢铁是怎样炼成的》，'文化大革命'就爆发了，我童年读书的故事也就完结了。"莫言酷爱读书，梦想将来上大学。这跟他六十年代初就考上了华东师范大学的大哥管谟贤的深切影响有直接的关系。莫言的大哥管谟贤上了大学，在他们家乡里也是一件哄动一时的大事情。村里人不无嫉妒地说，这个老中农家不得了，孩子上了大学。在"文革"前，一个乡村孩子能考上大学，那是多么风光的事情。这也深深地吸引着少年莫言。他把大哥留下来的书全都看了。

莫言被辍学之后，十二岁就没有书念了，算是公社小社员。农活是干不了的，事情也是没有多少的。大把大把的时间可以供他打发。那是一个基本上什么消遣都没有的时代，莫言像条饥饿的狼一样，见到什么就啃什么。他说过，那时候，他连大哥留下来的一本《新华词典》都基本上翻烂了。

莫言告别教室，顺理成章地变成了一个放牛娃。他每天牵着牛、背着草筐去田野里，日积月累，他对村里村外的河流、水泡子以及各种植物和动物都了如指掌。莫言的家乡是高密、胶县、平度三县交界地，交通闭塞，地广人稀。村外就是一望无际洼地，野草繁茂，野花缤纷。古人说，"塞翁失马焉知非福"，真是没错儿。没上过中学怎么样？知识不光来自课堂和书本。鲜活的田野带给莫言的是对自然的直接感受。这种感受对莫言以后的创作具有重要的意义。莫言2003年在美国哥伦比亚大学的演讲《饥饿和孤独是我创作的财富》中回顾了那段日子的生活：

  我每天都要到洼地里放牛,因为我很小的时候已经辍学,所以当别人家的孩子在学校里读书时,我就在田野里与牛为伴。我对牛的了解甚至胜过了我对人的了解。我知道牛的喜怒哀乐,懂得牛的表情,知道它们心里想什么。在那样一片在一个孩子眼里几乎是无边无际的原野里,只有我和几头牛在一起。牛安祥地吃草,根本不理我。我仰面朝天躺在草地上,看着天上的白云缓慢地移动,好像它们是一些懒洋洋的大汉。我想跟白云说话,白云不理我。天上有许多鸟儿,有云雀,有百灵,还有一些我认识它们但叫不出它们的名字。它们叫得实在太动人了。我经常被鸟儿的叫声感动得热泪盈眶。我想与鸟儿们交流,但是它们也很忙,它们也不理睬我。我躺在草地上,心中充满了悲伤的感情。在这样的环境里,我首先学会了想入非非。这是一种半梦半醒的状态。许多美妙的念头纷至沓来。我躺在草地上理解了什么叫爱情,也理解了什么叫善良。然后我学会了自言自语。那时候我真是才华横溢,出口成章,滔滔不绝,而且合辙押韵。

  莫言的"高密东北乡",如福克纳笔下的"约克纳帕塔法"一样,成为一个小莫言的奇特艺术世界。获得诺贝尔文学奖后,莫言表达了他对故乡的一往情深:"我的故乡和我的文学是密切相关的。"这是真的。莫言视故土为"精神的根据地",将自己对故土的体验化为艺术元素,这是莫言创作取得巨大成功的重要因素。莫言一系列乡土作品充满"怀乡"、"怨乡"的复杂情感,被称为"寻根文学"作家。他曾提出"所有的文学都是乡土文学"的观点。"过去乡土文学只是指农村,现在看来是偏狭的,时代在发展,乡土的内涵也在变化。现在乡村在发生变化,乡村与城市的差别在缩小。另外乡土与故乡是同义词,每个人都有故乡,即便是我住在北京也和故乡有千丝万缕的联系。所有的文学都依赖乡土,荒郊野村是乡土,繁华都市也是另一种乡土。"

"我曾经对高密东北乡极端热爱，曾经对高密东北乡极端仇恨，长大后努力学习马克思主义，我终于悟到：高密东北乡无疑是地球上最美丽最丑陋、最超脱最世俗、最圣洁最龌龊、最英雄好汉最王八蛋、最能喝酒最能爱的地方。"这是莫言曾写下的一段文字。在五十岁后，莫言越来越恋家。每年，他都要回到高密住上一段时间，寻找创作灵感。

但在四十岁以前，莫言脑海里每时每刻想的恐怕都是如何从"高密东北乡"逃走。

1973年莫言通过在县第五棉油加工厂做主管会计的五叔的关系，走后门进厂当了农民合同工，其实就是季节工——棉花收购以后来厂做工，一直到棉花加工完毕走人回家。

能到县棉油加工厂去干活，对当时的莫言来说，是个天大的好事。他不光一天能挣一元三角五分钱（交生产队一半），每月可剩十几块钱，这在当时是个了不起的数目，还可以不干农活照样记工分。最主要的，是他得到一种脱离土地桎梏的假象。于是，他在思想上和体力上都做好了在这里好好干下去的准备。莫言回忆说，第一次在厂里割草，因为他有做农活的经验、体力，又有足够的动力和自觉性，所以在劳动中表现突出，得到厂党支部书记大会口头表扬——"老管的侄子真不错，一个顶仁。"就这么一句话，竟让莫言激动得"屁滚尿流"。这可是莫言平生第一次在众人面前得到领导的公开表扬啊。

成名后的莫言回忆这一段人生经历时，坦露心曲：

> 在棉花加工厂工作的这段时间，我想离开农村的这种愿望越发强烈，我觉得我一定再不能回到我那个村里去了，不能再跟那一帮人混到一起了，那里毫无前途，一回去就断送了，我只有想办法离开这个村，才可能有出路。……农村和城市之间的差别太大了，完全是大地超出了我过去所认识的那种阶级的关系。我梦寐以求的就是我能够转正，但是后来大家也纷纷传言说四届人大一开，马上要把这批人转正，又有些说不可能。

事实的确如此。青年农民工莫言在县棉油加工厂一干就是三年半,直到他参军走,再没回村干农活。加工棉花时他当司磅员,这是厂里临时工中的一个美差。莫言他叔是厂里的主管会计,有这个面子;不加工棉花时,他在厂里干保洁或保安。

莫言当时有个农民工友叫张世家。莫言出名后,张世家揭发说:

> 那时的莫言,在我的记忆中相当沉默,用莫言自己的话说,他当时的心境是:"白日做梦,也是如何冲出牢笼、离开家乡。"我深信,苦难的童年是莫言成为作家的第一所大学,也是我发愤玩命冲出高粱地的第一所大学。冲出去,玩一把,出人头地,谁不想?1976年,莫言如愿以偿,报名四年,体检四年,终于当了兵。时年,莫言二十一岁,把1955年生人改成1956年生人。要不,他这辈子就穿不上军装了。凭直感,我认为莫言如果当初当不成兵,离不开家乡,一直待在这里,他的童年再苦也成不了今天的名作家。

其实,除了因为怕超龄当不上兵,改过生日外,莫言还改过"学历"。刚进厂时,需要登记填表,其中有文化程度一栏。莫言觉得填小学毕业太丢人,高中毕业又不敢填,犹豫半天,最终填了个初中。他自己说"初一吧",初一毕业。可是这种虚荣心很快就被张世家给戳穿了。莫言在《我的中学时代》一文中"坦白交代":

> 进厂登记时,我虚荣地谎报了学历,说自己是初中一年级。但很快就有一个曾经在我们村的联中上过学的邻村小伙子揭穿了我,弄得我见人抬不起头来。后来听说厂里的合同工大部分都往高里填学历,有的人明明是文盲,硬填上高中毕业,我把自己的学历填成初一,其实是很谦虚的。因为我叔叔在这家工厂当主管会计,所以

第十五章 莫言的故事

就安排我当了司磅员，与笔和算盘打交道，在不知底细的人心目中，我也算个小知识分子了。当时工厂里经常组织批林批孔的会，厂里管这事的人以为我有文化，就让我重点发言，我就把报纸上现成的稿子抄到纸上，上去慷慨激昂地念一通，竟然唬住了不少人。厂子里曾经莫名其妙地掀起过一个学文化运动，让我讲语文，我没有办法，就去书店买了一本关于写作的小册子，上去胡说一通，一课下来，竟然有人说我讲得好，还有人以为我在中学教过书。

1976年终于当兵了，填表时，我大着胆子，把学历填成了初中二年级。到部队后见发现很多"高中毕业"的战友连封家信都不能写，于是，在填写入团志愿书时，我就把自己的学历提升到了高中一年级。以后的所有表格，都是这样填了。虽然再也没有人揭穿我，但我的心里始终七上八下，每逢首长或是战友问到我学历时，我的心就嘭嘭乱跳，然后含含糊糊地说："高一……"，直到我从解放军艺术学院文学系毕业，得了大专学历，才解决了这个尴尬问题。

张世家就是"曾经在我们村的联中上过学的邻村小伙子"。莫言小学时的同学有的是张世家高中时的同学，张世家从他们那里了解到管谟业的底细，遂发生了"学历"打假案。

二、军旅生涯作家梦

1976年，莫言终于穿上崭新的"国防绿"军装。与家乡的高粱地告别时，他在心中发誓："再见吧，可爱的故乡！再见吧，野菜地瓜干！"后来，莫言在《超越故乡》一文中这样说：

> 当时我曾幻想着，假如有一天，我能幸运地逃离这

块土地，我决不会再回来。所以，当我爬上1976年2月16日装运新兵的卡车时，当那些与我同车的小伙子流着眼泪与送行者告别时，我连头也没回。我感到我如一只飞出了牢笼的鸟。我觉得那儿已经没有任何值得我留恋的东西了。我希望汽车开得越快、开得越远越好，最好能开到海角天涯。当汽车停在一个离高密东北乡只有二百华里的军营，带兵的人说到了目的地时，我感到深深的失望。多么遗憾这是一次不过瘾的逃离，故乡如一个巨大的阴影，依然笼罩着我。

不是莫言心硬，而是中国的"户籍"制度无情。当兵对于农村青年来说，是一个"农转非"的机会。接到入伍通知书后，村里一个复员兵便好心地也是心领神会地给莫言传授经验："到了部队，第一件事就是给新兵连首长写一份决心书，这对你的分配至关重要。如果你写得好，新兵训练结束后，就有可能让你去当文书或是给首长去当警卫员，而这两个职务是天生的干部苗子。"农村兵为什么那么看重"提干"呢？因为大家心里都清楚，"铁打的营盘流水的兵"。在部队里，穿四个兜的与穿两个兜的有着很大区别。他们在脱军装恢复"民"的身份时，前者叫"转业"，后者叫"复员"。转业者，政府给安排工作，月月开工资，端的是铁饭碗；复员者，"恢复"社员的身份，端的是泥饭碗。

1976年2月16日下午，莫言背着背包，跟随着新兵队伍，晕头涨脑地进了丁家大院。这所大院坐落在山东黄县县城（现为龙口市黄城区）西北角，是一座在胶东半岛赫赫有名的豪宅，据说可与牟平县的大地主牟二黑子家的豪宅媲美。一进大院就是一座高大的影壁，影壁上刻着"紫气东来"四个大字。数十个新兵蛋子站在影壁前听一个干部点名，然后分班，然后就由各班班长把新兵带回去，然后跟着班长进了一栋雕梁画栋的大房子。班长命令我们把背包放在稻草地铺上，莫言的军人生涯就这样开始了。

新兵连的集训生活结束，莫言和几个新兵被分到黄县北马公社唐家泊村。这是总参下面一个保密单位，技术干部很多，后勤战士很少，总共只有八个人，两个做饭，六个站岗。这里的营房跟老百姓的村庄连成一片。

庄子的主业是生产著名的龙口粉丝。而靠着营房则是一大片牲口棚。总共三排房子的营房，没有暖气，全凭煤球炉子生火取暖。一间伙房，一个露天厕所，再加一个只有半个篮筐的操场，一览无余。更让莫言心凉的是老兵对新兵的介绍：这个单位的直属上级在北京，把这里的管理工作都交给黄县的团部代管。在这儿入党比登天都难，提干基本没戏，干到头也就是警卫班的班长。四个兜？做梦去吧。在这里，战士们不训练，除了站岗，就是干活。什么活？营房前边有几十亩地，下了岗，就去种地：栽白菜、割麦子，干各种各样的农活。莫言苦笑：以前的他是干农活的农民，如今是穿军装的农民。升官发财的机会虽然不多，但当兵还是比不当兵强。

果然，一个偶然的机会让莫言当上了战士们的文化教员，课讲得让首长直问他是哪个大学毕业的。1979年，他被调到位于保定满城县深山沟里的训练大队任专职政治教员，讲起政治经济学、哲学、科学社会主义、中国近代史等课程。同时还有一个工作是当保密员。

这位山东汉子讲起课来声震房瓦，学员们说没有谁的政治课能讲得像管老师这样生动活泼。但莫言并不满足，他没有忘记少年时就开始的作家梦。他在业余时间努力写作。当时，莫言写了很多稿件，向全国许多报纸投稿，每次莫言都是满怀信心地把厚厚的稿纸装进信封，开始漫长且充满希望的等待。

1981年的一天，莫言收到一封《莲池》编辑部的信，编辑在信中告诉莫言，希望他在方便的时候到编辑部去一趟，当面谈一谈如何修改的问题。莫言说，当时拿着那封信，又想哭又想笑，激动的心情难以名状。莫言向部队请了假，坐上长途汽车奔向保定。当时交通很不方便，在路上颠簸了大概三个半小时，最后终于到了《莲池》编辑部。《莲池》有位老编辑，叫毛兆晃，那天就是他接待了莫言，也是他发现了莫言的处女作，并从此把莫言一步步引领着走上了中国文坛。莫言小说的题目叫《雨夜情思》，写一个结婚不久的少妇在一个春雨霏霏的夜晚想念自己远在海岛上当兵的丈夫。见面的时候，毛老师笑着对莫言说："我还以为你是个女战士呢，没想到是个小伙子。"毛老师认为小说基础不错，但人物形象单薄，需要进一步修改。几天后，莫言拿着重新改好的稿子送到编辑部。毛老师看后说了一句话："还不如那篇初稿好呢！"就这样，改到第三次的时候，毛老师没再说什么，打发莫言回去等消息。没过多久，《春夜雨霏霏》在《莲池》第五期上发表了。这是莫言公开发表的第一篇小说。拿到稿费后，莫言买了一瓶刘伶醉白酒，四只马家老铺烧鸡，和战友痛饮了一场。

1982年，莫言被提为正排级干部，部队恢复授衔时，莫言被授予上尉军衔，后被提升为少校，为副营职干部。

1983年5月，莫言调到北京延庆总参三部五局宣传科任理论干事。同年，莫言在《莲池》杂志发表了短篇小说《民间音乐》，引起了著名作家孙犁的注意，孙犁在《读小说札记》中写道："去年的一期《莲池》，登了莫言的一篇小说，题为《民间音乐》。我读过后，觉得写得不错……有些飘飘欲仙的空灵之感。"

1984年秋，著名作家徐怀中在解放军艺术学院创建文学系，他看到莫言的《民间音乐》后，十分欣赏，破格给了莫言参加考试的机会，莫言顺利考入解放军艺术学院文学系。同期被录取的有李存葆、钱钢、宋学武、朱向前、崔京生等三十多名文坛新秀，都是在部队崭露头角的青年作家。在这里，他眼界大开，为呈现在自己面前的文学世界的光辉灿烂而目眩。他攒足了劲，拼命地学习，拼命读书。《喧嚣与躁动》《老人与海》《百年孤独》《静静的顿河》《雪国》……这些人类文化史上最优秀的文学作品滋养、激励着莫言。一本书他可以反复地读，一些章节他甚至可以读五十遍、上百遍。大量的文学书籍唤起莫言对过去生活的全面记忆，萌发了他创作的灵感。更为重要的是，他终于发现自己创作的源泉正是那个可恨的"高密东北乡"：

> 就像渔民的女儿是蒲扇脚、牧民的儿子是镰柄腿一样，我这个二十岁才离了高密东北乡的土包子，无论如何乔装打扮，也成不了文雅公子，我的小说无论装点上什么样的花环，也只能是地瓜小说。其实，就在我做着远离故乡的努力的同时，我却在一步步地、不自觉地向故乡靠拢。到了1984年秋天，在一篇题为《白狗秋千架》的小说里，我第一次战战兢兢地打起了"高密东北乡"的旗号，从此便开始了啸聚山林、打家劫舍的文学生涯，

"原本想趁火打劫，谁知道弄假成真"。我成了文学的"高密东北乡"的开天辟地的皇帝，发号施令，颐指气使，要谁死谁就死，要谁活谁就活，饱尝了君临天下的乐趣。什么钢琴啦、面包啦、原子弹啦、臭狗屎啦、摩登女郎、地痞流氓、皇亲国戚、假洋鬼子、真传教士……统统都塞到高粱地里去了。

1985年，《中国作家》杂志第二期发表莫言的《透明的红萝卜》。同年，老文学家冯牧在北京华侨大厦主持莫言创作研讨会，汪曾祺、史铁生、李陀、雷达、曾镇南等著名作家、评论家都高度评价了《透明的红萝卜》，说它是"建国以来农村题材小说中不可多得的精品"。而这部奇异斑斓却浑然天成的作品，莫言仅用了三天时间就写出来了。

1985年底，著名作家张洁在联邦德国出席交流活动时，被问到1985年中国文坛有什么大事发生，张洁回答："要说大事，那就是出现了莫言。"张洁形容《透明的红萝卜》是一个天才作家诞生的重要信号。

1986年，莫言在解放军艺术学院文学系毕业。同年三月，《人民文学》杂志第三期发表莫言的中篇小说《红高粱》，引起文坛极大轰动。这一年，莫言闪电般地完成了《红高粱家族》中的《高粱酒》《高粱殡》《狗道》《奇死》，同时还发表《筑路》和短篇《草鞋窨子》《苍蝇门牙》等。同年夏天，张艺谋找到莫言洽谈购买《红高粱》改编电影版权事宜，莫言与陈剑雨、朱伟合作将其改编为电影版文学剧本。有人惊呼："1986年是文坛莫言年。"就在这一年的3月，莫言成为中国作家协会会员。

十年，从1976年穿上军装那年算起，到1986年，莫言恰好用了十年的光阴终于将少年时的作家梦变为现实。

三、《红高粱》及其家族

1986年《人民文学》第三期发表了莫言的中篇小说《红高粱》，在文坛引起轰动。这篇小说被读者推选为该年度"我最喜爱的作品"的第一名。莫言自己也认为："《红高粱家族》是我创作的九部长篇中的一部，但它绝对是我的最有影响力的作品,因为迄今为止,很多人在提到莫言的时候,往往代之以'《红高粱家族》的作者'。"

但莫言创作这部作品实出于偶然。

在解放军总政政治部召开的一次文学创作讨论会上,有位老作家提出了这样一个问题:老一辈作家亲身经历过战争,拥有很多的素材,但他们已经没有精力创作了,因为他们最好的青春年华耽搁在"文革"当中;而年轻一代有精力却没有亲身体验,那么他们该怎样通过文学来更好地反映战争、反映历史呢?

初生牛犊不怕虎。莫言当时就站起来说:"我们可以通过别的方式来弥补这个缺陷。没有听过放枪放炮但我听过放鞭炮;没有见过杀人但我见过杀猪甚至亲手杀过鸡;没有亲手跟鬼子拼过刺刀但我在电影上见过。因为小说家的创作不是要复制历史,那是历史学家的任务。小说家写战争——人类历史进程中这一愚昧现象,他所要表现的是战争对人的灵魂扭曲或者人性在战争中的变异。"莫言发言以后,当场就有人嗤之以鼻。

于是,莫言把自己置于悬崖边上。为了证明自己观点的正确,他必须马上动笔,写一部战争小说——《红高粱》。这是他厚积薄发的力作,最后形诸笔墨,仅用了六天。

《红高粱》源自一个真实的故事。据《高密县志》记载:1938年3月15日,在距莫言老家不远的孙家口发生一场伏击战。国民党的游击队和当地农民武装高仁生大队和冷关荣大队联合行动,消灭了日本鬼子一个小队,包括一个日军中将中岗弥高,烧毁了一辆军车。这在当时可是了不起的胜利。过了几天,日本鬼子大队人马回来报复,游击队早就逃得没有踪影,鬼子就把那个村庄的老百姓杀了一百三十多口子,村里的房屋全部烧毁。

《红高粱》与以往革命历史战争小说的不同就在于,它以虚拟家族回忆的形式,把全部笔墨都用来描写由土匪司令余占鳌组织的民间武装,以及发生在高密东北乡这个乡野世界中的各种野性故事。莫言说:

> 当时写《红高粱》时正是中国文学最热潮的时候……
> 当时几乎每个作家都是锐意创新,千方百计地创新,不仅仅满足于讲一个故事,而是在探索如何讲故事……用

> 我爷爷奶奶这样晚辈讲祖辈的故事，就是一种口吻一种口气。我感觉这样讲得很得心应手，让人一看这人讲的好像是真事，好像在讲家史。其实根本不是我的家史，只是一个叙述的视角。假如我不用这种口气，……就不会产生这种强烈效果……我一个孙子讲我爷爷我奶奶的爱情故事，甚至在高粱地里有一些在当时就是在现在也不被多数人接受的这种故事，会产生一种效果，说是亵渎也不是亵渎，说是尊敬也不是尊敬，让人产生很古怪的感觉，给这个故事赋予新意义。

《红高粱》通过"我"的叙述，展现了抗日战争年代"我"的祖先在高密东北乡上演的一幕幕轰轰烈烈、英勇悲壮的故事。小说洋溢着丰富饱满的想象，以汪洋恣肆之笔全力张扬着中华民族的旺盛生命力。小说表面上写的是关于抗战的故事，但内在的底蕴却是揭示在战争、苦难、礼教等枷锁重压下激发起的民族血性和刚勇。

莫言颠覆了传统意识形态二元对立式的正反人物概念。

这部小说的情节由两条故事线索交织而成：主干写民间武装伏击日本汽车队的起因和过程；后者由余占鳌与戴凤莲在抗战前的爱情故事串起。余占鳌在戴凤莲出嫁时做轿夫，一路上试图与她调情，并率众杀了一个想劫花轿的土匪，随后他在戴凤莲回门时埋伏在路边，把她抱进高粱地里野合，两个人由此开始了激情迷荡的欢爱，接下来余占鳌杀死戴凤莲的麻疯病人丈夫，正式做了土匪，也正式地成为她的情人。我们不难看出在这条故事线索中，始终被突现出来的是一种生机勃勃的民间激情，它包容了对性爱与暴力的迷醉，以狂野不羁的野性生命力为其根本。这显然逾越了政治意识形态的限制，对民间世界给予一种直接的观照与自由的表达。前一条抗日的故事线索，从戴凤莲家的长工罗汉大爷被日本人下令残酷剥皮而死开始，到余占鳌愤而拉起土匪队伍在胶平公路边上伏击日本汽车队，于是发动了一场全部由土匪和村民参加的民间战争。

与此相适应的是这部小说在人物形象塑造上，也填覆了传统意识形态二元对立式的正反人物概念。比如把作为"我爷爷"出场的余占鳌写成身兼土匪头子和抗日英雄的两重身份，并在他的性格中极力渲染出了一种粗野、狂暴而富有原始正义感和生命激情的民间色彩。上个世纪五十至七十年代现代历史小说中也出现过类似的草莽人物，如《苦菜花》中的柳八爷。他是胶东的土匪司令之一，原为一股流寇式的农民暴动武装的领袖，后为八路军某团收编，担任营长职务，并加入中国共产党。但他或他们肯定不是作品中的"主人公"，而且必须要在他身边再树立一个负载政治道德标准的正统英雄人物，对他或他们进行"收编"和"改造"，以此传达意识形态所规定的思想内容。但在《红高粱》中，余占鳌是唯一被突出的主要英雄，他的草莽缺点和英雄气概都未经任何政治标准加以评判或校正。这些特点也同样体现在对于"我奶奶"戴凤莲和罗汉大爷等人物的刻画中。比如"我奶奶"具有的那种温热、丰腴、泼辣、果断的女性的美，罗汉大爷的忠诚、坚忍、不屈不挠的农民秉性，及"我父亲"小豆官的莽撞冲动的脾气，都有一种民间的放纵和生气充盈其中。由于作家把这些人物都作为自己的家族长辈来写，就又在他们身上注入了以前革命历史故事中少有的任性与真实之感。正是建立在民间崇尚生命力与自由状态的价值取向上，作者描写"我爷爷"的杀人越货，写"我爷爷"和"我奶奶"的野地欢爱，以及其他人物种种粗野不驯的个性与行为，才能那样自然地呈现出一种强劲与质朴的美。

莫言在现代战争题材的创作中开辟出一块鲜活生动的"红高粱"地。叙述者在小说开头有一段充满激情的感叹，极力赞美他的故乡，赞美他的那些豪气盖天的先辈，并称先辈的所作所为和他们的英勇悲壮"使我们这些活着的不肖子孙相形见绌，在进步的同时，我真切感到种的退化。"这种感叹贯穿在整部小说中。民间是自由自在无法无天的所在，民间是生机昂然热情奔放的状态，民间是辉煌壮阔温柔淳厚的精神，这些都是人所憧憬的自由自在的魅力之源。叙述者以这样一种民间的理想状态来对比现实生活，却发现这种状态只是过去时态的存在，高密东北乡的英雄剧全都上演在已经逝去的时间中，这不能不令他感到遗憾，不能不令他屡屡发出文明进步隐含种性退化的感慨。

《红高粱》中，"我奶奶"是位具有传奇色彩的女性。她凭借自己的智慧、勇敢与对生活的热爱，创造了许多壮举，令人敬佩。在她那里，传统的伦

第十五章 莫言的故事

理道德失灵了，我们所能感觉到的只有旺盛的生命力量。她虽是土生土长的农村妇人，所谓女流之辈，但骨子里却充满着正义、仇恨、野性和情欲。她"什么事都能干。只要她愿意"。在历经多年的爱情和生活的双重考验后，"我奶奶"的胸怀更加豁达博大，谋事果断，智勇双全，成为战火中不让须眉的女英雄。莫言用一种高度诗化的笔调，运用意识流手法，描绘了她弥留之际的心灵自白：

> 奶奶感到疲乏极了，那个滑溜溜的现在的把柄、人生世界的把柄，就要从她手里滑脱。这就是死吗？我就要死了吗？再也见不到这天、这地、这高粱、这儿子、这正在带兵打仗的情人？枪声响得那么遥远，一切都隔着一层厚重的烟雾。豆官！豆官！我的儿，你来帮娘一把，你拉住娘，娘不想死，天哪！天……天赐我情人，天赐我儿子，天赐我财富，天赐我三十年红高粱般充实的生活。天，你既然给了我，就不要再收回，你宽恕了我吧，你放了我吧！天，你认为我有罪吗？你认为我跟一个麻风病人同枕交颈，生出一窝癞皮烂肉的魔鬼，使这个美丽的世界污秽不堪是对还是错？天，什么叫贞节？什么叫正道？什么是善良？什么是邪恶？你一直没有告诉过我，我只有按着我自己的想法去办，我爱幸福，我爱力量，我爱美，我的身体是我的，我为自己做主，我不怕罪，不怕罚，我不怕进你的十八层地狱。我该做的都做了，该干的都干了，我什么都不怕。但我不想死，我要活，我要多看几眼这个世界，我的天哪……

《红高粱》洋溢着强烈的悲悯气息，然而莫言往往在悲悯处插入轻松的情调，在极度悲愤处又处之泰然，充分表现了生活的内在矛盾纷扰。一方面凄楚、苍凉、压抑、沉滞，另一方面则是欢乐、激情、狂喜、抗争。在恶战结尾，余司令和他的弟兄全倒在血泊之中，用鲜血和生命换来的战利品却被冷支队长洗劫一空。而小说则用一句"父亲又捡来一张拤饼，狠狠地咬了一口",轻巧地结束了这场血与火的战斗。

莫言从先辈的草莽英雄的传奇生涯中看到的是生命的充盈和沉酣。他要表现的是一种非伦理化的、倔强峥嵘的而又自由舒展的、反压抑的人生状态。他的乡土之恋也是由爱极、恨极的矛盾心理交织而成的,其小说是对人生的一种审美本体的关照。《红高粱》所写的与其说是关于抗日的故事,不如说是表现了民族的血性与刚勇。"红高粱"这一意像即是这种血性、刚勇和饱满生命力的象征。小说以生命的辉煌——高密东北乡人的任情豪爽的壮丽生活图景,表现了民族的生命意志的强大和不可战胜。所以我们不难发现红高粱这一意像中所蕴涵的原始生命的创造力、抗争力以及民族的凝聚力。

四、莫言凭啥获得诺贝尔文学奖

2012年10月11日北京时间19时,瑞典诺贝尔奖委员会宣布,2012年诺贝尔文学奖获得者为中国作家莫言。这是一个见证历史的时刻,莫言成为第一位获得诺贝尔文学奖的中国籍作家。中国作家协会当晚即向获得2012年诺贝尔文学奖的莫言发出贺辞,称:"莫言的获奖,表明国际文坛对中国当代文学及作家的深切关注,表明中国文学所具有的世界意义。"

中国人对诺奖的百年孤独终于得到释放。中国广大民众特别是当代作家,对诺贝尔文学奖的期盼太久了,简直成了他们的一块心病。莫言获得诺贝尔文学奖给他们送去了一副最好的灵丹妙药。用"莫言获奖,举国欢腾"来形容,也不为过。但当掌声停止,鲜花打蔫时,浮起某些怀疑之声:莫言凭啥获得诺贝尔文学奖?他是中国最好的作家吗?

的确,就某一方面而言,莫言未必是最优秀的。比如在语言上,他有些粗糙,不如余华精粹;在故事结构上,可能不比王安忆紧凑……但我们不能据此就说莫言不配获得诺奖。

马悦然说的好:"诺贝尔文学奖不是一个世界冠军,奖是颁发给一个好的作家,莫言是一个好的作家,世界上好的作家可能有几千个,但是每年只能够颁发给一个作家。今年我们选的是莫言,明年选另外一个,不是一个世界冠军奖,就是一个颁发给很好的作家的一个奖。"

莫言好在哪里?

莫言和夫人在诺贝尔文学奖颁奖典礼现场

瑞典皇家科学院诺贝尔奖评审委员会给莫言拟就的获奖理由是:"将魔幻现实主义与民间故事、历史与当代社会融合在一起。"

莫言自上个世纪八十年代以一系列乡土作品崛起,代表作有中篇小说《红高粱》和长篇小说《酒国》《檀香刑》《生死疲劳》以及 2011 年 8 月获第八届茅盾文学奖的长篇小说《蛙》等。

他的作品获得过国内外很多文学奖项的肯定,其中重要的有:1987 年全国优秀中篇小说奖,1988 年"联合文学奖"(台湾),2001 年法国"儒尔·巴泰雍外国文学奖",2003 年"华语文学传媒大奖·年度杰出成就奖",2004 年获"法兰西文化艺术骑士勋章",2005 年第十三届意大利"诺尼诺国际文学奖",2006 年日本"福冈亚洲文化大奖",2008 年香港浸会大学"世界华文长篇小说奖·红楼梦奖",2008 年美国"纽曼华语文学奖",2011 年第八届茅盾文学奖。

莫言的成功在于他认为长篇小说文体应尝试着摆脱西方文学统治,从现代性的幻想中抽身出来,回过头来从民间艺术形式中汲取营养,在深邃而神秘的中国文学传统中寻找丰富资源,或许能够产生意想不到的艺术奇迹,从而开辟出一条适合中国本土的文体发展道路。莫言在《檀香刑》的"后记"中说:

> 民间说唱艺术,曾经是小说的基础。在小说这种原本是民间的俗艺渐渐地成为庙堂里的雅言的今天,在对西方文学的借鉴压倒了对民间文学的继承的今天,《檀香刑》大概是一本不合时尚的书。《檀香刑》是我的创作过程中的一次有意识地大踏步撤退,可惜我撤退得还不够到位。

莫言遵循开放的本土化路线,即具有现代表达技巧的本土化写作。正如评论家雷达先生所说:"本土化就是我们把西方的东西学习过之后,融化进自己的一些东西,在全球化的背景下,在开放的前提下,在了解世界文学的走向之后,再走本土化的道路,注目我们脚下的这片土地,从本民族的存在出发。"

到写《生死疲劳》的时候,莫言"撤退"到位了。这部长篇小说采用章回体分章法和六道轮回结构法。在小说中,一个被冤杀的地主经历了六道轮回,变成驴、牛、猪、狗、猴,最后终于又转生为一个带着先天性不可治愈疾病的大头婴儿;这个大头婴儿滔滔不绝地讲述着他身为畜牲时的种种奇特感受,以及地主西门闹一家和农民蓝解放一家半个多世纪生死疲劳的悲欢故事。小说透过各种动物的眼睛,观照并体味了五十多年来中国乡村社会的庞杂喧哗、充满苦难的蜕变历史。

小说透过生死轮回的艺术图像,展示了建国以来中国农民饱经患难的生活和他们顽强、乐观、坚韧的生命。故事情节极端、怪异、变形、荒诞,但是与寄寓其中的哲理浑然天成。全书从内涵到外延充满了作家的探索精神,充满了艺术灵气。究其所达到的艺术境界而言,这是一部划时代的史诗性作品,是中国文学终于跳出图解概念沼泽最辉煌的标志性著作。

小说的叙述者,是土地改革时被枪毙的一个地主,他认为自己虽有财富,并无罪恶,因此在阴间里他为自己喊冤。在小说中他不断地经历着六道轮回,一世为人、一世为马、一世为牛、一世为驴……每次转世为不同的动物,都未离开他的家族,离开这块土地。小说正是通过他的眼睛,准确说,是各种动物的眼睛来观察和体味农村的变革。

地主西门闹一家和农民蓝解放一家的故事充满了吊诡和狂热,唏嘘和罹难。当转世为人的"大头儿"终于执著坚定地叙述时,我们看到了一条生气沛然的人与土地、生与死、苦难与慈悲的大河,流进了我们的心田。

在莫言对伟大古典小说呼应的那一刻,聆听到了"章回体"那最亲切熟悉的大音;莫言承受着生死疲劳的磨砺以及冤缠孽结,将中国人百感交集、庞杂喧哗的苦难经验化为纯美准确的诗篇,祈祷祖国庄严、宁静,祈望人类丰沛的生命祥和、自然。

第十五章 莫言的故事

《生死疲劳》将六道轮回这一东方想像用中国古典文学草蛇灰线的方式，隐没在全书的字里行间，写出了农民对于土地无比执著的颂歌和悲歌。据莫言介绍，这部长达五十五万字的小说，由于构思成熟，他共用了四十三天的时间就写好了。"在写作中，我丢掉了电脑，重新拿起软毛笔，创作的激情从笔下汹涌而出。"由于小说写得快且长，莫言为此反而感到不安，怕因一时的疏忽而为文本带来瑕疵。由于莫言首次尝试近似章回体的叙述方式，从而使小说在阅读时有类似阅读中国古典小说的快感。对此，莫言解释说，他并不是刻意为之，而是因小说叙事的需要，尤其是为了区别章节之间的界限。莫言说：

>《生死疲劳》说是写了四十三天，但构思的时间足有几十年。之前，这个关于"六道轮回"的题材以及故事中人物已在我的脑子里盘桓多年。其实读者根本没有必要追究一个作家创作某部作品用了多少年，作品质量的优劣与创作时间的长短并不能构成比例，也无直接联系，留给读者与市场检验的终究还是作品本身。如果我早知道读者对创作效率如此关心，那我应该学着虚伪一些，我可以说我的这部小说写了三年、五年，但我觉得完全没有这个必要。

莫言的获奖还有一个经验，就是他在传播上没有太大的障碍。莫言的作品几乎出版一二年就有欧洲主要语言译本出现。2009年12月，莫言出版长篇小说《蛙》。到2011年，包括《蛙》在内的三部莫言的小说就被瑞典汉学家陈安娜翻译成瑞典文，可供瑞典诺贝尔文学奖评委直接阅读与评判。

总之，莫言文学创作题材敏感，反思尖锐，风格独特，语言夸张，想象狂放，在当代作家中极具个人魅力。他的获奖不仅是对中国作家、中国叙事话语的褒奖，更为中国文化进入世界先进文化行列提供了明证。

第十六章

反思诺贝尔文学奖的价值和荣誉

题图：瑞典文学院院士在诺贝尔文学奖评审现场合影

在当今世界众多的国际知名文学奖中,诺贝尔文学奖的地位是无可匹敌的。尽管它存在着某些局限与遗憾甚至失误,但它以始终坚持在人类精神领域倡导理想主义原则而影响着世界文坛,以严格的评选标准推出的杰出作家和优秀作品呈现出文学世界的多元与多彩,堪称当今世界文学的"最高"大奖。因此,在中国有幸进军诺贝尔文学奖成功——莫言获奖后,有必要对诺贝尔文学奖的历程和经验进行反思,重新考量它的价值、荣誉与存在的问题。

当年诺贝尔设立诺贝尔奖的初衷,就是为了消除世人对他的误解,为了向世界表白自己制造炸药及从事其他发明是出于造福人类的动机。所以,他决定将终身积累财产的大部分设立该奖项,奖励那些为人类的科技、文学及和平事业作出杰出贡献的科学家、作家、社会活动家。以此表明他一生所从事的事业,只有一个目的——造福全人类。

所以,诺贝尔奖颁行一百多年来,世界上还从未有一项奖励能像诺贝尔奖一样有着崇高的地位和威望。而这地位和威望的内涵,就是诺贝尔奖奖金的丰厚与获奖者由此而来的国际声望与荣誉。当然,诺贝尔奖之所以在世界上具有绝对权威性和巨大影响力,与她形成的历史和早期获奖者的杰出贡献与崇高声望分不开的。获奖者在获取诺贝尔奖的同时,也为诺贝尔奖树立了巨大的威信。

据说,当年诺贝尔生前曾立过三次遗嘱,是在最后一次遗嘱中将关于诺贝尔奖的种种规则和要求确定下来。可见,诺贝尔奖也是诺贝尔本人在逐步的深思熟虑中最后形成的。

瑞典文学院院士马悦然

而世界上人们对诺贝尔奖的了解和认识,也是随着历史的推移和奖项实行逐步加深和确认的。据现有资料证明,诺贝尔奖在中国的传播,是在上个世纪初期的1904年,上海的《万国公报》(周刊,1868年创刊,由美国传教士林乐知主编)在专栏中以《奖赠巨款》为题,对诺贝尔本人、诺贝尔奖的设立以及 1903 年诺贝尔奖的领奖情况作了详细报道。这是中国人首次得知有关诺贝尔奖的消息。1920 年 9 月，上海的《东方杂志》第 17 卷第 18 号刊登了《诺贝尔文学奖金之本年得奖者》一文，转载了西方报刊关于当年诺贝尔文学奖评选和获奖者情况的报道，同时对以往历届诺贝尔文学奖获得者及其作品进行了全面评述。这是中国人第一次了解到诺贝尔文学奖。

诺贝尔文学奖自 1901 年颁发以来，已经存在一百一十三年了。因为"有它的存在，人类精神世界显得更加丰富与活泼。不管有多少局限，但它一百年的工作，应当说是成功的"（刘再复语）。所以，诺贝尔文学奖的成功与价值表现在以下几个方面：

1. 坚持了以诺贝尔遗嘱的根本精神——"理想主义倾向"作为评奖的最高和唯一标准，始终将人类精神世界理想的升华置于人类精神产品的最高层位上，彰显了人类社会美好的前景。

2. 坚持了严格的评选标准。无论从瑞典文学院院士和评选委员会的认真工作，还是评选程序的严密、繁复，都证明了诺贝尔文学奖评选的科学、权威与严格。这一点，也是世人皆知且有口皆碑的。

3. 坚持了以作品优劣取人的文学标准，始终坚持诺贝尔遗嘱下确定的选取"最优秀作品"的原则，尽可能公正地评价作家的成就与作品的价值，以推出可以传世的各个国家的优秀作品，以彰显诺贝尔文学奖的文学价值。

4. 坚持了在世界范围内评选获奖作家及其作品。这一点，在诺贝尔奖设立后曾招致瑞典国人的不满，认为应首先考虑本国人获奖。而诺贝尔文学奖始终坚持了自己的国际化和世界性，排除来自国内和国际的干扰，把文学的多元性以多彩的作品形式呈献给全世界。

5. 坚持将文学作为人类精神产品与人类物质产品一样，置于并列诺贝尔奖的同等地位，彰示出人类对精神需要的追求，表现出人类理想与精神的创新增长，从而贡献于人类社会的进步。

6. 坚持以较为中立和公正的态度对待与文学有关的政治纠纷、民族矛盾和意识形态分歧，除去反人类的法西斯主义和封建专制之外，不以政治态度和意识形态归属作为评选标准来臧否获奖者和其他作家，一般不涉入政治、民族、意识形态纷争。这一点，与瑞典有史以来的中立国地位关系甚大。最明显的例子，就是 1989 年印度裔英国作家萨尔曼·鲁西迪因小说《撒旦诗篇》招致伊朗以亵渎《可兰经》之罪名对其下达追杀令，引起全世界包括瑞典作家的抗议，有人建议瑞典文学院（即诺贝尔文学奖评选机构）也发表抗议声明以示道义支援。但瑞典文学院以不干预政治为由拒绝发表抗议声明，从而导致多名院士对此不满而退出瑞典文学院。尽管从此后瑞典文学院空下三个座位（按瑞典文学院院士终身制规定，院士退出而未去世仍不能递补新院士），但它始终不改初衷。

至于诺贝尔文学奖对于世界文学的贡献，著名诺贝尔文学奖研究家毛信德教授在《诺贝尔文学奖与二十世纪世界文学》中（载于《译林》2002年1期）有较为精辟的归纳：一是推进了二十世纪世界文学的发展演变；二是倡导了二十世纪世界文学的创作风格；三是增强了二十世纪世界文学的艺术魅力；四是加深了二十世纪世界文学的历史内涵。对此，我个人认为，还应加上一条，即：五是促进了二十世纪世界文学的国际化交流。我还认为，所谓"推进世界文学的发展演变"是指诺贝尔文学奖作为一项文学的"竞争比赛"，众多文学参与者（包括作家、评论家）的投入其中，间接或直接推动了文学事业的发展；所谓"倡导了世界文学的创作风格"，是指诺贝尔文学奖多元化的选择，使世界各国各民族作家展示出各自不相同的创作风格与作品特色；所谓"增强了世界文学的艺术魅力"，是指由获奖作家杰出作品构成的文学画廊，展示出文学作品本身的艺术魅力和吸引力；所谓"加深了世界文学的历史内涵"，是指诺贝尔文学奖获奖作家的顺序排列，可构成一部文学发展史，而他们的作品则又反映出他们所处时代的历史面貌。所谓"促进了世界文学的国际化交流"，是指诺贝尔文学奖所具有的国际地位，造成了不同文化和文学的相互交流与了解。

尽管如此，诺贝尔文学奖也不是无懈可击或完美无缺的，它仍然有其局限和不足。这主要表现在：

1. 作为一项在世界上有广泛影响的国际大奖，诺贝尔文学奖由瑞典这个地处北欧极圈内外的国度承担有一定难度和困难。首先它地处偏远，文学触角远不如地理位置优越的国家（如法国）那样遍布和敏锐；其次瑞典国内舆论界、文化界对诺贝尔文学奖的评选似乎有相当大的影响力。同时，来自欧洲的其他历史更悠久、声望更隆高的学术文化机构，如法兰西学院、英国作家协会、西班牙学院等推出的文坛精英，对诺贝尔文学奖的评委更是一种眼光与标准的严酷考验。因此，诺贝尔文学奖几乎成了斯堪的纳维亚乃至欧洲文坛的禁脔。用瑞典文学院院士、诺贝尔文学奖评委谢尔·埃斯普马克的话来说："诺贝尔奖现在仍然是一种西方的奖，自然不可能以西方的角度以外的评价颁发。"所以，西方的而非真正意义上的世界的奖，是诺贝尔文学奖的局限之一。

2. 诺贝尔文学奖所坚持的评选原则，即诺贝尔遗嘱中所说的具有"理想倾向"的精神，具有不确定性。因为对于何谓"理想倾向"或称"理想主义精神"，诺贝尔在遗嘱中并未留下更多的文字解释，这就导致了后人可以从不同角度理解诺贝尔的这一原则，从而留出回旋不定的阐发余地。因此，在历年诺贝尔文学奖评选中，对理想主义的理解都是一个令全世界感到吃力的问题，也是诺贝尔文学奖评委会最难掌握和执行的规范，从而造成了评奖标准的不确定性。所以，宽泛而抽象的评奖原则，造成了评选标准的不确定性，难以在更广的范围内取得一致认同，是诺贝尔文学奖的又一局限。

3. 诺贝尔文学奖的评选机构——瑞典文学院实行的院士终身制，使其难以输入新鲜血液，年轻而具有时代特征的新人难以进入诺贝尔文学奖评委会，造成了文学观念的保守和评价作品的能力缺乏创新。因而有人说，诺贝尔文学奖评选，是由北欧的一批年老的却相当认真的专家在进行工作。时代在变化，历史在前进，社会在更新，而文学也日新月异，文学观念和评判标准亦应随时代而变化，在坚守传统的同时，亦应不断创新。所以，坚守传统有余，而创新能力不足，也算是诺贝尔文学奖的一个局限。

4. 诺贝尔文学奖并非世界各国作家的冠军比赛或征文大赛，它是按自己的标准评选自己认为合格的作家，用马悦然夫人陈文芬女士的话说，就是"诺贝尔文学奖不是世界冠军奖，得到它并不一定代表谁是世界上最优秀的作家"。因为照刘再复的说法："诺贝尔奖金，每年每项只有一个；在某种项目，最多只有三位，共分奖金，可是世界上的文学作家和科学家——所有学科范围，包括物理、化学、医学、经济学以及促进和平——为数很多，决不止这几位诺贝尔奖金得奖人，其中有些可能有同等资格得到奖金，甚至于有些人的资格，比奖金得奖人的资格还要高。诺贝尔奖金，无论是文学奖金或其他项目的奖金，并不赠发给世界上那种项目里最优秀的作家或学者，因为所谓'最优秀的'，根本就不存在。在极复杂的科目像文学、医学或物理或奖金的其他科目，其中除原有材料外，有新创造的材料，我们如何以客观态度，来比较同一项目中的作家或学者？"所以，并非世界文学的最高奖项，是诺贝尔文学奖的特点，也是其局限之一。

面对诺贝尔文学奖，中国在莫言获奖之前的二十世纪是一无所有，这不能不说是一个遗憾。然而遗憾之余，我们不妨做进一步的反思——中国在二十世纪与诺贝尔文学奖的差距究竟在哪里？

首先，二十世纪中国无缘诺贝尔文学奖有着社会和历史原因。二十世纪上半叶，中国积贫积弱，她的文学自然不会受到西方人的重视，更无缘诺贝尔文学奖。二十世纪下半叶，中国特有的国情，使中国与国际文化交流不够，中国作家的作品没能传播到国外，因而获取诺贝尔文学奖的机会就更少了。这是社会原因。再从历史上看，中国古代是"输出文化"，以至形成包括日本、朝鲜（韩国）、越南在内的"汉文化圈"。及至近代、现代、当代，无论清朝的"洋务运动"、"维新变法"，还是民国建立后的二三十年代、新中国成立后的五十年代，直至改革开放后的今天，中国基本上是"西风东渐"的传统，输入外国文化多，输出本国文化少，以至国外对中国文化和文学知之甚少。中国优秀传统文化包括古典文学，中国当代主流文化包括文学作品，向国外推广介绍还很不够，中国作家的文学作品能在国外出版译本并产生较大影响力的还很少。一句话，中国作家要走上诺贝尔文学奖奖台，必须先走出中国、走向世界。

其次，二十世纪至今日的中国文坛，还缺乏能与鲁迅、林语堂、沈从文、老舍、巴金等有资格获取诺贝尔文学奖而由于种种原因错过的文学大师相提并论的优秀作家，更没有产生能够影响整个中国乃至世界文学进程的伟大作家。二十世纪上半叶，除了鲁迅、林语堂、巴金、老舍、沈从文、茅盾、郭沫若、曹禺、艾青等文学大家外，中国文学的整体水平不高，作家创作能力一般，所以，能问鼎诺贝尔文学奖者甚少。二十世纪下半叶，中国文学受政治影响较大，难有创造性发展。及至改革开放以后，中国文学开始走向世界，出现了一批优秀作家和作品。但从整体上看和全方位而论，中国不少作家文化底蕴不够深厚，认识世界、历史、社会的视野不够开阔，文学作品的内涵与深度不够，社会、文化、哲学价值不高。因此，问鼎诺贝尔文学奖，还需产生在世界文坛上有影响的作家和在文学史上有地位的震撼人心之作。

再有,中西方文化的差异,乃至语言文字上的隔阂,也是二十世纪中国文学无缘诺贝尔文学奖的原因之一。首先,中国和外国对于一部文学作品的评价就存在着文化上的差异。我们认为优秀的作品,外国未必认同,反之亦然。高行健获得诺贝尔文学奖就是明证。同时中国文学作品的翻译也是重要原因。就连瑞典文学院院士、诺贝尔文学奖评委中唯一能运用汉语的马悦然也认为,中国近百年不能获诺贝尔文学奖的关键问题是没有好的外文译本。在马悦然1985年进入瑞典文学院之前,对

莫言出席诺贝尔文学奖颁奖典礼

于中国作家的作品,评委们只能读译本,这也是影响中国作家获奖的原因之一。因为他们根本不可能欣赏到中国作品的原汁原味,尤其是对那优美的汉语文字他们更是欣赏不到。一部作品,失去了语言的魅力,内容再好,也会黯然失色的。

1968年10月17日,台湾《联合报》曾报道说,记者郑树森访问瑞典文学院的院士、诺贝尔文学奖评委马悦然,向他询问中国作家为何没能获得诺贝尔文学奖。马悦然对此提出了自己的看法,他认为中国作家作品译本质量低劣,严重影响了入选。鲁迅的《呐喊》、《彷徨》若在二十至三十年代就被译成外文,他应该是一位极有希望获奖的人。其他像老舍和闻一多,假如有优秀的翻译,也可能早已获奖。至于当代知名的中国作家沈从文,已经好几年被提名为诺贝尔文学奖的候选人,可是几次都因为没有优秀的翻译本子而落选了。

另外,中国文学自身的走向和生存环境,制约了中国文学走向世界,走上诺贝尔文学奖领奖台。整个二十世纪,中国文学经历了从摆脱封建传统到走入意识形态牢笼再到融入世界潮流的过程。在很长一个时期,作家

为政治所左右，文学不再是个人的创作，这就在相当程度上影响了优秀作家和感人作品的产生。对于此，刘再复曾指出：在二十一世纪到来的前夕，中国作家如果不是陶醉于"成就"，而是面对"代价"，从痛苦的代价中学到一点东西，那么，明天一定属于中国作家的，可以肯定，拥有表达自由的作家不仅会跨进诺贝尔文学奖家族的大门，而且会跨入更伟大的精神价值创造之门。

多年以前，还是刘再复曾指出："诺贝尔文学家族是个有趣的存在，中国作家缺席只属于二十世纪，绝不属于二十一世纪。"代价"是"成就"的母亲，二十世纪的中国作家已付出巨大的代价，包括心灵饱受折磨的代价。他们已把一部分代价化作成就，还将孕育更大的成就。可以肯定，二十一世纪的诺贝尔文学奖火炬家族将会迎接不止一个的中国天才。"

时至2012年，莫言获得诺贝尔文学奖，验证了刘再复的预言。当然，莫言获奖不是偶然。他的细腻的艺术感觉，超人的想象力，对于本土人民特别是农村生活的熟悉，他的沉重感、荒诞感、幽默感与同情心，他的犀利与审丑，他的井喷一般的创作激情与对小说创作的坚守，都使他脱颖而出。早在十一年前，日本的诺贝尔文学奖得主大江健三郎就在北京预见了莫言将获此奖。

本世纪下半叶的中国作家，没有一个像莫言这样强烈地意识到：中国，这人类的一"种"，种性退化了，生命萎顿了，血液凝滞了。这一古老的种族是被层层叠叠、积重难返的教条所窒息，正在丧失最后的勇敢与生机，因此，只有人性的觉醒，只有生命原始欲望的爆炸，只有充满自然力的东方酒神精神的重新燃烧，中国才能从垂死中恢复它的生命。十年前莫言的透明的红萝卜和赤热的红高粱，十年后的丰乳肥臀，都是生命的图腾和野性的呼唤。十多年来，莫言的作品，一部接一部，在叙述方式上并不重复自己，但是，在中国二十世纪八九十年代的文学中，他始终是一个最有原创力的生命的旗手，他高擎着生命自由的旗帜和火炬，震撼了中国的千百万读者。

对于莫言获得2012年诺贝尔文学奖的意义，主要有以下几个方面：

1. 莫言的获奖是作为中国人第一次得到诺贝尔文学奖这一具有国际广泛影响的世界大奖，这大大鼓舞了中国文学界和中国作家勇敢进军世界文坛和诺贝尔文学奖舞台的信心和热情。

2. 诺贝尔文学奖第一次授予中国人,是对中国文学成就乃至作家个人创作的认可与重视。

3. 莫言获奖,标志着中国文化与世界文坛、中国文学与诺贝尔文学奖开始了双向交流,表明了以中国传统文化为主的中国文学开始融入以西方理想价值为主的世界主流文化,也说明诺贝尔文学奖评选并非是与政治有关的活动。

然而,在莫言获得诺贝尔文学奖之后,我们在回顾与反思之后,对诺贝尔文学奖还寄予什么希望或说它将有何发展呢?对此,早在2002年,著名诺贝尔文学奖研究家毛信德教授就提出几点意见:

第一,诺贝尔文学奖既然已成为世界公认的最高文学奖项,要维护它的权威性,比其他自然科学奖项更需要有公众的参与,增加它的透明度,做到专家、学者、评委与读者公众共同参与互相结合……第二,在第二个百年里,人民期望诺贝尔文学奖能更好地代表整个世界文学的发展潮流,使世界五大洲各个文学主要国家的杰出作家都能成为获奖作家,避免重犯二十世纪初期评奖过于世俗化、地域化的缺陷,以不负诺贝尔创立文学奖的初衷……第四,对于新世纪诺贝尔文学奖影响与提高的期望,也就是对于新世纪世界文学的期望。在二十世纪中,人民可以为激动人心的文学作品欢呼鼓掌,但有时也不得不因文学的软弱、文学被战争与集权蹂躏时的痛苦而发出悲哀的叹息。诺贝尔文学奖也有过软弱和悲哀,但愿在新的百年间不再重演这一痛苦。

对于以上看法,我以为只是作者个人的希望而已,尤其是第一条,要求诺贝尔文学改变或改革评奖方式,这基本上是不可能的。

我个人认为,由于诺贝尔本人遗嘱的制约和诺贝尔文学奖本身的性质,它在评选标准和评选方式上不会做大的变动,即坚持以诺贝尔确定的、西方世界理解的"理想倾向"作为评选标准,而继续以诺贝尔当年指定的瑞典文学院为评选机构,保持它神秘、严谨、繁复的评选方式不变。诺贝尔文学奖唯一能做且可以改变的,是加强其文学多元化的选择,注意将世界各国各民族的文学及其作家作品纳入其视野,以评选出诺贝尔当年希望的不限国籍的优秀作家与优秀作品,以副诺贝尔文学奖作为一项世界大奖的地位。

第十七章

谁还能获得诺贝尔文学奖

题图：莫言领取诺贝尔文学奖后留影

问鼎举世瞩目的诺贝尔大奖，无疑是无数中国人尤其是作家、科学家的共同愿望。

有分析说，一个国家建立后五十年左右，会产生一位诺贝尔奖得主。如前苏联三十九年，印度三十年，等等，即是如此。新中国成立六十多年后，莫言才获得了诺贝尔文学奖。因此，中国科学界中有人心存忧虑，认为应制订计划，争取在2015——2020年有所突破，2030年左右有希望获奖者达到三至四人，二十多年后中国有一批人能折桂诺贝尔奖。

且不提这计划的科学性和符合实际与否，就按事物尤其是获取荣誉奖项的一般规律，得奖与否是不可预测或无法计划的。因为能否得奖并非依人的主观愿望而定，而是与历史条件、社会环境、科学或文学发展乃至科学家或作家个人的创造或创作能力高低、其科学或文学成果的价值大小有关，除此之外别无其他捷径可走。

具体到诺贝尔文学奖，实在是无法预测或估计的。我们所能做的，只能是对现有的文学状况和作家情况作一简单梳理，指出可能的发展方向而已。

要分析获取诺贝尔文学奖的可能，还是要从它的评奖标准说起，因为"富有理想倾向的优秀作品"这项原则是评选和获取诺贝尔文学奖的必须且唯一的条件。

虽然当年诺贝尔对"理想倾向"，即他心目中的理想主义未做更多阐释，但从他的事迹和设立诺贝尔奖的初衷上，可以得知他所谓的理想主

诺贝尔奖获得者杨振宁（左一）与李政道（中）合影

义并非无迹可循。作为一名科学技术发明家，诺贝尔不仅关心人类物质手段的加强，更注重人类精神力量的增长，他将科学、文学与和平奖并列的

设置，就充分表现出他的理想在于人类生存境况的全面与根本的改观。正是诺贝尔的这一理想，确立了他在世界历史上崇高的地位。至今，全世界的人们都在缅怀和崇敬诺贝尔，除了他设立的诺贝尔奖之外，更因为他所标举的伟大而又深刻的人文主义理想——为改善人类生存环境而努力的精神。

但是，诺贝尔毕竟是十九世纪的人，如果今天仍固守十九世纪的传统理想，那诺贝尔文学奖则绝无它今天所具有的世界声望。也正是由于瑞典文学院一百多年不断从新的角度重新阐释诺贝尔的"理想倾向"（理想主义），不断丰富和深化了它的内涵与外延，才使诺贝尔文学奖代表的理想，始终处于人类精神发展的前沿，将一个个具有"不同"的"理想倾向"的作家收入诺贝尔文学奖家族中。

对此，埃斯普马克有具体阐释："我们可以把维尔森（瑞典文学院成立之初主持工作的常务秘书）对遗嘱中'富有理想倾向'这句话的解释作为诺贝尔文学奖历史中最初十年的标题：'高尚和纯洁的理想'——强调获奖者的作品不仅在表现手法上，而且要在思想和生活观上真正具有高尚的品德。……诺贝尔奖所讲的必备条件，包括促进人类朝富有理想的方向前进，扩大人类常规的视野和使其比过去更完美纯洁。"

正因为如此，由于"理想倾向"（理想主义）内涵和外延的不断拓展，使诺贝尔文学奖评选作家的范围不断扩大。由于它吸纳和配合了二十世纪以来世界文学发展潮流和随时代变化的审美观念及与社会进步同时的人文精神，诺贝尔文学奖吸收的作家更具广泛性和代表性。具体表现在：在"理想"和"优秀"两面旗帜下，世界文学中三种主要文学思潮代表作家被融合在诺贝尔文学奖的体系中。这里既有传统的现实主义作家，如：罗曼·罗兰、托马斯·曼、法朗士、高尔斯华绥、马哈福兹、戈迪默等；也有文学观念与审美趣味与传统绝然不同的作家，如：艾略特、福克纳、加缪、萨特、马尔克斯等；还有坚持社会主义现实主义创作原则的作家，如：肖洛霍夫、安德里奇、聂鲁达、莫言等。

如果说，十九世纪的作家还是更多地从道德与社会批判出发确定他们的理想信念和创作原则，那么时过境迁，二十世纪的作家已更多地从人类存在的根本缺陷来探讨人类的理想与前途，确定他们的创作原则；而进入二十一世纪以来，作家的着眼点与理想观念和创作原则，更呈多元化趋势，主要是从人类发展的未来出路上进行考量，从而创作出相应的呈多元状态的作品。

所以，我们的结论是，诺贝尔文学奖从来就不是单纯的文学奖，它从一开始就把人类精神的成长作为自己关注的首要目标，这从以后越来越多的获奖作家的作品中，越来越多的具有对社会人生乃至世界历史的哲学式观照这一趋势中可以看出端倪。因此，各国包括中国作家要获取诺贝尔文学奖，就要使自己的作品在"理想"和"优秀"两面旗帜下，具有高层次的对人类精神成长的呈现和对社会人生、世界历史的哲学观照。这对于中国作家而言，是一个极高的目标，因为在中国特有的环境中，作家的创作不仅要坚持传统文化和主流价值观，还要从更高的层次去接近诺贝尔文学奖所标举的人文理想。这一点极为重要，因为达不到这一点，中国作家再次获取诺贝尔文学奖的机会是微乎其微的。因为对人类未来的美好憧憬，对人性真善美的追求，对假丑恶的鞭挞，是"擎着光明火炬的诺贝尔家族"的一贯追求与坚持，想要得到它的青睐并获取诺贝尔文学奖者，必须遵循它的这一原则，无论中外，概莫如此。

那么，当今世界的社会环境和世界文学的时代特色，也是中国作家应予关注的。只有充分了解了世界的发展与文学的时代潮流，才能创作出符合时代要求的优秀作品，以问鼎诺贝尔文学奖。

当今世界，和平与发展仍然是时代的主题。但国际形势处于深刻变化之中。人口大流动、文化大交流难以阻挡，科技进步日新月异，经济全球化、政治多极化、社会多文化正在深入发展，国际竞争日趋激烈，不确定、不稳定因素大量存在，各种矛盾错综复杂，民族和宗教问题日益成为热点问题，国际恐怖主义、全球能源危机以及人类社会面临的环境污染问题正困扰着国际社会，对当代世界的经济、政治、社会、生活的各个方面产生着重大影响。而在国内，经济发展方式和社会管理模式正在发生深刻变革，处于经济社会快速发展和进一步扩大开放、深化改革的关键时期，经济体制深刻变革、社会结构深刻变动、利益格局深刻调整、思想观念深刻变化，我们既面临难得的战略机遇期，也面临矛盾凸显期，更面临建设和谐社会的发展期。对于作家来说，世界乃至社会环境的变化、文化多元化格局的形成，必然引起作家创作观念、文学理想、写作题材以及作品主题的变化，随时代潮流而动，让作品反映当今时代的真实情况，应是作家肩负的历史使命。

在当今时代，文学的环境或称变化与特色主要有哪些方面和因素呢？我们不妨盘点一下。

首先，文化的多元化造成了文学的多元化，文学已经被分化成不同的类型，以满足不同的文学与阅读需求。郭敬明与莫言、安妮宝贝与贾平凹、金庸与王蒙，就代表着不同文学的各自部落。纪实与科幻、穿越与现实、历史与玄幻等不同的文学作品类型，有着不同的读者群。文学不再是一个模式，而是呈现更加丰富多彩的局面。

其次是消费时代的产生对文学产生了巨大影响。文学不再是一种奢侈品，而是一种消费品，文学作品不再是纯文学的，而是带有消费和功利的倾向。资本对文化的全方位控制、大众消费对文化的全局性影响，使文学创作面临市场的压力，造成了文学的某些困局。村上春树可以战胜大江健三郎、郭敬明可以取代莫言、安妮宝贝可以抵消贾平凹，大众失去了对文学的敬畏，而文学也更迎合市场和消费。

再有就是网络文学的兴起和繁荣，改变了文学创作的观念和文学写作的方式。文学作品不再是少数人写作的专利，而是可以由多数人表现自己的文学陈述；报纸、刊物、图书不再是文学作品的唯一载体，网络成为发表文学作品更为广阔的园地。现在的局面是，除了屈指可数的文学大家外，文学图书的销量每况愈下，文学期刊的订数越来越少，而网络上流行的文学作品却被成千上万次地点击，最终成为脍炙人口的文学畅销书。

这就是当今文学的时代特色，也是作家面临的创作环境。

那么，即使在这样的环境和局势下，中国文学（这主要指传统文学形式而非网络文学）有着什么的趋势与走向呢？

首先，反映时代风貌和社会现实仍是中国文学的主要潮流。面对日新月异的时代和不断变革的社会，作家有责任用文学的笔触记录这一切，用文学作品表现历史和时代。

其次，关注社会大众和底层群体，也成为中国文学表现的热点。无论是农村留守老人和儿童，还是进城打工的农民工，无论是面临拆迁的城市居民,还是土地被征用的乡村农民,他们的生存状况是作家关注的对象,也是文学作品表现的主题。

再有,注重对人性和人类面临普遍问题的思考,也是中国文学表现的重大主题。这一点,长篇小说承担着主要责任。有责任心的作家,如莫言、阎连科、余华等等,都将在自己的作品中表现这方面内容,成为中国文学的重头戏。

另外,追求文学创作上的现代性与民族性的融合与统一,成为主流作家的自觉。注重独特的民族文化和地域文化的表现,注重传统文化与民间文化的挖掘,使作品更具中国特色与中国风格,是中国作家越来越强烈的意识。

最后,大众传媒尤其影视文化对文学创作继续产生重要影响。这表现在:许多作家越来越多地"触电",在创作影视剧本;越来越多的影视作品,从文学作品中寻求原著改编。影视与文学的融合更加紧密,影视作品已成为文学作品的重要类型。

以上我们从时代环境、文学潮流和发展走向三个方面简述了中国文学所处的大环境,再回到"谁还能获得诺贝尔文学奖"这一话题上来。

我们有必要把本书中论及的与诺贝尔文学奖失之交臂的中国作家简要回顾一下。

鲁迅应是中国作家中最有资格获得诺贝尔文学奖的,而他又对诺贝尔文学奖有着最清醒的认识:"要拿这钱,还欠努力……我觉得中国实在还没有可得诺贝尔文学奖的人,瑞

诺贝尔文学奖评委马悦然

典最好是不要给我们,谁也不给。倘因为黄色脸皮的人,格外优待从宽,反足以长中国人的虚荣心,以为真可与别国大作家比肩了,结果将很坏。"鲁迅在这里表现出他的伟大,既没有想以个人身份去获取诺贝尔文学奖,

又从作家和民族的角度选择了"辞谢"。

林语堂曾多次被提名诺贝尔文学奖的候选人，先是二十世纪四十年代的赛珍珠，后是七十年代的国际笔会。他的长篇小说《京华烟云》亦为诺贝尔文学奖提名的候选作品。可惜的是，林语堂始终未能获奖，失去了一个个机遇。对此，林语堂淡然处之，始终保持平静心志。其实，林语堂能用中英文两种文字写作，他的散文、杂文可与鲁迅比肩，他是有资格获得诺贝尔文学奖的。

沈从文的作品在二十世纪二三十年代即传播到日本和西方，所以他也是一位世界知名的作家。1983年，瑞典汉学家马悦然提名沈从文为当年的诺贝尔文学奖候选人。1987年马悦然当选瑞典文学院院士后，沈从文进入了终选名单。1988年，当瑞典文学院初步决定将该年的诺贝尔文学奖授予沈从文时，却得知他已于当年5月10日逝世。对此，马悦然说："我个人确定，1988年如果他不逝世，他将在10月获得这一奖项。"可见，沈从文是由于意外逝世失去获取诺贝尔文学奖机会的。

老舍是文学作品被译成外文最多的中国作家，从二十世纪三十年代直到去世前，他的作品被译成多国文字，传播到世界各地。据传，1968年诺贝尔文学奖评委会拟将当年的诺贝尔文学奖授予老舍，但他已于1966年自杀身亡，所以未能获奖。他的小说《猫城记》曾受到诺贝尔文学奖评委的好评，在国外影响很大。以老舍的文学成就，他获得诺贝尔文学奖应是当之无愧的。

巴金是我国最受读者欢迎的作家之一，有调查表明，他是仅次于鲁迅的最受爱戴的中国作家。他的作品从二十世纪六十年代起被译成二十多种外文在世界各国传播。巴金从2001年起，三次被提名为诺贝尔文学奖候选人，但终未获奖。其中的原因是多方面的。"文革"中，巴金曾因国外有人想提名推荐他为诺贝尔文学奖候选人而背上"里通外国"的罪名遭受迫害。"文革"结束后，瑞典文学院曾向身为中国笔会主席的巴金发出提名邀请，但他没有回复。看来，巴金失去获得诺贝尔文学奖的机会与他对"文革"中因诺奖受迫害而心有余悸，因此对诺贝尔文学奖不够热情有关。

艾青是享有世界声誉的中国诗人，他的作品被评成多种外文在各国传播，在国外有广泛影响和国际声誉。智利大诗人、诺贝尔文学奖获得者聂鲁达就极为推崇艾青及其作品。中国作家协会和国际人士都曾推荐艾青为诺贝尔文学奖候选人，但最终没有结果。艾青对此不以为然，他坚持自己的文学创作理想，一生为诗歌而活着。他也是有资格获得诺贝尔文学奖的。

王蒙是中国文学的代表作家之一，他的作品可视为中国当代社会发展的编年史。曾有国外团体推荐王蒙问鼎诺贝尔文学奖，但一直未有成效。从王蒙的文学创作成就看，他有资格获得诺贝尔文学奖。但由于他的作家加官员的特殊身份，加上他作品的"正统性"，可能与诺贝尔文学奖的评判标准不符。因此，王蒙获奖的可能不太大。

北岛从1985年起多次被提名诺贝尔文学奖候选人。当年与他争夺桂冠的，都是国际知名的诗人，而他在中国并不算知名诗人，不过是"朦胧诗"的代表作家而已。北岛的诗在西方很受欢迎，马悦然也对他情有独钟，因此他是中国作家进入诺贝尔文学奖候选名单中次数最多的人。有人称，北岛的诗歌成就可与郭沫若、艾青、徐志摩、戴望舒等人比肩，是中国新世纪的代表诗人。可以说，北岛是中国诗人中最有可能获得诺贝尔文学奖的人。

狂人作家李敖据说曾以小说《北京法源寺》一书获诺贝尔文学奖提名，当时台湾新党还专门集会庆祝他成为台湾第一位获诺奖提名的作家。其实，尽管李敖自诩是五百年来中国写作白话文之翘楚，但就其整体创作成就和作品实力来说，他获得诺贝尔文学奖的可能性不大。

曹乃谦作为具有独特创作风格的中国乡土作家，多年来一直受到马悦然的青睐，因此不断传出曹乃谦被提名诺贝尔文学奖的消息。但从曹乃谦的创作与作品实际来看，他还不具备当前夺取诺贝尔文学奖的条件，尽管马悦然认为他有资格获选。

莫言2013年获诺贝尔文学奖之后，人们关心的是今后还有谁能再次获得诺贝尔文学奖。按诺贝尔文学奖颁发的规律，至少十年之内不会将这一奖项颁发给同一个非欧美国家。因此，现在分析中国作家中谁还能获得诺贝尔文学奖为时过早。但由于中国人固有的"诺奖"情结，谁还能获奖的分析一直未有中断。如，有文学专业人士称：在中国还有五六位作家有可能获得诺贝尔文学奖。如此看来，依传统的看法，这五六位作家应是：

李锐——对中国传统社会认识最深的作家

余华——对人性拷问最深刻的作家

残雪——最具先锋风格和创新精神的女作家

阎连科——表现社会现实焦点问题最尖锐且最具争议的作家。

苏童——对中国旧时代有深刻表现的作家

贾平凹——对中国传统文化和底层社会充分表现的作家

此外，对于十年乃至二十年后，中国作家夺取诺贝尔文学奖的希望，人们（包括文学界专业人士，如王蒙）都寄托在80后的年轻作家身上。目前传有五位最有可能获得诺贝尔文学奖的80后作家名单，他们是：韩寒、余瑞峰、廖靖宇、李傻傻、刘卫东。

在整个二十世纪中，中国人无缘诺贝尔文学奖。因此，有西方人士认为，二十一世纪将是中华民族进入诺贝尔文学奖的时代。随着莫言2012年获得诺贝尔文学奖，中国人真正实现了进入诺贝尔奖的时代，并迈出了可喜的第一步。可以说，莫言的获奖是具有划时代意义的。

其实，在二十一世纪及此后的岁月里，中国作家中谁还能再获得诺贝尔文学奖并不重要，重要的是，要让中国文学——一个有着五千年文明史和深厚传统文化国度的文学——真正走向世界，让世界上更多的人了解中国，了解中国文化，了解中国文学。

这里所说的中国文学走向世界，并不是说中国文学不属于世界文学——从历史和全局看，任何地区和国家的文化都是世界文化的组成部分——而是说中国文学要向世界文学的主流体系进军，进入世界文学的核心地位。

中国文学走向世界，任重道远，有许多事情要做，具体来说有以下几方面：

首先，中国文学界要练好内功，在弘扬文学传统、强调文学价值、坚持文学理想上下功夫，让中国文学在坚持传统与开拓创新上有所前进和突破。

其次，中国文学界要加强国际交流，不但要了解世界和世界文学，也要推介中国和中国文学，让中外文学在交流中相互理解和融合，最终促进中国文学进入世界文学主流体系。

再有，中国应注重文学作品的翻译，要培养自己国家的翻译家，将优秀中国文学作品以精准、优美的外国语文介绍给世界各国的读者，使中国文学深入世界各地和万千外国读者。

还有，中国作家应树立高标准创作理念，使作品具有历史、社会和哲学的高度，书写人性和灵魂，表现人类理想和共同话题，让中国文学作品具有世界文学的普遍意义和价值。

另外，中国作家还应坚持民族性和传统性，创作出具有中国气派和中国特色的作品来，牢记"只有民族的才是世界的"这一标准，不断创作出中国文学的精品佳作，表现中国文学的独有民族风格，以屹立于世界文坛。

最后，中国文学界要有"大师"意识，创造条件让具有国际影响的文学大师脱颖而出。群贤毕至、群英荟萃的文学国度，期待在二十一世纪出现像鲁迅、老舍、沈从文、巴金那样的文学巨匠。尽管这只是一种愿望，但应是中国文学界努力的方向。

我们说，在莫言获得诺贝尔文学奖后，中国文学面临着重大转折和艰巨任务。转机是中国文学已进入诺贝尔文学奖的时代，任务是中国文学要向更高的目标前进——走向世界。我们相信，经过回顾与反思的中国文学界会以更加崭新的面貌与更加焕发的精神向自己的终极目标前进——走出中国，走向世界……

附　录

附录一

诺贝尔文学奖获奖作家名录
（1901——2013）

1901 年

〔法国〕苏利—普吕多姆（1839—1907）

表彰他的诗作，它们是高尚的理想、完美的艺术和罕有的心灵与智慧结晶的实证。

1902 年

〔德国〕特奥多尔·蒙森（1817—1903）

现存的最伟大的历史写作艺术大师，在他里程碑式著作《罗马史》中，他的才华得到了淋漓尽致的表现。

1903 年

〔挪威〕比昂斯腾·比昂松（1832—1910）

他的高贵、宏伟和才华横溢的作品，往往以新颖的灵感和少有的赤诚之心而著称。

1904 年

〔法国〕弗雷德里克·米斯特拉尔（1830—1914）

表彰他的诗作的新颖的独创性和真正的灵感，忠实地反映了自然景色和其人民的乡土感情；还由于他作为普罗旺斯语言学家的重大成就。

〔西班牙〕埃切加赖·伊·埃伊萨吉雷（1832—1916）

表彰他大量出色的剧作，它们以其独特的新颖风格，复兴了西班牙戏剧的伟大传统。

1905 年

〔波兰〕亨利克·显克维支（1846—1916）

表彰他作为一个历史小说家的卓著功绩，和对史诗般叙事艺术的杰出贡献。

1906 年

〔意大利〕乔苏埃·卡尔杜齐（1835—1907）

由于他的精深的学识和批判性的研究，更主要的是颂扬他的诗歌杰作中所具有的特色、创作的气势、清新的风格和抒情的魅力。

1907 年

〔英国〕约瑟夫·鲁德亚德·吉卜林（1865—1936）

他的作品以观察入微、思想新颖、气概雄浑和叙述卓越见长。

1908 年

〔德国〕鲁道夫·克里斯托弗·倭铿（1846—1926）

他对真理的热切探求，他的深邃的思想洞察力、广阔的视野和热忱，他的雄浑的表现手法，在他的众多著作中运用了这些手法，维护和发展了生活的理想主义哲学。

1909 年

〔瑞典〕塞尔玛·拉格勒夫（1858—1940）

由于她作品中特有的崇高的理想主义、生动的想像能力和心灵上的敏感。

1910 年

〔德国〕保尔·海塞（1830—1914）

赞扬他作为抒情诗人、剧作家、长篇小说家和世界闻名的短篇小说家，在长期的创作生涯中所显示出来的渗透着理想的、非凡的艺术才能。

1911年

〔比利时〕莫里斯·梅特林克（1862—1949）

赞赏他多方面的文学活动，尤其是他的著作具有丰富的想像和诗意的幻想等特色，这些作品有时以童话的形式显示出一种深邃的灵感，同时又以一种神妙的手法打动读者的感情，激发读者的想像。

1912年

〔德国〕盖哈特·豪普特曼（1862—1946）

由于他在戏剧艺术领域中富有成果的、多彩而杰出的创作。

1913年

〔印度〕罗宾德拉纳特·泰戈尔（1861—1941）

表彰他那含义深远、清新而美丽的诗歌。他运用完美的技巧，运用自己的英语词汇，使他诗意盎然的思想成为西方文学的组成部分。

1915年

〔法国〕罗曼·罗兰（1866—1944）

赞扬他的文学作品中的高尚的理想主义和他在描写各种不同人物时所具有的同情和对真理的热爱。

1916年

〔瑞典〕卡尔·古斯塔夫·魏尔纳·冯·海顿斯坦（1859—1940）

表彰他在瑞典文学新纪元中首要代表人物的重要地位。

1917年

〔丹麦〕卡尔·阿道尔夫·吉勒鲁普（1857—1919）

表彰他那为高尚理想所激发的丰富而多彩的诗歌。

〔丹麦〕亨利克·彭托皮丹（1857—1943）
表彰他对丹麦社会的真实描述。

1919 年
〔瑞士〕卡尔·施皮特勒（1845—1924）
表彰他史诗般的作品《奥林匹斯山的春天》。

1920 年
〔挪威〕克努特·汉姆生（1859—1952）
为了他的里程碑式的作品《大地的成长》。

1921 年
〔法国〕阿纳托尔·法郎士（1844—1924）
由于他的文学创作的辉煌成就，它的特色在于高尚的风格、宽厚的人类同情、迷人的魅力以及一个真正的高卢人的气质。

1922 年
〔西班牙〕哈辛托·贝纳文特·伊·马丁内斯（1866—1954）
由于他以得体的风格继承了西班牙戏剧的卓越传统。

1923 年
〔爱尔兰〕威廉·勃特勒·叶芝（1865—1939）
由于他那富于灵感的诗歌以精美的艺术形式展现了整个民族的精神。

1924 年
〔波兰〕弗拉迪斯拉夫·莱蒙特（1868—1925）
由于他的伟大的民族史诗式的作品《农民》。

1925 年

〔爱尔兰〕乔治·伯纳·萧（1856—1950）

由于在他的作品中所具有的理想主义和人道主义精神，其令人激动的讽刺常蕴涵着一种独特的诗意美。

1926 年

〔意大利〕格拉齐娅·黛莱达（1871—1936）

由于她那些为理想主义所激发的著作，明晰而透彻地描绘了她所生长的海岛生活，并以深刻而同情的姿态洞察了人类的共同问题。

1927 年

〔法国〕亨利·柏格森（1859—1941）

表彰他丰富而生机勃勃的思想及表达上的卓越技巧。

1928 年

〔挪威〕西格里德·温塞特（1882—1949）

主要是由于她对中世纪北欧生活的强有力描绘。

1929 年

〔德国〕保尔·托马斯·曼（1875—1955）

由于他杰出的小说《布登勃洛克一家》日益被公认为当代文学中经典作品之一。

1930 年

〔美国〕亨利·辛克莱·刘易斯（1885—1951）

表彰他描述的刚健有力、栩栩如生和以机智幽默创造新型性格的才能。

1931 年

〔瑞典〕埃利克·阿克赛尔·卡尔费尔德（1864—1931）

由于他的诗歌创作。

1932 年

〔英国〕约翰·高尔斯华绥（1867—1933）

由于他卓越的叙事艺术——这种艺术在《福尔赛世家》中达到高峰。

1933 年

〔俄国〕伊凡·亚历克赛耶维奇·布宁（1870—1953）

由于继承了俄国散文写作的古典传统，他的写作具有严谨的艺术技巧。

1934 年

〔意大利〕路易吉·皮兰德娄（1867—1936）

由于他果敢而灵巧地复兴了戏剧艺术和舞台艺术。

1936 年

〔美国〕尤金·奥尼尔（1888—1953）

由于他在戏剧作品中所表现的力量、热忱和深挚的感情，是完全符合悲剧的原始概念的。

1937 年

〔法国〕罗杰·马丁·杜·加尔（1881—1958）

由于在他的系列长篇小说《蒂波父子》中所表现出来的艺术性和真实性，通过这些描绘，展现了人类现代生活中的各个不同层面。

1938 年

〔美国〕赛珍珠（1892—1973）

由于她对中国农民生活丰富而真实的、真正史诗般的描述，以及她在传记方面的杰作。

1939 年

〔芬兰〕弗兰斯·埃米尔·西伦佩（1888—1964）

由于他在描绘两种互相影响的东西——祖国的本质和本国的农民、农村的生活——时所表现的深刻了解和运用的精湛艺术。

1944 年

〔丹麦〕约翰内斯·威尔海姆·延森（1873—1950）

由于他那雄浑而丰富的充满诗意的想像力，使渊博的智慧探求和大胆、新奇的独创风格结合起来。

1945 年

〔智利〕加夫列拉·米斯特拉尔（1889—1957）

由于她那富于强烈感情孕育而成的抒情诗作，使她的名字成为整个拉丁美洲世界渴求理想的象征。

1946 年

〔瑞士〕赫尔曼·黑塞（1877—1962）

由于他的富于灵感的作品，一方面具有道劲的气势和深刻的洞察力，另一方面象征崇高的人道主义理想和高尚风格。

1947 年

〔法国〕安德烈·纪德（1869—1951）

由于他的内容广博和艺术意味深长的作品——这些作品以对真理的大无畏的热爱和敏锐的心理洞察力，表现了人类的种种问题和处境。

1948 年

〔英国〕托马斯·斯特恩斯·艾略特（1888—1965）

由于他对当代诗歌的开拓性的卓越贡献。

1949 年

〔美国〕威廉·福克纳（1897—1962）

由于他对现代美国小说作出的强有力和艺术上无与伦比的贡献。

1950 年

〔英国〕伯特伦·亚瑟·威廉·罗素（1872—1970）

表彰他捍卫了人道主义理想和自由思想的多样而有重大意义的作品。

1951 年

〔瑞典〕帕尔·费比安·拉格奎斯特（1891—1974）

由于他通过作品中深刻的艺术描绘和独立的论证手段，竭力为人类所面临的共同问题寻找永恒的答案，表现了艺术家的活力和真正独立的见解。

1952 年

〔法国〕弗朗索瓦·莫利亚克（1885—1970）

由于他在他的小说中剖析了人生的戏剧，体现了对心灵的深刻观察和艺术激情。

1953 年

〔英国〕温斯顿·丘吉尔（1874—1965）

由于他精通历史和传记的叙述艺术，以及他那捍卫崇高的人的价值的光辉的演说。

1954 年

〔美国〕欧内斯特·米勒·海明威（1899—1961）

由于他对叙事艺术的精通，突出地表现在他的近作《老人与海》中，同时也由于他对当代文风的影响。

1955 年

〔冰岛〕哈尔多尔·奇里扬·拉克斯内斯（1902—1998）

由于他以生动的、史诗般的作品，使伟大的冰岛叙事艺术焕然一新。

1956 年

〔西班牙〕胡安·拉蒙·希梅内斯（1881—1958）

由于他的抒情诗在西班牙语言中已成为唤起高尚情操和艺术纯洁的典范。

1957 年

〔法国〕阿尔贝·加缪（1913—1960）

由于他的重要的文学创作，以明澈的认真态度阐明了当代人良心面临的问题。

1958 年

〔苏联〕鲍利斯·列昂尼多维奇·帕斯捷尔纳克（1890—1960）

由于他在当代抒情诗和伟大的俄罗斯叙事文学传统方面，都取得了重大成就。

1959 年

〔意大利〕萨瓦多尔·夸齐莫多（1901—1968）

由于他的抒情诗，以高贵典雅的热忱表达了我们时代生活中的悲剧性经历。

1960 年

〔法国〕圣—琼·佩斯（1887—1975）

由于他以翱翔凌空和富有感染力的形象描绘，在诗中展现了现代社会生活充满幻想的沉思。

1961 年

〔南斯拉夫〕伊沃·安德里奇（1892—1975）

他的作品以史诗般的气魄从其祖国的历史中摄取题材，来描绘这个国家和人民的命运。

1962 年

〔美国〕约翰·斯坦贝克（1902—1968）

由于他那现实主义的、富于想像力的创作，把蕴涵同情的幽默和对社会的敏感结合起来。

1963 年

〔希腊〕乔治·塞菲里斯（1900—1971）

由于他卓越的抒情诗作，在这些作品中倾注了对古希腊文化的深厚感情。

1964 年

〔法国〕让—保罗·萨特（1905—1980）

由于他的著作具有丰富的思想、充满自由的精神和对真理的探索，已对我们时代产生了深远的影响。

1965 年

〔苏联〕米哈依尔·亚历山大罗维奇·肖洛霍夫（1905—1984）

由于他在那部描写顿河流域的史诗般的杰作中，以强烈的艺术力和正直的创造性，真实地反映了俄罗斯民族生活的一个历史阶段。

1966 年

〔以色列〕撒缪尔·优素福·阿格农（1888—1970）

由于他的深刻而独具特色的叙事艺术，描绘了犹太民族的生命这一主题。

〔瑞典〕奈莉·L. 萨克斯（1891—1970）

由于她杰出的抒情诗与戏剧作品，以感人的力量描述了以色列的命运。

1967 年

〔危地马拉〕米格尔·安赫尔·阿斯图里亚斯（1899—1974）

由于他的出色的文学成就，以及他的作品深深地植根于自己的民族和印第安人传统之中，显得鲜明和富有生气。

1968 年

〔日本〕川端康成（1899—1972）

由于他高超的叙事艺术，以非凡的敏锐表达了最具有民族本性的日本人的精神。

1969 年

〔爱尔兰〕萨缪尔·贝克特（1906—1989）

由于他具有新奇形式的小说和戏剧作品，使现代人从贫困中得到振奋。

1970 年

〔苏联〕亚历山大·伊萨耶维奇·索尔仁尼琴（1918—2008）

由于在他的作品中反映的道德力量，使俄国文学不可缺少的传统得到继承和发扬。

1971 年

〔智利〕巴勃罗·聂鲁达（1904—1973）

由于他的诗作具有自然力般的作用，复苏了一个大陆的命运与梦想。

1972 年

〔德国〕海因里希·伯尔（1917—1985）

他凭借对时代的宽阔视野，结合典型化的灵敏技巧，对复兴德国文学作出了贡献。

1973 年

〔澳大利亚〕帕特里克·怀特（1912—1990）

他的作品以史诗般的气魄和刻画人物心理的叙事艺术，把一个新大陆引入到世界文学之林。

1974 年

〔瑞典〕埃温德·雍松（1900—1976）

他的叙事艺术显示了对过去和现在的远见卓识。

〔瑞典〕哈里·埃德蒙·马丁松（1904—1978）

由于他的作品能透过一滴露珠反映出整个宇宙。

1975 年

〔意大利〕埃乌杰尼奥·蒙塔莱（1896—1981）

由于他独树一帜的诗歌创作，以巨大的艺术敏感性和排除谬误与幻想的生活洞察力，阐明了人的价值。

1976 年

〔美国〕索尔·贝洛（1915—2005）

他的作品中融合了对人性的理解和对当代文化的精湛分析。

1977 年

〔西班牙〕维森特·阿莱克桑德雷（1898—1984）

由于他的富有创造性的诗作，在继承西班牙抒情诗的传统和现代派手法的基础上，描述了人类在宇宙以及当今社会中的境况。

1978 年

〔美国〕艾萨克·巴什维斯·辛格（1904—1991）

他的洋溢着激情的叙事艺术，不仅是从波兰犹太人的文化传统中汲取了养料，而且还将人类的普遍处境逼真地反映出来。

1979 年

〔希腊〕奥迪赛乌斯·埃里蒂斯（1911—1996）

他的诗歌从源远流长的希腊传统中汲取营养，并以强烈的情感和敏锐的智力，展示了现代人为争取自由和从事创造性劳动而进行的斗争。

1980 年

〔波兰/美国〕契斯拉夫·米沃什（1911—2004）

由于他以不妥协的、敏锐的洞察力，淋漓尽致地描述了人类在激烈冲突的世界中所暴露的种种现象，以及他的著作的丰富多样、引人入胜和富有戏剧性。

1981 年

〔英国〕埃利亚斯·卡内蒂（1905—1994）

他的作品具有广阔的视野、丰富的思想和艺术的震撼力，尤其是表现了德国古典文化的特征。

1982 年

〔哥伦比亚〕加夫利尔·加西亚·马尔克斯（1927—2014）

由于他在长篇小说代表作《百年孤独》中，运用丰富的想像能力，把幻想和现实融为一体，勾画出一个丰富多彩的幻像世界，反映了拉丁美洲大陆的生命与斗争。

1983 年

〔英国〕威廉·戈尔丁（1911—1994）

表彰他以当代现实主义清晰的叙事体多样化的风格，描绘了一个普通存在的荒诞意识的神话，以阐明人类的境况。

1984 年

〔捷克斯洛伐克〕雅罗斯拉夫·塞费尔特（1901—1986）

由于他的诗作中所具有的新颖的感觉和丰富的创造力，提供了一个不可屈服的精神和多才多艺的诗人自我解放的典型。

1985 年

〔法国〕克洛德·西蒙（1913—2005）

西蒙所搜索的内涵更多地体现在对人类生命意识的运动之中，他把语言的、绘画的和电影的炫耀而多变的技巧应用于文学之中，以使它能艺术地占领生活。

1986 年

〔尼日利亚〕沃尔·索因卡（1934— ）

由于他的文学天才——他的艺术技巧、语言魅力和独创性——的非凡成就，索因卡的热忱尤其表现在对非洲传统的信奉之中，并成功地综合了其他民族的优秀文化，为人类的自由而献身。

1987 年

〔美国〕约瑟夫·布罗茨基（1940—1996）

由于对作为一名作家的身份责任的全身心领悟，以清澈的思想和强烈的诗意感染于人。

1988 年

〔埃及〕纳吉布·马哈福兹（1911—2006）

他以大量刻画细致入微的作品，显示了洞察一切的现实主义，唤起人们树立对生活的信念——由此形成了为全世界赞赏的阿拉伯叙事语言艺术。

1989 年

〔西班牙〕米卡洛·何塞·塞拉（1916—2002）

他是西班牙内战后文学复兴的先驱者，他的作品具有丰富而炽热的散文风格。

1990 年

〔墨西哥〕奥克塔维奥·帕斯（1914—1998）

表彰他具有广阔视野、给人以美的享受的充满激情的作品，和成功地将哥伦布发现美洲新大陆之前的文化、西班牙征服者的文化与西方文化融为一体。

1991 年

〔南非〕纳丁·戈迪默（1923— ）

她的作品在洞察历史进程的同时，也有助于这一进程的实现，并在反对种族歧视过程中起到了特殊的作用。

1992 年

〔圣卢西亚〕德里克·沃尔科特（1930— ）

他的诗歌作品所具有的巨大的启发性，散发着巨大的光和热，并具有历史眼光，是多元文化驱动下的产物。

1993 年

〔美国〕托妮·莫里森（1931— ）

在她富有想象力和诗意的小说作品中，生动地再现了美国现实的一个极为重要的方面。

1994 年

〔日本〕大江健三郎（1935— ）

他以诗的力度创造了一个想像中的世界。在这个世界里，现实与神话相互交融，呈现出一幅当代人类困惑而多变的情景。

1995 年

〔爱尔兰〕谢默斯·希尼（1939— ）

在他的诗歌中，具有抒情美和伦理上的深度，并使日常奇迹和具有生命力的过去得到升华。

1996 年

〔波兰〕维斯拉娃·希姆博尔斯卡（1923—2012）

鉴于她的诗歌以精湛而准确的讽喻，揭示了人类现实社会中诸多方面的历史背景和生态规律。

1997 年

〔意大利〕达里奥·福（1926— ）

他在嘲弄权贵和维护被压迫者尊严的喜剧创作上，堪与中世纪的弄臣媲美。

1998 年

〔葡萄牙〕若泽·萨拉马戈（1922—2010）

他以寓言小说的形式，通过持续的想像能力，以同情、讽刺的笔法使我们领悟到那段难以捉摸的历史。

1999 年

〔德国〕君特·格拉斯（1927— ）

他以戏谑的黑色寓言描述了曾被历史遗忘的一角。

2000 年

〔法国〕高行健（1940— ）

其作品的普世价值，刻骨铭心的洞察力和语言的丰富、机智，为中文小说和艺术戏剧开辟了新的道路。

2001 年

〔英国〕维·苏·奈保尔（1932— ）

其著作将极具洞察力的叙述与不为世俗左右的探索融为一体，是驱策我们从扭曲的历史中探寻真实的动力。

2002 年

〔匈牙利〕伊姆雷·凯尔泰斯（1929— ）

他深刻刻画了历史上脆弱易伤的个体在对抗野蛮专制强权时的痛苦经历。

2003 年

〔南非〕约翰·马克斯韦尔·库切（1940— ）

我们都相信他对文学所贡献的持久价值，指的并不是他作品的庞大数量，而是精湛的质量及其作品的多样性。他精确描绘了无数伪装下的局外人。他是一位值得继续讨论和分析的作家。

2004 年

〔奥地利〕埃尔弗里德·耶利内克（1946— ）

她利用小说和戏剧中声音或反向声音所形成的音乐律动，并以超凡的热情洋溢的语言，揭露了社会陈规的荒谬及其逼迫使人屈从的力量。

2005 年

〔英国〕哈罗德·品特（1930—2008）

他的戏剧揭示了在日常絮谈掩盖下的惊心动魄之处，并强行闯入压抑者紧闭的房间。

2006 年

〔土耳其〕费利特·奥尔罕·帕慕克（1952— ）

在对故乡忧郁灵魂的探求中，他为文化的冲突与融合找到了新的象征。

2007 年

〔英国〕多丽丝·莱辛（1919— ）

她用怀疑、热情、有远见的力量提出了可供审视的一个分裂的文明，其作品如同一部女性经验的史诗。

2008 年

〔法国〕勒·克莱齐奥（1940— ）

一位集背叛、诗意冒险和感性迷狂于一身的作家，一位超越文明控制和主导文明人性的探索者。

2009 年

〔德国〕赫塔·米勒（1953— ）

以诗歌的凝练和散文的率直直接展现了无家可归者的境遇。

2010 年

〔秘鲁〕马里奥·巴尔加斯·略萨（1936— ）

他精确地绘制出权力结构，对个人抵抗、反叛和挫败给予犀利的描述。

2011 年

〔瑞典〕托马斯·特朗斯特罗姆（1931— ）

通过高度凝练、易于辨识的意像，他为我们提供了通向现实的全新途径。

2012 年

〔中国〕莫言（1955— ）

将魔幻现实主义与民间故事、历史与当代社会融合在一起。

2013 年

〔加拿大〕爱丽丝·门罗（1931— ）

当代短篇小说大师。

附录二

与中国有关的诺贝尔文学奖获奖作家：赛珍珠和高行健

在诺贝尔文学奖获奖作家名单中，有两位特殊的人，他们虽不是中国人或不具有中国国籍，但却与中国有着千丝万缕、密不可分的渊源关系。在谈及和中国有关的诺贝尔文学奖的话题时，人们避免不了提及和认识他们。这二位特殊的诺贝尔文学奖获奖作家就是赛珍珠和高行健。

关于赛珍珠及其创作

赛珍珠于1892年6月26日出生在美国西弗吉尼亚州希尔斯博，三个月大时被父母带到中国，在那里生活了近四十年。她的父亲是传教士，为到中国传教的方便，取中文名赛兆祥，她的母亲凯丽是陪伴丈夫来到中国的。

赛珍珠的本名是泊尔·赛登特里克·布克，赛珍珠是她为自己起的中文名字，其中的"赛"字，主要是随她父亲的中文姓之故；至于"珍珠"之名，按中国文人的品味考量，不免有些俗气，但这也许出自她本姓的部分译音，同时以外国人的心态考量，"珍珠"之意乃"珍贵"之义，未必不雅。

赛珍珠一生可呈二个阶段：从1892年到1935年，除1900年其父母为避义和团之乱而举家归国一年，1910年—1914年在美国道梅女子学院上学，1925年—1926年在美国康奈尔大学攻读硕士学位以及1932年—1933年短期返美外，赛珍珠基本上都生活在中国，分别在江苏的南京、镇江和安徽宿州度过了幼年、童年、少年、青年时代。在那里，她同当地中国人生活在同一街区，并通过中国家庭教师系统学习了中国传统文化典籍。因此她不仅汉语纯熟，还精通和喜爱中国文化和历史。

从1935年回国到1973年去世,赛珍珠一直生活在美国,与中国远隔重洋。但她的心中始终牵挂着中国和中国人民,努力创作反映东方和中国社会生活的文学作品,着力向西方翻译介绍中国作家的文学作品,在促进中外文化交流上贡献颇多。这时的赛珍珠处在创作的高峰期,尤其是1938年获诺贝尔文学奖后,她更是创作丰饶,硕果累累。

1917年,赛珍珠与美国农学家约翰·布克结婚,同在中国安徽宿县生活,这时的她有机会随丈夫深入农村工作并充当翻译,广泛接触中国农民,全面了解他们的生活和观念,为她以后创作中国农村题材作品打下深

赛珍珠

厚基础。1929年,赛珍珠在南京生下一个女儿后患合并症医治不愈,最终丧失了生育能力。而她的小女儿也因出生后染病,造成终身智障。1935年,赛珍珠与布克离婚,离婚后二小时即与理查德·威尔士结婚。此前,他们二人已坠入爱河,而理查德是发现赛珍珠文学才华的伯乐,也是她作品的出版商。他们的婚姻,也就是赛珍珠的第二次婚姻,用她自己的话说,是"真正的爱情"。

赛珍珠在她的后半生,不仅保持着旺盛的创作力,还成为中西方文化交流的使者和慈善大使。

她主办的《亚洲》杂志刊登了中国现代最负盛名的作家鲁迅、茅盾等人的作品;她创办了"东西方协会",加强了东西方文化交流;1946年,当老舍等作家来到美国做访问学者时,赛珍珠帮助老舍的文学作品在美国出版发行……

她创办了慈善机构"欢迎之家"、"赛珍珠基金会",帮助身体和智力上有问题的孩子、亚裔美国婴儿等寻找合适的领养家庭,让他们摆脱被遗弃的命运……

在整个第二次世界大战期间,赛珍珠在美国和英国,利用各种形式举行各种活动,使用各种方法声援中国人民的抗日战争。1942年,她在英国

BBC广播电台上用汉语演讲，向中国介绍美国人民对中国抗日战争的理解和支持。随后她竟冒险回到中国搜集创作素材，回到美国后继续宣传和支持中国人民的抗日战争。

赛珍珠1935年回到美国后，仅在1942年短期回中国一次，以后由于种种原因始终未能重返中国。就在她逝世的前一年，即1972年，美国总统尼克松访华时，她以八十岁高龄要求随同前往，但遭到中国拒绝。1973年3月6日，赛珍珠逝世于美国佛蒙特州丹比城，被安葬在宾夕法尼亚州费城郊区的青山农场。按照她的遗嘱，墓地朝东向着中国，墓碑上篆刻着她的中文名字"赛珍珠"。从始至终，她选择汉语名字代表自己，体现出她对"中国故乡"的深挚感情……

赛珍珠一生创作勤奋，共写作翻译了一百多部作品，包括小说、传记、儿童读物、政治论文以及散文、剧本、文学评论等。赛珍珠的文学成就以小说最为卓著，和许多美国本土作家不同，赛珍珠小说的题材涉及东西方两个世界，尤其是中国，她在创作和小说中，倾注了自己的毕生精力和亲身的经历故事与感情寄托。她创作的有关中国题材的作品，包括《东风·西风》《大地》《龙种》《群芳亭》《帝王女人》《同胞》等，都真实生动，质朴感人，体现出赛珍珠创作的独特风格。

总的来讲，赛珍珠创作的有关中国题材的小说，主要是向西方介绍中国的社会和民众，尤其是占绝大多数的中国农民。这在当时的历史环境和西方世界中是少有仅见的。因此可以说，她所创作的这些小说，成为西方了解当时中国的一扇窗，成为东西方文化交流的媒介，有着积极的作用和贡献。

另外值得一提的是，赛珍珠还在1933年用英文翻译了中国古典小说《水浒传》。这是世界上第一部英文全译本《水浒传》，在当时影响颇大。这部译作出版后，国内外对它褒贬不一，评论者见仁见智。其中，译作书名《四海之内皆兄弟》，在当时曾受到鲁迅的批评。但无论如何，这部英译《水浒传》的开创之功和阅读认识价值是不容忽视的。同时，赛珍珠本人不仅翻译创作态度认真，而且她熟悉中国的传统文化和古代典籍，尤其对中国古典小说有着深入研究，还有这方面的专门论著。特别是她在1938年获得诺贝尔文学奖后，在瑞典学院的授奖仪式上所做的演讲，即以"中国小说"

为题，具体而详尽地介绍了中国古典小说名著《水浒传》《三国演义》《红楼梦》的内容、特色和创作背景，同时还论述了中国古典小说发展的大致脉络，由此可见其研究功力之深。而她最大的遗憾是，未能把中国古典名著《红楼梦》翻译成功。

长篇小说《大地》是赛珍珠所有创作中最重要的作品，是她中国题材作品的代表作，为中国和其他国家读者所熟悉。她因撰写中国农村生活而获得诺贝尔文学奖，主要是由于《大地》的创作出版。同时，《大地》出版后曾在中国引起极大争议，致使它在1931年出版后，中国读者在1949年后的三十多年中无缘得见其真实面貌。

《大地》是三部曲小说，分《大地》《儿子》《分家》三部分。赛珍珠是在1929年用三个月时间创作出这部家族小说的。小说描绘了世代居住在中国北方农村的王龙，从普通农民进化成地主，其子王虎从普通士兵变为土匪又转变为军阀，其孙王源从留洋学生转变成眷恋故土的知识分子的全过程，反映了王氏家族三代人的不同生活命运，以及他们对人生、亲情、家庭、社会的不同态度，揭示了在中国旧传统文化深刻影响下产生的形形色色人物的经历与心态，从最底层的人物生活反映出中国社会当时最基本的状态，具有不可估量的认识价值。

毋庸置疑，《大地》是一部通俗小说，没有采用西方作家惯用的文学创作手法，而是借鉴中国古典小说的特点，直白描写、表述，但她的故事引人入胜，人物形象有血有肉，语言风格也颇具特色。读者读过《大地》后，"不能不被作品中所展示的中国人民的痛苦命运所感染，尤其是中国妇女的命运，其双重奴隶的悲剧可以说是被写得惊心动魄"（刘再复语）。因此，这位中国评论家断言，在二十世纪中国文学中，除了鲁迅之外，其他作家对中国妇女惨苦命运的描写，似乎没有超过赛珍珠的。可以说，这评价是中肯恰当的。

《大地》在美国出版后，受到读者热烈欢迎并掀起阅读高潮，同时荣登畅销书榜，赛珍珠已然成为著名作家，1932年即获得美国最重要的小说奖——普利策文学奖。

赛珍珠的其他小说《东风·西风》《群芳亭》《龙种》《母亲》《帝王女人·中国最后一位皇后的故事》（简称《帝王女人》），都是以中国为题材的长篇小说。其中,《东风·西风》是赛珍珠发表的第一部长篇小说,通过两对夫妇(旧式中国女子和留学归来的中国丈夫、女子在美国留学的哥哥和美国女子)的婚姻和家庭故事,展现了当时中国传统知识分子家庭中传统与现代的冲突,体现出对两种文明的价值思考。《群芳亭》是赛珍珠返回美国定居后创作的小说,成功描绘出中国传统大家庭中形形色色的人物形象,其中以知识女性吴太太的刻画最为成功。《群芳亭》出版后受到读者欢迎,再次登上美国的畅销书榜。《龙种》于1942年出版,是赛珍珠以中国抗日战争为题材创作的最为成功的长篇小说,主要描写南京郊区一个村庄中林姓一家在日本占领南京时的悲惨遭遇和他们的反抗斗争。《龙种》是第一部详细描述日本侵略军制造了南京大屠杀罪行的文学作品,比美籍华人张纯如的纪实文学《南京暴行:被遗忘的大屠杀》早了六十年。《龙种》出版后不仅在美国引起轰动成为畅销书,还被好莱坞拍成电影,发行海内外。《母亲》这部长篇小说出版于1934年,是赛珍珠的经典作品之一,其中的"母亲"形象是她塑造的坚强女性的代表,她的经历故事反映了旧中国妇女的普遍命运。《母亲》无疑是一部优秀作品,思想性、艺术性都很强。尤其是没有姓名的"母亲"可与鲁迅笔下《祝福》中祥林嫂相媲美。因此,《母亲》也是授予赛珍珠诺贝尔文学奖时颁奖词所提到的作品,并断言"母亲在赛珍珠的中国女性形象中是最完美的,这部书也是她最好的一部。"《帝王女人》是赛珍珠唯一一部历史小说,主人公是晚清的慈禧太后,书中展示了她传奇的一生。由于美国人对那段历史了解甚少,该书出版后未能引起轰动,但它不失为一部具有独特价值的历史小说。

此外,赛珍珠描写自己父母在中国传教士生活的传记作品《异邦客》《战斗的天使》,也被认为是其经典作品。授予赛珍珠诺贝尔文学奖的颁奖词中指出:"但从人物描写和写作技巧方面来看,而以她描写父母的两部传记《异邦客》(1936)和《战斗的天使》(1936)成就最佳。这两部书应当说是名副其实的经典作品,它们将流传后世,因为它们充满了生活。"正如其所言,这两部传记作品的最大成功,不仅在在于刻画人物,而且亦在于用冷静的笔法描述了西方进行的基督教在华传教活动。

另外,赛珍珠还创作了散文《也谈中国》,在1932年美国《大西洋月刊》

上连载发表。此后还有散文集《中国的小说》《儿童故事集》和剧作《光明飞到中国》《孙逸仙》《中国到美国》及短篇小说集《今天和永远·中国短篇小说集》《发妻和其他的故事》等问世。赛珍珠一生创作的长篇小说还有《一颗高傲的心》（1938）、《爱国者》（1939）、《另一个神：一个美国的传说》（1941）、《中国天空》（1942）《希望》（1943）、《中国的旅程》《市民》《结婚照》（均为1945）《愤怒的妻子》（1947）《亲友们》（1949）《上帝的子民》（1950）《家声》《来吧，亲爱的》（均为1953）《北京来信》（1957）《命定时刻》（1959）《生活牧歌》《生长着的芦苇》（均为1963）《死在城堡中》（1965）《时当正午》（1967）《新年》（1968）《佛坛》（1970）《女神的等待》（1972）等。

  1938年中的一天，当记者蜂拥围住赛珍珠在美国的家门时，赛珍珠尚不知晓自己获得了诺贝尔文学奖。当她从困惑中清醒并证实这一事实后，她仍然在心中盘问：为什么会是我？

  1938年11月，在得到瑞典文学院的正式通知后，赛珍珠在丈夫和养女的陪同下到瑞典领奖。在斯德哥尔摩，她受到热烈欢迎。12月1日，在颁奖典礼上，她从瑞典国王手中领取了诺贝尔文学奖。在当天的庆祝晚宴上，她发表了简短的接受诺贝尔文学奖的答谢词。第二天，她在瑞典皇家学院发表了题为"中国小说"的演讲，第一次向西方社会较为系统地介绍了中国古典小说。

  赛珍珠获奖时年仅四十六岁，是当时为止最年轻的诺贝尔文学奖获得者，也是因为中国而获奖的第一人。

  赛珍珠获得诺贝尔文学奖后，在美国和西方各国引起不同反响，许多作家和媒体都质疑，为什么会给赛珍珠授予诺贝尔文学奖？在美国，批评的声音尤为强烈：著名小说家威廉·福克纳尖刻地称，宁愿不得诺贝尔文学奖，也不屑同赛珍珠为伍；诗人罗伯特·弗罗斯特则公开表示，如果赛珍珠都能获奖，那每个人得奖都不成问题。

  质疑的焦点主要有一个，即：赛珍珠当时是创作了大量作品，但只是符合大众口味的畅销书；而按照传统的文学观点，只有适合知识分子阅读的高雅而富于文采且洋溢激情并闪耀思想光辉的作品才是经典之作。另外，对她的批评还暗含着这样的不满，她是女性作家，且大半生在中国生活。

然而，正是后面这一点，奠定了赛珍珠获奖的基础，诺贝尔文学奖评委会对她及其作品的评价是：由于她在传记方面的杰作，更由于她对中国农民生活真实、丰富和史诗般的描述。所以说，赛珍珠获奖是符合诺贝尔文学奖的要求，她是当之无愧的。

1938年的诺贝尔文学奖评选，最终入围者多达三十人，其中不乏文学大家和著名作家，如：意大利哲学家和历史学家克罗齐、希腊诗人帕拉马斯、英国小说家赫胥黎，还有以后获奖的德国作家黑塞、丹麦作家延森和芬兰作家西伦佩等人。当时的圈内人预测是希腊、意大利和德国人获奖。而当最后一轮投票后，赛珍珠被四位瑞典文学院院士提名，最终获得该年度诺贝尔文学奖。

赛珍珠一生在国际上和美国获得了诸多重要奖项，以表彰她在文学创作和社会活动中的贡献和成就。1951年，赛珍珠从事文学创作三十年后，她开始担任美国作家协会主席一职。

1973年赛珍珠去世后，她的遗作《全在天底下》《斯特灵夫人的问题》两部长篇小说出版。1974—1979年，赛珍珠的遗作长篇小说《东方与西方》《被改变的妇女及其他故事》《霓虹》《心灵的秘密》《情人及其他故事》和短篇小说集《基督教故事》、传记《流浪汉》，以及她唯一的诗集《爱的语言》被整理、出版。

赛珍珠曾在1900年幼年时随父母在保留美国国籍的同时加入中国国籍，为后来的民国政府所承认（1911年以后至1949年前的中国北洋政府和国民政府以及目前在台湾的国民党政府均承认双重国籍），所以她可以算是与中国最具渊源关系的诺贝尔文学奖获奖作家。而她因为生活经历和文学创作而获得诺贝尔文学奖的过程，也成为人们认识和了解诺贝尔文学奖内幕的一个窗口。

关于高行健及其创作

高行健1940年1月4日出生于中国江西赣州，祖籍是江苏泰州。他的父亲是银行职员，母亲是演员，他们都出身于破落的大家庭中。幼年的高行健，父亲虽常失业，但家庭生活依旧富足。他因体弱而由母亲启蒙识字，在她影响之下，高行健对戏剧、文学、美术产生了兴趣，为以后他在这方面的发展奠定了初步基础。

高行健年幼时的理想是做科学家，同时又想从事戏剧导演工作。高考时，他的条件不符合戏剧学院导演系的标准，又想报考中文系。当他参观南京大学中文系后，感到那里的学习气氛与自己理想中的不符，故最终决定报考外国文学或美术专业。于是，高行健于 1957 年考入北京外国语学院法语专业。在那里他学习了五年，大量阅读了马列主义著作和西方文学作品，同时从事剧本和小说写作。

1962 年高行健从北京外国语学院法语系毕业后，到中国国际书店从事翻译工作。1970 年下放到安徽的"五七"干校劳动，1973 年加入中国共产党。1975 年回北京任《中国建设》杂志社法文组组长。1979 年调入中国作家协会对外联络委员会工作。1979 年 5 月，他陪同巴金等中国著名作家访问法国，发表了文学特写《巴金在巴黎》。同时，他发表了第一部小说《寒夜的星辰》（中篇）。1981 年，他调任北京人民艺术剧院编剧。同年，出版文学理论文集《现代小说技巧初探》。1982 年，他与刘会远共同创作话剧《绝对信号》，在北京人民艺术剧院首演引起轰动，但不久即被禁演，原因是这部戏剧的戏剧观念和思想内涵在文艺界和社会上都引发了较大争议。1984 年，他出版了中篇小说集《有只鸽子叫红唇》。1985 年与雕塑家尹光中举办泥塑绘画展，受到海内外关注。同年，他应邀赴欧洲德国、法国、英国、奥地利、丹麦五国访问八个月，在柏林举办个人画展，卖画获四万马克。从此他走上以画养文之路，有了更多写作上的自由。1986 年，他的剧作《彼岸》在大陆被禁演。1987 年他应邀赴法国从事绘画创作，1988 年在法国巴黎定居。1989 年成为法国"具像

高行健

批评派沙龙"成员，连续三年参加年展，1992年获法国政府颁发的"艺术与文学骑士勋章"。1997年加入法国籍。二十世纪九十年代，高行健用中文和法文同时进行文学创作，作品有《生死界》《夜游神》《对话与反诘》《周末四重奏》《八月雪》等。2000年10月12日，高行健以长篇小说《灵山》等获得诺贝尔文学奖，成为首位获奖的中文作家。2002年2月，时任法国总统希拉克亲自为高行健颁发"荣誉军团骑士勋章"。2003年，法国以举办"高行健年"的形式来表彰他的艺术成就。2000年获诺贝尔文学奖后，高行健主要从事剧本创作和戏剧导演工作，有诸多过去创作和新创作的剧作由他导演在各国演出。同时，他还从事绘画艺术创作。这时他的许多文学作品，如《灵山》《一个人的圣经》等代表作被翻译成世界各国的文字出版。他还在世界各地举办个人画展、艺术展，并出版个人艺术画册。他在世界各国进行演讲，听众颇多。2000年，他在获授诺贝尔文学奖时作了题为《文学的理由》的答谢演讲；2001年诺贝尔文学奖百年大庆时，他应邀在瑞典文学院（即诺贝尔文学奖评审委员会）发表题为《文学的见证——对真实的追求》的演讲。这时的高行健，分别获得过意大利"费罗尼亚文学奖"（2000年）、美国终生成就学院"金盘奖"（2002），以及法国世界文化学院院士等称号。台湾中山大学、中央大学、交通大学和香港中文大学分别授予他文学博士学位。2000年获奖后的高行健，又有《母亲》《文学的理由》《车祸》《圆恩寺》《我给老爷买鱼竿》《叩问死亡》《论创作》《夜间行歌》等小说、散文、评论等文学作品发表出版。

高行健的弟弟高行素，是著名音乐教育家，现居中国南京，目前二人彼此不通音信。高行健一生有两次失败的婚姻。1969年第一次结婚后育有一子，后因夫妻二人性格不合在八十年代初离婚，现其子与母亲住在南京。第二任妻子郭长慧，是他在外文局工作的同事，两人于1985年结婚，1989年离婚，未有子女，小他十二岁的郭现在法国工作。目前，高行健与一位毕业于北京外国语学院的名叫"西塞"的女子同居。

高行健的文学创作可分三个阶段：早期的戏剧和中短篇小说及文学理论著作创作阶段，中期的长篇小说创作阶段（即获诺贝尔文学奖前）、后期阶段（即获诺贝尔文学奖后）主要从事戏剧和美术创作。早期的高行健，是以话剧《绝对信号》闻名文坛的。用西方现代派的艺术表现手法，表达十年"文革"对年轻人造成的内心伤害这样较深刻的思想内涵，成为这部剧作最突出且成功的特征。《绝对信号》1982年在北京人民艺术剧院首演后轰动一时，既受到观众欢迎，亦遭受非议和批评。虽然此剧遭到禁演，但随后几年，高行健又先后创作出《车站》《野人》《独白》《彼岸》等剧作，它们的共同特征都是采用西方现代的戏剧表现手法，突破话剧传统的时空结构，拓展戏剧表现空间，探索新的戏剧艺术观念。因此，高行健被认为是开创中国实验戏剧的先锋剧作家。自1979年发表中篇小说《寒夜的星辰》后，高行健又创作了若干短篇小说并结集出版。1980年，他又创作了中篇小说《有只鸽子叫红唇》，并以此为书名于1983年与《寒夜的星辰》合并出版一部中篇小说集。高行健这时的中篇小说，大都是运用一些西方现代的文学创作手法，重点表现人物的内心世界和事物潜在内涵，具有鲜明的独特性。这时的高行健，以戏剧和小说纯熟运用西方现代派创作手法为主要艺术特色，而这一特点，则得益于他对西方尤其是法语文学的熟悉和研究。作为最初的学术成果，1981年出版的《现代小说技巧初探》是他在这方面的代表作和成名之作。另外，他还著有《对一种现代戏剧的追求》（中国戏剧出版社）。

1988年至2000年（获诺贝尔文学奖前），高行健在法国主要从事长篇小说创作，代表作有《灵山》《一个人的圣经》等，另有短篇小说集《我给老爷买鱼竿》，中文版由台湾联经出版社和联合文学出版社出版。作为让高行健获得诺贝尔文学奖的典型文本，2002年的诺贝尔文学奖评审委员会《关于授与高行健2000年度诺贝尔文学奖的新闻公报》中有这样的评语：

> 长篇巨著《灵山》是一部无与伦比的罕见的文学创作。小说是根据作者在中国南部和西南部偏远地区漫游中留下的印象创作的。那里至今还残存巫术，那里民谣和关于绿林好汉的传说还当作真事流传。那里还能遇见代表古老的道家智慧的人物。小说由多个故事编织而成，有互相映衬的多个主人公，而这些人物其实是同一自我的不同侧面。通过灵活运用的人称代词，作者达到了快速的视角变化，迫使读者疑窦丛生。这种手法来自他的

戏剧创作，常常要求演员既进入角色又能从外部描述角色。我，你，他或她，都成为复杂多变的内心称呼。

《灵山》也是一部朝圣小说，主人公自己走上朝圣之旅，也是一次沿着区分艺术虚构与生活、幻想和记忆的投射面的旅行。探讨知识问题的形式是越深入越能摆脱目的和意义，通过多声部的叙事，体裁的交叉和内省的写作方式，让人想起德国浪漫派关于世界诗的宏伟观念。

高行健的另一部长篇小说《一个人的圣经》和《灵山》在主题上一脉相承，但更能让人一目了然。小说的核心是对中国通常称为"文化革命"的令人恐怖的疯狂的清算。作者以毫不留情的真诚笔触详细介绍了自己在"文革"中先后作为造反派、受迫害者和旁观者的经验。他的叙述本来可以成为异议人士的道德代表。但他拒绝这个角色，无意当一个救世主。他的文学创作没有任何媚俗，甚至对善意也如此。

由此可见，《灵山》和《一个人的圣经》应该是目前为止高行健最重要的文学创作成果。就作品的具体情况而言，《灵山》采用了第二人称和第一人称交叉运用的叙述方式，书中的主人公可能是一个人，也可能不止一个人。这样的表现手法在中国传统和当代小说中是仅见的。而小说中的故事（即事件）则分成若干不同的单元，没有连贯的情节脉络和发展，这又与一般的小说不同，而与中国古代的笔记体小说暗合，它们之间所不同的是，《灵山》的故事虽不连贯但反映的都是一个明确的主题——"对生命的真诚追求和对现实传统与精神世界的追求"；而传统的笔记体小说，则通过不同的故事表现相对不同的主题——尽管全书的主旨是明晰的。所以有评论者言，《灵山》不是典型意义上的小说，而是一部长篇散文；《灵山》是个多意义的文本，"孤独"、"个体"、"逃亡"、"怀疑"、"追求"、"找寻"都是作品中隐喻的意义。而联系《灵山》的整个故事和高行健本人的经历，则可以考量出这部作品特点和价值。高行健曾在二十世纪八十年代中期，被诊断为患了肺癌。在他认为仅有的最后几个月生命中，只身一人离开亲人和朋友，放下文学创作，在中国的西南偏僻地区甚至人迹罕见之地探险游历，待他游荡数月返回北京后，肺部的癌症阴影竟奇迹般消失了。《灵山》就是这样产生的，而小说中故事亦即如此。最后值得一提的是，《灵山》的创作始于1982年，而终稿于1989年，这长达七年的创作过程，正是高行健从中国到法国的生活转折点，创作环境的改变以及对西方现代创作手法的自由运用，则是这部作品显示的独特之处的根源。《一个人的圣经》可称是《灵山》的姐妹篇。不同的是，这部小说是部"极端现代主义"的作品，书中以回忆的形式，描述了中国大陆从1949年起不断的政治运动，在"文革"十年达到高潮。小说主人公在这期间的经历故事，直接反映了当时的社会政治环境以及对人们生活和思想的深刻影响。对此，诺贝尔文学奖评审委员会有着简单的评述（见前面引文）。因此，著名文学评论家刘再复认为"描写大陆二十世纪下半叶现实的作品已经不少，这些作品触及到历史政治变动和"文化大革命"中的红卫兵运动及上山下乡等等。然而，没有一部作品能像《一个人的圣经》令我这样震动……《一个人的圣经》不仅把中国当代史上最大的灾难写得极为真实，而且也把人的脆弱写的极其真切。"由此可见，《一个人的圣经》在高行健文学创作中的地位以及在中国文学史上的价值所在。

  2000年获诺贝尔文学奖以后，高行健主要从事戏剧和美术创作。他多部戏剧作品在香港、台湾和西方一些国家上演；这期间他还在许多国家举办个人画展；同时，他的文学作品——小说、剧作、散文和文学评论等——在香港、台湾和一些西方国家出版；获奖后的高行健立即成为举世闻名的人物，他受到许多国家和地区邀请，在那里发表关于文学与戏剧创作的演讲，受到普遍关注和欢迎。其中，2006年他应台湾大学邀请，以录像讲座形式授课四讲，分别是《作家的位置》《小说的艺术》《戏剧的潜能》《艺术家的美学》，系统而完整地阐述了自己的文学主张与艺术观念。

  高行健2000年获得诺贝尔文学奖后，在世界范围内引起较大争议。在国际上一般认为高行健获奖是名归所至，再正常不过。而在中国大陆和香港、台湾地区以及一些海外华人学者、作家看来，高行健的获奖是因为他的政治立场所致——移民法国、对大陆的某些政策的抵触不满以及对某些敏感政治事件的态度，等等；而另一些中国（包括香港、台湾）及海外的华人学者、作家认为，高行健的获奖与政治无关，而且他的获奖对中国文学有着积极的意义。其实，这是对高行健获奖原因的推测或判断，而曾有海外学者专门就此对瑞典诺贝尔文学奖评委马悦然（评委中唯一能使用汉语者）采访求证，而马悦然避重就轻，语焉不详，始终未能透露出人们想要探悉的"内幕"原因。其实，高行健获奖的真正原因，正如宣布他获奖的新闻公报所言，即："其作品的普遍价值，刻骨铭心的洞察力和语言的丰富机智，为中文小说艺术和戏剧开辟了新的道路。"这句评语的涵义即是高行健获奖的理由，或称其文学创作的价值和意义。通俗地讲，就是高行健用他富于独创的观察、认识能力和语言、表现手法的灵动丰富，表现出作品的普遍社会价值。换句话说，高行健获得诺贝尔文学奖，并非政治因素，而是艺术上的特色——为中文小说艺术和戏剧开辟了新的道路——即其独创性成为中文文学作品的开创者和示范者。这与高行健此前从事的文学创作活动与文学理论探索正相符合。

到目前为止，高行健被认为是一位全方位的艺术家，不仅是小说家、剧作家，而且是身兼戏剧、歌剧、电影戏剧导演及画家于一身，同时还是"一位有论著的思想家"（刘再复语）。这里，引述刘再复在他主编的《高行健研究丛书》的总序中的话，作为对高行健文学艺术创作活动的总体评价：

（一）高行健是第一个获得诺贝尔文学奖的华人作家，重要的并不在于这项桂冠，而在于高行健确实在小说、戏剧、绘画、电影、美学和思想诸多领域成就卓越。他的文学作品已翻译成三十七种文字，他的剧作在世界各国不断上演，他的水墨画也在欧洲、亚洲和美国的许多美术馆频频举行个展，已是当今世界确认的一个罕见的多方位的文学艺术家。

（二）高行健的作品不仅有丰富的精神内涵，而且艺术形式变化多端。他善于创作新文体、新形式，并诉诸充分而绵密的理论阐述，形成他独特的创作美学，为当代的文学艺术创作提出了许多新的命题，提示了新的途径和方向，值得做深入的探讨和研究。

（三）高行健的作品和思想既传承了历史悠久的中国文化传统，又超越民族文化而具有普世的价值。他的写作不局限于中国社会而且面向世界，也毫不回避当今时代人类面临的种种困境，提出的疑问与思考都十分透彻，具有思想家的高度和深度。

　　高行健于 1988 年加入法国籍，但对于他来讲，中国仍是他的祖国。他曾经戏称自己有"三生"：一是生长在中国，二是生活在法国，三是生了场大病后恢复焕发创作活力（大意）。这"三生"实际是说，中国给予他创作的源泉和题材，法国提供了可资借鉴的创作手法和宽松的创作环境，而生病则使他的思想更加深邃，对人生的认识和感悟更加深刻。所以说，高行健是一位与中国有关的非中国籍的华人作家。对于他获得诺贝尔文学奖，美国学者费正清的评论是，"第一次有中国人获得诺贝尔文学奖，由海外的中国作家获奖，与两岸无关，既不是大陆本土作家，也不是台湾作家，这是很公平的交易"。可见，高行健获得诺贝尔文学奖的意义在于，是中国人（尽管非中国籍）用汉语写作而获得诺贝尔文学奖，是对中文写作的首次肯定。

附录三

莫言颁奖词和获奖词

颁 奖 词

瑞典文学院诺贝尔文学奖委员会主席／帕·瓦斯特伯格

尊敬的国王和王后陛下，尊敬的诺贝尔奖得主们，女士们、先生们：

莫言是个诗人，他撕下了程式化的宣传海报，使个人从芸芸众生中突显出来。莫言用荒诞和讽刺的笔触，攻击历史的谬误、贫乏和政治的虚伪。他运用戏弄和不加掩饰的快感的技巧，揭露了人类最阴暗的一面，在不经意间找到了最具象征意义的形象。

高密县东北乡体现了中国的民间故事和历史，却又超越了这些，进入一个国度，在这些民间故事中，驴与猪的吵闹淹没了人声，爱与邪恶都呈现出了超乎自然的能量。

莫言无与伦比的想像力跳出了人类的生存现实。他善于描绘自然；他彻底知晓所有与饥饿相关的事情；中国二十世纪的疾苦从来没有被如此直白的描写：他笔下的英雄、情侣、施暴者、强盗——尤其是坚强、不屈不挠的母亲们令二十世纪中国的残酷前所未有如此赤裸地呈现。他向我们展示了一个没有真理、常识或者怜悯的世界，以及这个世界中鲁莽、无助且荒唐可笑的人们。

中国历史上重复出现的"人吃人"行为证实了这些苦难的存在。莫言笔下的"吃人"代表着无节制的消费、铺张、垃圾、肉体上的享受以及无法描述的欲望，只有他才能超越禁忌去试图阐释。

在莫言的小说《酒国》中，极品佳肴是烤三岁童子肉。只有男童能够入膳，被忽视的女童反而得以生存。莫言还以此为题材写了一部完整的小说《蛙》。

莫言的故事包含着神秘和寓意,让所有的价值观在故事主题中得到体现。莫言笔下的人物没有固定的标准,而是充满活力,他们甚至用不道德的办法和手段实现他们的生活目标,打破命运和政治设置的牢笼。

莫言所描述的过去,不是共产主义宣传画报里的快乐历史,他用夸张、滑稽、变异和模仿写成的神话和民间故事,对五十年的历史宣传进行了修正,产生令人信服的效果。

在莫言最著名的小说《丰乳肥臀》中,他以女性视角描述了1960年的大跃进和大饥荒。他以嘲笑的笔法讥讽了以革命为名义的伪科学,他们试图用兔子给母羊授精,并把所有对此表示怀疑的人斥之为右派分子。小说的结尾描述了二十世纪九十年代的新资本主义,会忽悠的人靠卖化妆品富了起来,并幻想通过混种受精培育出凤凰。

莫言的作品将一个被人遗忘的农民世界生动地展现在人们面前,甚至不惜用刺鼻的气息刺激感官,既冷酷无情但又充满了愉悦的无私。他笔下的每一个瞬间都那么精彩。作者善于描写形形色色的人类生活,他通晓手工艺、冶炼技术、建筑、挖沟开渠、放牧和土匪们的各种花招伎俩,并且通过他的精彩描述呈现出了整个人生。

他比拉伯雷、斯威夫特和当代的马尔克斯以来的多数作家都要滑稽和犀利,更加震撼人心。他的语言辛辣,在他对中国过去一百年历史的描述中,没有跳舞的独角兽和仙女;但是他描述的猪圈生活让我们觉得身临其境。意识形态和改革运动有来有去,但是人类的自我和贪婪却一直存在。莫言为所有的小人物打抱不平,无论是从日本侵略中国到今天的疯狂生产。

在莫言的小说世界里,他的家乡是一个美好品德和残酷卑鄙交战之地,对阅读者来说这是一种文学探险。中国以及世界何曾有过被如此史诗般的文学浪潮席卷?当代人类的文学事业在莫言作品中达到了一个新的高度。

瑞典文学院祝贺您。请您从国王陛下手中接过2012年诺贝尔文学奖。

获奖演说
讲故事的人

莫 言

尊敬的瑞典文学院各位院士,女士们、先生们:

  通过电视或者网络,我想在座的各位,对遥远的高密东北乡,已经有了或多或少的了解。你们也许看到了我的九十岁的老父亲,看到了我的哥哥姐姐我的妻子女儿和我的一岁零四个月的外孙女,但是有一个此刻我最想念的人——我的母亲,你们永远无法看到了。我获奖后,很多人分享了我的光荣,但我的母亲却无法分享了。

  我母亲生于 1922 年,卒于 1994 年。她的骨灰,埋葬在村庄东边的桃园里。去年,一条铁路要从那儿穿过,我们不得不将她的坟墓迁移到距离村子更远的地方。掘开坟墓后,我们看到,棺木已经腐朽,母亲的骨殖,已经与泥土混为一体。我们只好象征性地挖起一些泥土,移到新的墓穴里。也就是从那一时刻起,我感到,我的母亲是大地的一部分,我站在大地上的诉说,就是对母亲的诉说。

  我是母亲最小的孩子。

  我记忆中最早的一件事,是提着家里唯一的一只热水瓶去公共食堂打开水。因为饥饿无力,失手将热水瓶打碎,我吓得要命,钻进草垛,一天没敢出来。傍晚的时候,我听到母亲呼唤我的乳名,我从草垛里钻出来,以为会受到打骂,但母亲没有打我也没有骂我,只是抚摸着我的头,口中发出长长的叹息。

  我记忆中最痛苦的一件事,就是跟着母亲去集体的地里捡麦穗,看守麦田的人来了,捡麦穗的人纷纷逃跑。我母亲是小脚,跑不快,被捉住,那个身材高大的看守人扇了她一个耳光,她摇晃着身体跌倒在地,看守人没收了我们捡到的麦穗,吹着口哨扬长而去。我母亲嘴角流血,坐在地上,脸上那种绝望的神情我终生难忘。多年之后,当那个看守麦田的人成为一个白发苍苍的老人,在集市上与我相逢,我冲上去想找他报仇,母亲拉住了我,平静地对我说:"儿子,那个打我的人,与这个老人,并不是一个人。"

我记得最深刻的一件事是一个中秋节的中午,我们家难得地包了一顿饺子,但每人只有一碗。正当我们吃饺子时,一个乞讨的老人来到了我们家门口。我端起半碗红薯干打发他,他却愤愤不平地说:"我是一个老人,你们吃饺子,却让我吃红薯干。你们的心是怎么长的?"我气急败坏地说:"我们一年也吃不了几次饺子,一人一小碗,连半饱都吃不了!给你红薯干就不错了,你要就要,不要就滚!"母亲训斥了我,然后端起她那半碗饺子,倒进了老人碗里。

我最后悔的一件事,就是跟着母亲去卖白菜,有意无意地多算了一位买白菜的老人一毛钱。算完钱我就去了学校。当我放学回家时,看到很少流泪的母亲泪流满面。母亲并没有骂我,只是轻轻地说:"儿子,你让娘丢了脸。"

我十几岁时,母亲患了严重的肺病,饥饿,病痛,劳累,使我们这个家庭陷入了困境,看不到光明和希望。我产生了一种强烈的不祥之兆,以为母亲随时都会自己寻短见。每当我劳动归来,一进大门,就高喊母亲,听到她的回应,心中才感到一块石头落了地。如果一时听不到她的回应,我就心惊胆战,跑到厨房和磨坊里寻找。有一次找遍了所有的房间也没有见到母亲的身影,我便坐在了院子里大哭。这时母亲背着一捆柴草从外面走进来。她对我的哭很不满,但我又不能对她说出我的担忧。母亲看出我的心思,她说:"孩子你放心,尽管我活着没有一点乐趣,但只要阎王爷不叫我,我是不会去的。"

我生来相貌丑陋,村子里很多人当面嘲笑我,学校里有几个性格霸蛮的同学甚至为此打我。我回家痛哭,母亲对我说:"儿子,你不丑,你不缺鼻子不缺眼,四肢健全,丑在哪里?而且,只要你心存善良,多做好事,即便是丑,也能变美。"后来我进入城市,有一些很有文化的人依然在背后甚至当面嘲弄我的相貌,我想起了母亲的话,便心平气和地向他们道歉。

我母亲不识字,但对识字的人十分敬重。我们家生活困难,经常吃了上顿没下顿。但只要我对她提出买书买文具的要求,她总是会满足我。她是个勤劳的人,讨厌懒惰的孩子,但只要是我因为看书耽误了干活,她从来没批评过我。

有一段时间，集市上来了一个说书人。我偷偷地跑去听书，忘记了她分配给我的活儿。为此，母亲批评了我，晚上当她就着一盏小油灯为家人赶制棉衣时，我忍不住把白天从说书人那儿听来的故事复述给她听。起初她有些不耐烦，因为在她心目中说书人都是油嘴滑舌、不务正业的人，从他们嘴里冒不出好话来；但我复述的故事，渐渐地吸引了她。以后每逢集日，她便不再给我排活儿，默许我去集上听书。为了报答母亲的恩情，也为了向她炫耀我的记忆力，我会把白天听到的故事，绘声绘色地讲给她听。

很快地，我就不满足复述说书人讲的故事了，我在复述的过程中不断地添油加醋，我会投我母亲所好，编造一些情节，有时候甚至改变故事的结局。我的听众也不仅仅是我的母亲，连我的姐姐、我的婶婶、我的奶奶都成为我的听众。我母亲在听完我的故事后，有时会忧心忡忡地，像是对我说，又像是自言自语："儿啊，你长大后会成为一个什么人呢？难道要靠耍贫嘴吃饭吗？"

我理解母亲的担忧，因为在村子里，一个贫嘴的孩子，是招人厌烦的，有时候还会给自己和家庭带来麻烦。我在小说《牛》里所写的那个因为话多被村里人厌恶的孩子，就有我童年时的影子。我母亲经常提醒我少说话，她希望我能做一个沉默寡言、安稳大方的孩子；但在我身上，却显露出极强的说话能力和极大的说话欲望，这无疑是极大的危险。但我的说故事的能力，又带给了她愉悦，这使她陷入深深的矛盾之中。

俗话说"江山易改，本性难移"，尽管我有父母亲的谆谆教导，但我并没有改掉我喜欢说话的天性，这使得我的名字"莫言"，很像对自己的讽刺。

我小学未毕业即辍学，因为年幼体弱，干不了重活，只好到荒草滩上去放牧牛羊。当我牵着牛羊从学校门前路过，看到昔日的同学在校园里打打闹闹，我心中充满悲凉，深深地体会到一个人——哪怕是一个孩子——离开群体后的痛苦。到了荒滩上，我把牛羊放开，让它们自己吃草。蓝天如海，草地一望无际，周围看不到一个人影，没有人的声音，只有鸟儿在天上鸣叫。我感到很孤独，很寂寞，心里空空荡荡。有时候，我躺在草地上，望着天上懒洋洋地飘动着的白云，脑海里便浮现出许多莫名其妙的幻像。

我们那地方流传着许多狐狸变成美女的故事，我幻想着能有一只狐狸变成美女与我来做伴放牛，但她始终没有出现。但有一次，一只火红色的狐狸从我面前的草丛中跳出来时，我被吓得一屁股蹲在地上。狐狸跑没了踪影，我还在那里颤抖。有时候我会蹲在牛的身旁，看着湛蓝的牛眼和牛眼中的我的倒影。有时候我会模仿着鸟儿的叫声试图与天上的鸟儿对话，有时候我会对一棵树诉说心声。但鸟儿不理我，树也不理我。——许多年后，当我成为一个小说家，当年的许多幻想，都被我写进了小说。很多人夸我想像力丰富，有一些文学爱好者，希望我能告诉他们培养想像力的秘诀，对此，我只能报以苦笑。

就像中国的先贤老子所说的那样，"福兮祸所伏，祸兮福所倚"，我童年辍学，饱受饥饿、孤独、无书可读之苦，但我因此也像我们的前辈作家沈从文那样，及早地开始阅读社会人生这本大书。前面所提到的到集市上去听说书人说书，仅仅是这本大书中的一页。

辍学之后，我混迹于成人之中，开始了"用耳朵阅读"的漫长生涯。两百多年前，我的故乡曾出了一个讲故事的伟大天才——蒲松龄，我们村里的许多人，包括我，都是他的传人。我在集体劳动的田间地头，在生产队的牛棚马厩，在我爷爷奶奶的热炕头上，甚至在摇摇晃晃地行进着的牛车上，聆听了许许多多神鬼故事、历史传奇、逸闻趣事，这些故事都与当地的自然环境、家庭历史紧密联系在一起，使我产生了强烈的现实感。

我做梦也想不到有朝一日这些东西会成为我的写作素材，我当时只是一个迷恋故事的孩子，醉心地聆听着人们的讲述。那时我是一个绝对的有神论者，我相信万物都有灵性。我见到一棵大树会肃然起敬，我看到一只鸟会感到它随时会变化成人，我遇到一个陌生人，也会怀疑他是一个动物变化而成。每当夜晚我从生产队的记工房回家时，无边的恐惧便包围了我，为了壮胆，我一边奔跑一边大声歌唱。那时我正处在变声期，嗓音嘶哑，声调难听，我的歌唱，是对我的乡亲们的一种折磨。

我在故乡生活了二十一年，其间离家最远的是乘火车去了一次青岛，还差点迷失在木材厂的巨大木材之间，以至于我母亲问我去青岛看到了什么风景时，我沮丧地告诉她：什么都没看到，只看到了一堆堆的木头。但也就是这次青岛之行，使我产生了想离开故乡到外边去看世界的强烈愿望。

1976年2月，我应征入伍，背着我母亲卖掉结婚时的首饰帮我购买的四本《中国通史简编》，走出了高密东北乡这个既让我爱又让我恨的地方，开始了我人生的重要时期。我必须承认，如果没有三十多年来中国社会的巨大发展与进步，如果没有改革开放，也不会有我这样一个作家。

　　在军营的枯燥生活中，我迎来了二十世纪八十年代的思想解放和文学热潮，我从一个用耳朵聆听故事、用嘴巴讲述故事的孩子，开始尝试用笔来讲述故事。起初的道路并不平坦，我那时并没有意识到我二十多年的农村生活经验是文学的富矿，那时我以为文学就是写好人好事，就是写英雄模范，所以，尽管也发表了几篇作品，但文学价值很低。

　　1984年秋，我考入解放军艺术学院文学系。在我的恩师、著名作家徐怀中的启发指导下，我写出了《秋水》《枯河》《透明的红萝卜》《红高粱》等一批中短篇小说。在《秋水》这篇小说里，第一次出现了"高密东北乡"这个字眼，从此，就如同一个四处游荡的农民有了一片土地，我这样一个文学的流浪汉，终于有了一个可以安身立命的场所。我必须承认，在创建我的文学领地"高密东北乡"的过程中，美国的威廉·福克纳和哥伦比亚的加西亚·马尔克斯给了我重要启发。我对他们的阅读并不认真，但他们开天辟地的豪迈精神激励了我，使我明白了一个作家必须要有一块属于自己的地方。一个人在日常生活中应该谦卑退让，但在文学创作中，必须颐指气使、独断专行。我追随在这两位大师身后两年，即意识到，必须尽快地逃离他们。我在一篇文章中写道：他们是两座灼热的火炉，而我是冰块，如果离他们太近，会被他们蒸发掉。根据我的体会，一个作家之所以会受到某一位作家的影响，其根本是因为影响者和被影响者灵魂深处的相似之处，正所谓"心有灵犀一点通"。所以，尽管我没有很好地去读他们的书，但只读过几页，我就明白了他们干了什么，也明白了他们是怎样干的，随即我也就明白了我该干什么和我该怎样干。

　　我该干的事情其实很简单，那就是用自己的方式，讲自己的故事。我的方式，就是我所熟知的集市说书人的方式，就是我的爷爷奶奶、村里的老人们讲故事的方式。坦率地说，讲述的时候，我没有想到谁会是我的听众，也许我的听众就是那些如我母亲一样的人，也许我的听众就是我自己。我自己的故事，起初就是我的亲身经历，譬如《枯河》中那个遭受痛打的孩子，譬如《透明的红萝卜》中那个自始至终一言不发的孩子。

我的确曾因为干过一件错事而受到过父亲的痛打，我也的确曾在桥梁工地上为铁匠师傅拉过风箱。当然，个人的经历无论多么奇特也不可能原封不动地写进小说，小说必须虚构，必须想像。很多朋友说《透明的红萝卜》是我最好的小说，对此我不反驳，也不认同，但我认为《透明的红萝卜》是我的作品中最有象征性、最意味深长的一部。那个浑身漆黑、具有超人的忍受痛苦的能力和超人的感受能力的孩子，是我全部小说的灵魂，尽管在后来的小说里，我写了很多的人物，但没有一个人物，比他更贴近我的灵魂。或者可以说，一个作家所塑造的若干人物中，总有一个领头的，这个沉默的孩子就是一个领头的，他一言不发，但却有力地领导着形形色色的人物，在高密东北乡这个舞台上，尽情地表演。

自己的故事总是有限的，讲完了自己的故事，就必须讲他人的故事。于是，我的亲人们的故事，我的村人们的故事，以及我从老人们口中听到过的祖先们的故事，就像听到集合令的士兵一样，从我的记忆深处涌出来。他们用期盼的目光看着我，等待着我去写他们。我的爷爷、奶奶、父亲、母亲、哥哥、姐姐、姑姑、叔叔、妻子、女儿，都在我的作品里出现过，还有很多我们高密东北乡的乡亲，也都在我的小说里露过面。当然，我对他们，都进行了文学化的处理，使他们超越了他们自身，成为文学中的人物。

我最新的小说《蛙》中，就出现了我姑姑的形象。因为我获得诺贝尔奖，许多记者到她家采访，起初她还很耐心地回答提问，但很快便不胜其烦，跑到县城里她儿子家躲起来了。姑姑确实是我写《蛙》时的模特，但小说中的姑姑，与现实生活中的姑姑有着天壤之别。小说中的姑姑专横跋扈，有时简直像个女匪，现实中的姑姑和善开朗，是一个标准的贤妻良母。现实中的姑姑晚年生活幸福美满，小说中的姑姑到了晚年却因为心灵的巨大痛苦患上了失眠症，身披黑袍，像个幽灵一样在暗夜中游荡。我感谢姑姑的宽容，她没有因为我在小说中把她写成那样而生气；我也十分敬佩我姑姑的明智，她正确地理解了小说中人物与现实中人物的复杂关系。

母亲去世后，我悲痛万分，决定写一部书献给她。这就是那本《丰乳肥臀》。因为胸有成竹，因为情感充盈，仅用了八十三天，我便写出了这部长达五十万字的小说的初稿。

在《丰乳肥臀》这本书里，我肆无忌惮地使用了与我母亲的亲身经历有关的素材，但书中的母亲情感方面的经历，则是虚构或取材于高密东北乡诸多母亲的经历。在这本书的卷前语上，我写下了"献给母亲在天之灵"的话，但这本书，实际上是献给天下母亲的，这是我狂妄的野心，就像我希望把小小的"高密东北乡"写成中国乃至世界的缩影一样。

　　作家的创作过程各有特色，我每本书的构思与灵感触发也都不尽相同。有的小说起源于梦境，譬如《透明的红萝卜》，有的小说则发端于现实生活中发生的事件——譬如《天堂蒜薹之歌》。但无论是起源于梦境还是发端于现实，最后都必须和个人的经验相结合，才有可能变成一部具有鲜明个性的、用无数生动细节塑造出了典型人物的、语言丰富多彩、结构匠心独运的文学作品。有必要特别提及的是，在《天堂蒜薹之歌》中，我让一个真正的说书人登场，并在书中扮演了十分重要的角色。我十分抱歉地使用了这个说书人的真实姓名，当然，他在书中的所有行为都是虚构的。在我的写作中，出现过多次这样的现象，写作之初，我使用他们的真实姓名，希望能借此获得一种亲近感，但作品完成之后，我想为他们改换姓名时却感到已经不可能了，因此也发生过与我小说中人物同名者找到我父亲发泄不满的事情。我父亲替我向他们道歉，但同时又开导他们不要当真。我父亲说："他在《红高粱》中，第一句就说'我父亲这个土匪种'，我都不在意你们还在意什么？"

　　我在写作《天堂蒜薹之歌》这类逼近社会现实的小说时，面对着的最大问题，其实不是我敢不敢对社会上的黑暗现象进行批评，而是这燃烧的激情和愤怒会让政治压倒文学，使这部小说变成一个社会事件的纪实报告。小说家是社会中人，他自然有自己的立场和观点，但小说家在写作时，必须站在人的立场上，把所有的人都当作人来写。只有这样，文学才能发端事件但超越事件，关心政治但大于政治。

　　可能是因为我经历过长期的艰难生活，使我对人性有较为深刻的了解。我知道真正的勇敢是什么，也明白真正的悲悯是什么。我知道，每个人心中都有一片难用是非善恶准确定性的朦胧地带，而这片地带，正是文学家施展才华的广阔天地。只要是准确地、生动地描写了这个充满矛盾的朦胧地带的作品，也就必然地超越了政治并具备了优秀文学的品质。

喋喋不休地讲述自己的作品是令人厌烦的，但我的人生是与我的作品紧密相连的，不讲作品，我感到无从下嘴，所以还得请各位原谅。

在我的早期作品中，我作为一个现代的说书人，是隐藏在文本背后的，但从《檀香刑》这部小说开始，我终于从后台跳到了前台。如果说我早期的作品是自言自语，目无读者，从这本书开始，我感觉到自己是站在一个广场上，面对着许多听众，绘声绘色地讲述。这是世界小说的传统，更是中国小说的传统。我也曾积极地向西方的现代派小说学习，也曾经玩弄过形形色色的叙事花样，但我最终回归了传统。

当然，这种回归，不是一成不变的回归，《檀香刑》和之后的小说，是继承了中国古典小说传统又借鉴了西方小说技术的混合文本。小说领域的所谓创新，基本上都是这种混合的产物。不仅仅是本国文学传统与外国小说技巧的混合，也是小说与其他的艺术门类的混合，就像《檀香刑》是与民间戏曲的混合，就像我早期的一些小说从美术、音乐甚至杂技中汲取了营养一样。

最后，请允许我再讲一下我的《生死疲劳》。这个书名来自佛教经典，据我所知，为翻译这个书名，各国的翻译家都很头痛。我对佛教经典并没有深入研究，对佛教的理解自然十分肤浅，之所以以此为题，是因为我觉得佛教的许多基本思想，是真正的宇宙意识，人世中许多纷争，在佛家的眼里，是毫无意义的。这样一种至高眼界下的人世，显得十分可悲。当然，我没有把这本书写成布道词，我写的还是人的命运与人的情感，人的局限与人的宽容，以及人为追求幸福、坚持自己的信念所做出的努力与牺牲。小说中那位以一己之身与时代潮流对抗的蓝脸，在我心目中是一位真正的英雄。这个人物的原型，是我们邻村的一位农民。我童年时，经常看到他推着一辆"吱吱"作响的木轮车，从我家门前的道路上通过。给他拉车的，是一头瘸腿的毛驴，为他牵驴的，是他小脚的妻子。这个奇怪的劳动组合，在当时的集体化社会里，显得那么古怪和不合时宜，在我们这些孩子的眼里，也把他们看成是逆历史潮流而动的小丑，以至于当他们从街上经过时，我们会充满义愤地朝他们投掷石块。事过多年，当我拿起笔来写作时，这个人物，这个画面，便浮现在我的脑海中。我知道，我总有一天会为他写一本书，我迟早要把他的故事讲给天下人听．但一直到了2005年，当我在一座庙宇里看到"六道轮回"的壁画时，才明白了讲述这个故事的正确方法。

我获得诺贝尔文学奖后，引发了一些争议。起初，我还以为大家争议的对象是我，渐渐地，我感到这个被争议的对象，是一个与我毫不相关的人。我如同一个看戏人，看着众人的表演。我看到那个得奖人身上落满了花朵，也被掷上了石块、泼上了污水。我生怕他被打垮，但他微笑着从花朵和石块中钻出来，擦干净身上的脏水，坦然地站在一边. 对着众人说：对一个作家来说，最好的说话方式是写作。我该说的话都写进了我的作品里。用嘴说出的话随风而散，用笔写出的话永不磨灭。我希望你们能耐心地读一下我的书，当然. 我没有资格强迫你们读我的书。即便你们读了我的书，我也不期望你们能改变对我的看法，世界上还没有一个作家，能让所有的读者都喜欢他。在当今这样的时代里，更是如此。

尽管我什么都不想说，但在今天这样的场合我必须说话，那我就简单地再说几句。

我是一个讲故事的人. 我还是要给你们讲故事。

上世纪六十年代，我上小学三年级的时候. 学校里组织我们去参观一个苦难展览，我们在老师的引领下放声大哭。为了能让老师看到我的表现，我舍不得擦去脸上的泪水。我看到有几位同学悄悄地将唾沫抹到脸上冒充泪水。我还看到在一片真哭假哭的同学之间，有一位同学，脸上没有一滴泪，嘴巴里没有一点声音，也没有用手掩面。他睁着大眼看着我们，眼睛里流露出惊讶或者是困惑的神情。事后，我向老师报告了这位同学的行为。为此，学校给了这位同学一个警告处分。多年之后，当我因自己的告密向老师忏悔时，老师说，那天来找他说这件事的，有十几个同学。这位同学十几年前就已去世，每当想起他，我就深感歉疚。这件事让我悟到一个道理，那就是：当众人都哭时，应该允许有的人不哭。当哭成为一种表演时，更应该允许有的人不哭。

我再讲一个故事：三十多年前，我还在军队工作。有一天晚上，我在办公室看书，有一位老长官推门进来，看了一眼我对面的位置，自言自语道："噢，没有人？"我随即站起来，高声说："难道我不是人吗？"那位老长官被我顶得面红耳赤，尴尬而退。为此事，我扬扬得意了许久，以为自己是个英勇的斗士,但时过多年后,我却为此深感内疚。

请允许我讲最后一个故事,这是许多年前我爷爷讲给我听过的:有八个外出打工的泥瓦匠,为避一场暴风雨,躲进了一座破庙。外边的雷声一阵紧似一阵,一个个的火球,在庙门外滚来滚去,空中似乎还有"吱吱"的龙叫声。众人都胆战心惊,面如土色。有一个人说:"我们八个人中,必定有一个人干过伤天害理的坏事,谁干过坏事,就自己走出庙接受惩罚吧,免得让好人受到牵连。"自然没有人愿意出去。又有人提议道:"既然大家都不想出去. 那我们就将自己的草帽往外抛吧,谁的草帽被刮出庙门,就说明谁干了坏事,那就请他出去接受惩罚。"于是大家就将自己的草帽往庙门外抛,七个人的草帽被刮回了庙内,只有一个人的草帽被卷了出去。大家就催这个人出去受罚,他自然不愿出去,众人便将他抬起来扔出了庙门。故事的结局我估计大家都猜到了——那个人刚被扔出庙门,那座破庙轰然坍塌。

我是一个讲故事的人。

因为讲故事我获得了诺贝尔文学奖。

我获奖后发生了很多精彩的故事,这些故事,让我坚信真理和正义是存在的。

今后的岁月里,我将继续讲我的故事。

谢谢大家!